Camacho *c'est moi:*
Parodia social y géneros literarios en
La tía Julia y el escribidor

Liliana Tiffert Wendorff

Camacho *c'est moi:*
Parodia social y géneros literarios en
La tía Julia y el escribidor

SAN MARCOS

Camacho *c'est moi:* Parodia social y géneros literarios
en *La tía Julia y el escribidor*
LILIANA TIFFERT WENDORFF

© Liliana Tiffert Wendorff

Diseño de portada: Maricarmen Curahua
Composición de interiores: Vilma Añazco

© Aníbal Jesús Paredes Galván - Editor
Editorial San Marcos
Jr. Natalio Sánchez 220 Of. 302 Jesús María, Lima
Telefax: 330-8553 / 332-0153
E-mail: informes@editorialsanmarcos.com

Primera edición: 2006
Tiraje: 1.000 ejemplares

ISBN 9972-34-620-X
Registro del Proyecto Editorial N° 31501320600334

Hecho el depósito legal
en la Biblioteca Nacional del Perú
Reg. N° 2006-3919

Prohibida la reproducción total o parcial de esta obra
sin previa autorización escrita de la Autora y el Editor.

Impreso en Perú / *Printed in Peru*

000052

Pedidos:
Av. Garcilaso de la Vega 974 Lima, telefax: 424-6563
E-mail: ventas@editorialsanmarcos.com

863.64
V297c Zt
2006
copy 2

Impreso en los talleres gráficos de Editorial San Marcos
Av. Las Lomas 1600 Urb. Mangomarca - S.J.L., Lima-Perú
RUC 10090984344

A mi madre, a mis hermanos y a la memoria de mi padre.

A Elizabeth, Gary, Hermann, Teresita y William.

Mi especial agradecimiento a María A. Salgado, mentora y amiga, por su continuo apoyo e interés por mi trabajo. También a José Álvarez, Enrique Devoto, Elías Hasbun, Virgilio Lew, Gary Long y Teresa Tiffert por su sincero cariño y perspicaces sugerencias, y a Cristiana Talledo por su gran amistad y hospitalidad durante mis numerosos viajes a Lima. Finalmente, a mi madre, Elena, y a mis hijos, Hermann y Elizabeth, les agradezco su amor incondicional y su estímulo constante.

Índice

A manera de prólogo

El libro de Liliana Wendorff lleva a cabo una original y provocadora lectura de una subversiva novela posmodernista que Mario Vargas Llosa publicó en 1977, *La tía Julia y el escribidor*. Considero esta lectura de Wendorff original y provocadora porque, como revela la deconstrucción que ella efectúa, consigue demostrar que el novelista arma una parodia multifacética a base de narrar su historia barajando con atrevimiento una serie de géneros cultos y populares mientras que, ostensiblemente, aparenta escribir una inofensiva narración de vida enmarcada dentro del tradicional género autobiográfico. El éxito con el que el novelista ha ofuscado su malabarismo ha sido tal que a pesar de los muchos elogios críticos y del público en general que esta narración ha recibido y del tiempo que ha transcurrido desde su publicación, hasta ahora ningún crítico se había parado a explicar que la original estructura de esta novela representara un claro ejemplo de las tendencias metaficticias características de la literatura hispanoamericana posmodernista. En otras palabras, para Wendorff, el posmodernismo de *La tía Julia* lo determina el que sea un texto que hace hincapié en las técnicas y artificios de su escritura y que al mismo tiempo desafía abiertamente la estricta separación entre los géneros popular y culto que prescriben las convenciones del discurso canónico.

Wendorff estructura su estudio en siete capítulos. De ellos, el primero lo dedica a la presentación de su trabajo, así como al análisis de la teoría y términos críticos que utiliza en la lectura de la novela, y el segundo a contextualizar las otras varias lecturas críticas previas sobre *La tía Julia* llevadas a cabo por los muchos expertos que han escrito sobre dicha novela. Tal contextualización le permite destacar con mayor precisión en qué consiste su propio aporte. En el resto de los capítulos, Wendorff analiza tanto los diversos géneros como los temas que Vargas Llosa parodia cuando lleva a cabo su divertido y cínico comentario sobre la situación del escritor, la literatura y la sociedad en esos años de la historia peruana y el mundo occidental en general. El capítulo tres se enfoca en la parodia vargasllosiana del género radioteatral, el cuarto en el de la novela rosa, el quinto en la de detectives, el sexto en la de la novela de caballería, y el séptimo y último resume la manera en que la novela en general puede leerse como una parodia de la persona y de la obra del propio autor.

El análisis textual que realiza Wendorff es concienzudo y representa una importante contribución a la bibliografía vargasllosiana. La estudiosa peruana comienza fijándose en el epígrafe de la novela ("Escribo. Escribo que escribo. Mentalmente me veo escribir que escribo"), que Vargas Llosa ha tomado de la narrativa *El grafógrafo* del escritor mexicano Salvador Elizondo. Dicho epígrafe le permite a Wendorff sustentar su tesis de que *La tía Julia y el escribidor* es un texto metaficticio en el que se coloca en primer plano que la escritura es un acto autoconsciente y autorreflexivo. Y por serlo, explica la autora, la novela vargasllosiana se puede leer en dos niveles. En el primero se narra una historia aparentemente verista o realista, porque al nivel más superficial se atiene al contexto histórico y biográfico de Marito o Varguitas, el protagonista de esta idiosincrásica reconstrucción de un episodio de la vida adolescente del propio Mario Vargas Llosa, que el novelista estructura de acuerdo a las convenciones de cualquier narración autobiográfica. En el segundo nivel, el novelista elabora una sutil e imaginativamente fantasiosa parodia de la sociedad peruana que protagoniza el escribidor Camacho, quien, a su vez, es también, como el propio Marito, un personaje tomado del mundo histórico extratextual en el que vive el autor. En cuanto a la estructura de este segundo nivel, y contrario a las convenciones veristas autobiográficas de narración de vida que se mantienen en el primero, el novelista se apropia de otro tipo de narración asociado esta vez a la literatura de ficción: las convenciones establecidas por un género que se relaciona con la cultura de masas y que es tan popular como lo son los radioteatros. Además, dentro de dichos radioteatros y en otro contexto que riza lo paródico, Mario Vargas Llosa vuelve a mezclar los géneros populares, como la novela de detectives y la rosa, con otro género tan culto y anacrónico como el de los libros de caballería.

No obstante, y a pesar de que yo divida tan nítidamente estos dos niveles de la narración, la novela no es tan simple. Vale decir, ni la narración histórica se limita a estar presente en la vida de Marito ni la parodia y la fantasía son privativas de los radioteatros. Todo lo contrario. Liliana Wendorff demuestra que si la parodia preside los radioteatros también se erige en el elemento primordial de la narración de la vida del escritor Marito, pero además, la vivencia histórica que rige el nivel biográfico del joven escritor es fundamental en los radioteatros porque determina los temas fantasiosos de las obras del escribidor Camacho. La fusión de ambas historias, narradas por medio de la técnica de los vasos comunicantes, como tan acertadamente señala Wendorff, no es de sorprender. De hecho, la significación final de la novela y su comentario social, no se pueden deducir de la lectura independiente de cualquiera de estos dos niveles, sino que es necesario buscarlos precisamente en un tercer espacio narrativo que el lector reconstruye con las pistas que le proporciona el autor a partir de la lectura simultánea de ambos niveles o historias.

Wendorff subraya esta simbiosis asegurando que la construcción textual de *La tía Julia y el escribidor,* es decir, el alternar los capítulos de la narración de vida con los de las radionovelas, subraya de manera implícita la inestabilidad de cualquier interpretación que se quiera asignar a las historias que cuentan los radioteatros, si no se tiene en cuenta el resto de la novela. No hay duda que la posibilidad de una lectura independiente podría plantearse como factible al comenzar a leer los primeros capítulos del texto, cuando los radioteatros y la historia de Varguitas no parecen guardar relación alguna. Sin embargo, al avanzar la lectura no se tarda en observar que ambos niveles están concatenados, ya que los detalles de la vida de Marito comienzan a tener resonancia para entender los radioteatros y éstos proporcionan pormenores esenciales al hilo narrativo del nivel biográfico. Al concluir la lectura se hace patente que tanto los capítulos impares (los biográficos) como los pares (los radioteatros) aportan información fundamental para entender los temores, obsesiones y características personales del escribidor Pedro Camacho, así como sobre sus técnicas de escritura; pero que a su vez dichos temores, obsesiones, características y técnicas no son otra cosa que una parodia de los temores, obsesiones, características y técnicas del escritor Marito, álter ego paródico del novelista Mario Vargas Llosa.

Para contextualizar su acercamiento a *La tía Julia y el escribidor* como un texto posmodernista, Liliana Wendorff comienza su estudio con un valioso resumen que pone al día la terminología y las teorías críticas que maneja en su libro. Destaca su presentación de la evolución del concepto de parodia, que ella traza desde los estudios más generales dedicados a este género, como los de Margaret A. Rose, o los que Elzbieta Sklodowska dedica a la novela hispanoamericana, hasta los más teóricos. Entre estos últimos es preciso subrayar su cuidadoso análisis del concepto de parodia en la obra de Mikhail Bakhtin, así como de las interpretaciones derivadas de las ideas de este estudioso ruso que han llevado a cabo algunos críticos, entre ellos Charles Jencks, la feminista Julia Kristeva o el teórico de la recepción Wolfgang Iser. Además, y puesto que no todos los críticos han aplaudido el concepto bakhtiniano de parodia, Wendorff subraya también las controversias críticas que el ruso ha generado, señalando en particular las opiniones divergentes de Jean-François Lyotard, Jürgen Habermas, Jean Baudrillard, Fredric Jameson, Ihab Hassan y Linda Hutcheon, para varios de los cuales la parodia posmodernista queda mejor definida apelando a otros conceptos, tales como los de autorreflexión, autoconsciencia, intertextualidad y metaficción.

Otro de los aportes del estudio de Wendorff está presente en su problematización de las convenciones canónicas que establecen no sólo una separación estricta entre los géneros culto y popular, sino también una rotunda negativa a asignarle valor artístico a cualquier obra que no se atenga a los parámetros canónicos. Partiendo de las ideas de Linda Hutcheon sobre el cuestionamiento de los valores elitistas que emprende el arte posmoderno, Wendorff examina los razonamientos de Sherrie Levine y Victor Burgin así como las páginas que Umberto Eco ha dedicado a poner en entredicho la asociación de lo popular con la falta de valor estético.

Tal vez el séptimo y último capítulo del libro de Liliana Wendorff, titulado "Camacho c'est moi: Autoparodia", sea el que con mayor precisión resume la originalidad posmoderna con que Mario Vargas Llosa ha reinventado el viejo género paródico en *La tía Julia y el escribidor*, y lo que es más importante, cómo lo ha usado para inscribirse dentro de él. La estudiosa peruana-norteamericana muestra en las páginas de este capítulo hasta qué punto la novela viene a ser un autorretrato paródico de Mario Vargas Llosa; el novelista se burla en él con alto sentido del humor de su propia condición existencial de gran novelista del *boom* de la narrativa hispanoamericana de los años setenta. Para llevar a cabo dicha parodia Vargas Llosa lleva a efecto una apropiación novelística de temas y discursos característicos de las convenciones literarias canónicas así como de las paraliterarias, es decir, de las asociadas a los géneros del arte popular. La hibridez del discurso con que se construye esta parodia oscila entre la reescritura del verismo ostensiblemente mimético de la autobiografía y de la expresión anacrónica y fantasiosamente estilizada de la novela de caballería, hasta la escritura a veces imaginativamente idealizada y a veces grotesca de los radioteatros, las novelas rosa y las de detectives.

Según asevera Liliana Wendorff en este mismo último capítulo, la autoparodia llevada a cabo por Mario Vargas Llosa en *La tía Julia y el escribidor* coloca en primer plano y de manera implícita una serie de cuestiones que preocupan y han preocupado por igual a tantos teóricos, escritores y lectores contemporáneos. Me refiero aquí a que la autoparodia implícita y explícita en *La tía Julia*, cuestiona la artificiosa separación entre diferentes formas artísticas que establece el canon; pero también cuestiona la rigidez que se impone a los diferentes discursos tanto literarios como historicistas. La parodia de estilos, convenciones y temas revela, según concluye Wendorff:

> ...el proceso de automatización que ocurre cuando el contenido se apropia de una forma específica, paralizándola con asociaciones fijas que la alejan de la gama de muchas otras posibilidades artísticas. La función crítica de la parodia en esta novela indica la variedad y validez de expresión de los distintos géneros literarios cultos y populares. Su función creativa los exonera, prometiéndoles su validez para expresar las preocupaciones contemporáneas. Legitima, por ejemplo, la incorporación posmodernista de las técnicas de la literatura de masas a la literatura canónica, cuestionando los límites ficción-realidad, mientras el narrador se burla indulgentemente del éxito de la cultura popular, de la literatura canónica y de sí mismo. La autoparodia en *La tía Julia* proporciona, además, una apreciación de la esencia de la narrativa en general, su selectividad al convertir lo no-verbal en verbal, mientras parodia su propia crítica (247).

La perspicaz lectura de la *La tía Julia y el escribidor* que lleva a cabo Liliana Wendorff en *Camacho* c'est moi: *Parodia social y géneros literarios en* La tía Julia y el escribidor establece la complejidad artística de la novela, así como su cuestionamiento de la arbitrariedad con la que las convenciones canónicas establecen los límites tanto entre los géneros literarios como entre ficción y realidad. Como la propia Wendorff muestra a través de su estudio, la lección final que imparte *La tía Julia* enseña precisamente que toda narración literaria, no importa lo fantástica que sea ni el discurso dentro del que se vierta, tiene su origen en el mundo real, y que toda narración verídica, no obstante su historicidad, se estructura por medio de unas técnicas literarias arbitrarias, cultas o populares, que determinan su carácter ficticio. La fascinante indagación en la naturaleza de la relación entre la vida y el arte, y el consiguiente cuestionamiento de la validez de la representación mimética que realiza Liliana Wendorff determina que su estudio sea una lectura indispensable para toda persona interesada en entender los cuestionamientos y planteamientos de estos problemas en el discurso crítico moderno, tanto como en la manera en que Vargas Llosa ha sabido representar toda esta problemática vivencial y teórica en su innovadora novela.

María A. Salgado
The University of North Carolina at Chapel Hill

Capítulo I

INTRODUCCIÓN

La nueva jerarquización artística asociada al posmodernismo insinúa una nueva concepción del arte, en la que se suprimen las barreras que antes subrayaban una separación entre lo artístico y lo popular. *La tía Julia y el escribidor* (1977) de Mario Vargas Llosa es una obra artística posmodernista que incorpora productos de la cultura de masas: los radioteatros. Ésta es la quinta novela de Vargas Llosa y la segunda (después de *Pantaleón y las visitadoras*) en la que el autor experimenta con el humor y con el uso de discursos paraliterarios. El autor ha explicado que la escritura de *Pantaleón* significó para él el descubrimiento de la eficacia del humor en la literatura, ya que hasta entonces lo había considerado incompatible con cualquier texto que quisiera tratar problemas sociales, políticos o históricos "serios" (*Writer's* 85). Dada la falta de verosimilitud de la trama de *Pantaleón* (la organización de un servicio de prostitutas para los militares estacionados en la selva), se dio cuenta de que para hacer persuasiva su historia era preciso el uso del humor. En *La tía Julia* el humor también está presente, pero aparece de una manera mucho más sutil. En *Pantaleón* el humor es directo, casi burdo y chocante, pero en *La tía Julia* es más cotidiano, y sirve para parodiar tanto las nada heroicas aventuras diarias de Pedro Camacho, el "escribidor" de radioteatros, como las de los personajes de sus ficciones. Pero sirve también para parodiar la vida y aventuras de su antagonista Marito —el joven aspirante a escritor y narrador de la novela— y las de los personajes de su mundo limeño. Según Vargas Llosa, en *La tía Julia* el lector extrae el humor de todo el contexto, transformando lo que cuenta la novela en una experiencia cómica (*Writer's* 117).

Para el autor, la idea que fundamenta *La tía Julia* nació, como ha ocurrido en la mayoría de sus otras novelas, de una experiencia personal (*Writer's* 107). La anécdota que cuenta es sencilla: en los años cincuenta, cuando el autor trabajaba de periodista en Radio Panamericana de Lima y era estudiante universitario de Derecho, conoció a un boliviano que escribía radionovelas para Radio Central, la estación "hermana" de Panamericana, porque ambas pertenecían al mismo dueño. Para Vargas Llosa, el boliviano era más que un simple guionista y escritor de radiodramas. Representaba más bien una industria de radioteatros porque era él quien escribía prácticamente todos los seriales que se transmitían por Radio Central y, además de escribirlos, los dirigía y los interpretaba. Vargas Llosa explica que, al principio, quiso escribir una novela en la que la historia del boliviano se desarrollara mediante el proceso interno de la deterioración de sus propias creaciones: las radionovelas (*Writer's* 109). Éstas se presentarían directamente al lector, quien, al leerlas, se daría cuenta del progresivo empeoramiento mental del guionista, quien iría siendo destruido paulatinamente por su propia imaginación. Sin embargo, mientras escribía la primera versión de *La tía Julia*, al autor le preocupó que la novela pareciera demasiado experimental y artificiosa (*Writer's* 110). Para corregir este problema decidió relatar además un episodio de su propia vida, balanceando de esta manera el mundo imaginario y absurdo de las radionovelas con un documento verosímil de la "vida real". La novela expresaría así una conexión con experiencias vividas y reales, y resultaría más convincente (*Writer's* 110).

El producto final de esta mezcla, *La tía Julia*, escrita por medio de la técnica de los vasos comunicantes, describe dos mundos diferentes. En uno se presenta el de la imaginación. En él se cuentan las descabelladas historias escritas para la radio por Pedro Camacho, que le han convertido en una celebridad nacional. A este mundo se le contrapone otro, más sobrio, que pretende representar de manera mimética el mundo "real". Se relata aquí un período formativo de la vida del narrador-protagonista Marito o Varguitas. Al alternar los capítulos, los radiodramas interrumpen la continuidad de la narración de la vida de Marito, suscitando así en el lector un efecto de suspenso, similar al que producen en la vida diaria la discontinuidad de las emisiones de radio y telenovelas. Además, las alternaciones y continuas interrupciones crean el efecto de que *La tía Julia* está estructurada como una novela por entregas, a la manera de los antiguos folletines decimonónicos.

El uso de los radioteatros melodramáticos y la estructuración de *La tía Julia* delatan el interés posmoderno de Vargas Llosa por incorporar las formas literarias de la cultura de masas al canon literario. Este interés ha sido expresado por el propio autor en numerosos ensayos y entrevistas[1] y le ha llevado a confesar que su curiosidad por los géneros populares incluía el deseo de incorporarlos en una obra artística: "Siempre tuve la tentación de utilizar la mecánica, las técnicas y los temas de los géneros populares como material para escribir una obra artística, en la que los clichés y la lengua muerta pudieran cambiar su naturaleza debido al contexto en que se usaran"[2] (*Writer's* 106; *I always had the temptation to use the mechanics, the techniques, and the themes of popular genres as raw material for writing an artistic work, in which*

---

[1] Véanse sus obras: *A Writer's Reality, La orgía perpetua: Flaubert y "Madame Bovary"*, y su entrevista con José Miguel Oviedo: "Conversación con Mario Vargas Llosa sobre *La tía Julia y el escribidor*".

[2] Todas las traducciones de las citas, del inglés al español, son mías. La cita original en inglés irá indicada entre paréntesis, inmediatamente después de la traducción al español que aparece entre comillas, para que la lectura prosiga con mayor fluidez.

clichés and dead language could change its nature because of the context in which they were used).

En *La tía Julia,* los textos radioteatrales son nueve y ocupan tal número entre los veinte capítulos de la novela. Todos ellos corresponden a los números pares, por lo que se encuentran simétricamente intercalados con el relato principal del narrador Marito o Varguitas. En el último capítulo, el veinte, el Varguitas ya maduro presenta, al estilo de la narrativa decimonónica, el epílogo de la novela. Los capítulos radioteatrales se introducen sin previo aviso, a partir del capítulo dos y puesto que ninguno lleva título (van indicados con números romanos), el lector inicialmente no puede más que sorprenderse y sentirse desconcertado al tener que enfrentarse con un relato en apariencia desconectado del capítulo que acaba de leer. Al lector le es imposible establecer con certeza la función novelística o la autoría de los radioteatros hasta el tercer capítulo, en el que Marito provee datos claves sobre el método de trabajo del "autor" de los mismos, el radioteatrista Pedro Camacho, un "artista" boliviano. Mas, a pesar de esta advertencia, al leer hay que tener en cuenta que en el espacio extratextual el "escribidor" de estas ficciones no es Camacho sino Mario Vargas Llosa.[3]

Como ya mencioné, las obras camachianas son historias autónomas intercaladas en forma de resumen en los capítulos pares. Dichos resúmenes están narrados en tercera persona por un narrador omnisciente en vez de estructurarse en la forma de diálogo que normalmente caracterizaría el libreto de un radioteatro. No obstante las diferencias temáticas y formales entre los nueve radioteatros, los capítulos de los seriales mantienen las características de este género: 1) todos empiezan *in medias res* −como si se tratara de un serial radiofónico− y terminan con una serie de preguntas sugerentes (¿qué

---

[3] Este hecho postula implicaciones cruciales en la definición del sentido total de *La tía Julia* y será discutido en el capítulo VII, titulado "Camacho *c'est moi*: Autoparodia".

pasaría?, ¿cómo se resolvería?), que provocan el suspenso y el interés del oyente radiofónico por la siguiente entrega; 2) los temas son simples, maniqueístas; 3) los personajes son esquemáticos; y 4) el lenguaje es artificiosamente afectado. La naturaleza radiofónica de estos textos se establece en la novela cuando los personajes de los capítulos impares se refieren a la acción y a los personajes de los pares, identificándolos como incidentes y personas de seriales de radio. Además, en la trama de *La tía Julia*, el público es identificado como "oyentes".

Es evidente, pues, que Mario Vargas Llosa transcribe las radionovelas a su propio texto, convirtiéndolas así en literatura, mientras que Camacho dice escribirlas sólo para que sean escuchadas y retenidas "momentáneamente" en la memoria, a pesar de que él también espera la inmortalidad: "Mis escritos se conservan en un lugar más indeleble que los libros" (159), afirma Camacho. Y es precisamente por formar parte de un texto novelístico, que estos radioteatros se prestan a un estudio literario distinto del que se llevaría a cabo con unos seriales radiofónicos que se transmiten oralmente y, por lo general, una sola vez.

La imitación de la estructura y del discurso del género radioteatral en las ficciones camachianas se presenta al lector de *La tía Julia* como una parodia de dichos textos populares. Así, por un lado, ofrecen un comentario cómico sobre su propio género, pero, por el otro, le obligan a interesarse no sólo por la truculencia de la trama, sino también por la manera en que este texto imita el patrón substitutivo del que procede. Desde el principio de la novela, el lector establecerá en su mente que los capítulos radioteatrales tratan de algo diferente del resto de la narración y los leerá con un acercamiento interpretativo distinto. Mas el arreglo textual de *La tía Julia*, que alterna los capítulos impares de la narración pseudoautobiográfica con los de las radionovelas, subraya la inestabilidad de cualquier interpretación que se asigne a los radioteatros independientemente del resto de la novela. Es cierto que al principio el discurso de ambas partes no parece estar relacionado, pero pronto se observa que a medida que el relato progresa los dos niveles se vinculan, pues los seriales suplen detalles esenciales al hilo narrativo mediante su entretejimiento hábil y sutil con la otra mitad de la narración. Tanto los capítulos impares como los pares suplen información complementaria sobre los temores, obsesiones y características personales de Camacho, así como sobre su técnica de la escritura, que parodian a su vez los temores, obsesiones, características personales y las técnicas literarias de Marito. De esta estructura contrapuesta se deriva la base de la intertextualidad sobre la que está construida *La tía Julia*. Ella causa que los significados internos de los seriales se dispersen parcialmente hacia su marco estructural, incitando al lector a relacionarlos con el resto de la narración y obligándolo a descartar la posibilidad de cualquier separación tajante entre ambas secciones.

Como factor clave de la intertextualidad, a la que acabo de aludir, la parodia, lejos de ser un mero pretexto formal, es un elemento orgánico, consustancial con la producción del texto. De ahí que haya de concederse primacía a la presencia en la narración de temas y técnicas paródicos. El motivo paródico central de *La tía Julia* concierne los capítulos de las radionovelas y trata de la plasmación obsesiva de las experiencias personales –o "demonios"– del escritor Camacho en sus creaciones ficticias.[4] En un plano más sutil y al nivel del marco de los radioteatros, esta misma plasmación refleja las obsesiones implícitas del escritor Mario Vargas Llosa. Esta proyección personal del radioteatrista tiene valor como elemento estructural y

---

[4] Los "demonios" del escritor son definidos por Vargas Llosa como: "hechos, personas, sueños, mitos, cuya presencia o cuya ausencia, cuya vida o cuya muerte lo enemistaron con la realidad, se grabaron con fuego en su memoria y atormentaron su espíritu, se convirtieron en los materiales de su empresa de reedificación de la realidad, y a los que tratará simultáneamente de recuperar y exorcizar, con las palabras y la fantasía, en el ejercicio de esa vocación que nació y se nutre de ellos, en esas ficciones en las que ellos, disfrazados o idénticos, omnipresentes o secretos, aparecen y reaparecen una y otra vez, convertidos en 'temas'" (*García Márquez* 87).

24

de caracterización general y supone una clave crucial para esclarecer la función de Pedro Camacho —sus acciones y carácter— en relación con sus propios personajes, y la función de Marito en relación con los suyos. El motivo de los demonios del escritor provoca significativamente los temas de todas las radionovelas, así como la narración de Marito, un álter ego de Vargas Llosa que escribe sobre experiencias ostensiblemente autobiográficas, subrayando así, burlonamente, la naturaleza "demónicamente" metaficticia de esta novela.

Los radioteatros, además de constituir el meollo temático de la obra, aleccionan, añaden humor y entretienen. Sirven además para contrastar y cuestionar dos posturas literarias consideradas antagónicas, si bien, paradójicamente, son complementarias: la función del escritor vs. la del "escribidor" y, por consiguiente, la de lo literario vs. lo popular. Además, el enlace de los radioteatros, considerados construcciones completamente imaginarias, con la vida "real" de Marito cuestiona la percepción de la dicotomía historia/ficción.[5]

Los radioteatros funcionan en el texto como cuentos dentro de cuentos o "cajas chinas". De esta manera toda interpretación deberá asumir que los radioteatros completan el "cuento" más grande: el relato de Marito. Pero además, algunas "cajas chinas" están estructuradas como parodias de diversos géneros literarios encuadradas dentro del marco de la parodia general del género radioteatral. En otras palabras, los radioteatros I, II, IV, VIII y IX (correspondientes a los capítulos II, IV, VIII, XVI y XVIII), además de ser una parodia de los seriales radiofónicos, también pueden ser leídos como parodias individuales de otros géneros literarios y paraliterarios.[6]

---

[5] Discuto en detalle las opiniones de los críticos de *La tía Julia* sobre estos asuntos en el capítulo II.

[6] Estas cinco radionovelas serán estudiadas en capítulos aparte, de acuerdo con las características de los respectivos géneros que imitan. Los cuatro seriales restantes (caps. VI, X, XII y XIV) se prestan a ser investigados únicamente como parodias del género radioteatral y serán estudiados como tales.

El interés principal de mi estudio se centra en algo novedoso: el análisis de la parodia de diversos géneros literarios canónicos y populares –1) el radioteatro; 2) la novela rosa; 3) la novela detectivesca; 4) el libro de caballería; y 5) la autobiografía– para comentar sobre la praxis de la escritura e investigar su contribución a la temática y estructura de *La tía Julia*. El capítulo I (correspondiente a la presente Introducción) muestra una descripción detallada de la estructura de *La tía Julia* y una exploración del concepto parodia en la crítica contemporánea. El capítulo II repasa y discute los ensayos sobre *La tía Julia* para proveer un contexto de las lecturas críticas previas de esta novela. En los capítulos II, IV, V y VI se examinan las estructuras y las convenciones de las formas narrativas canónicas y populares mencionadas anteriormente, y se analiza la manera en que Vargas Llosa parodia estas formas. El capítulo VII estudia el carácter autoparódico[7] y metaficticio de la novela. Compara los dos álter egos ficticios de Vargas Llosa, sus técnicas de escritura, los tipos de ficción que escriben y sus ideologías, y los relaciona con el Vargas Llosa actual. Además, para poner de relieve el concepto de autoparodia, la sección autobiográfica se lee como una novela rosa, y se examina también el papel del lector como cocreador del texto. Continúo ahora con una explicación del concepto de parodia y su significación en la narrativa moderna y por ende en esta novela de Mario Vargas Llosa.

Las definiciones antiguas sobre parodia[8] han sido reelaboradas por teóricos recientes y se han utilizado de manera novedosa en di-

---

[7] La autoparodia se evidencia claramente en la proyección de Vargas Llosa en dos personajes de *La tía Julia*, que bien podrían ser considerados álter egos del autor: Marito Vargas Llosa y el presumido boliviano, Pedro Camacho.
[8] La palabra parodia se deriva del griego: de la preposición *para*, "al lado de", y del sustantivo *aoide*, "canción". Su significado etimológico es, literalmente, "al lado de canción" (David Kiremidjian, 2). Según Genaro J. Pérez, el prefijo *para* tiene dos significados: uno que sugiere oposición, ataque, contraste, y otro que implica cierta intimidad o acuerdo y que define mucho mejor el proceso realizado en muchas novelas experimentales contemporáneas. La mayor parte de la crítica, arguye Pérez, ha basado su definición en el primer significado, que concuerda con la interpretación de parodia como imitación burlesca de una obra seria de literatura, pero en la actualidad se emplea el prefijo *para* en el discurso literario o crítico con sus dos significados (242).

versas discusiones de literatura contemporánea.[9] Importantes teóricos –Joseph A. Dane, David Kiremidjian, Martin Kuester, Margaret A. Rose, Elzbieta Sklodowska y Clive R. Thomson– han profundizado en la historia de las teorías y usos de la parodia desde los tiempos antiguos hasta el presente. El importante estudio de Margaret Rose, *Parody: Ancient, Modern, and Post-Modern* (1993)[10], demuestra cómo el concepto de parodia se ha ido transformando con el paso del tiempo.[11]

Según M. Rose, los formalistas rusos contribuyeron a la crítica literaria con sus ideas sobre "discontinuidad" e "intertextualidad", que revelan la naturaleza metafictica de la parodia, al subrayar la novedad de obras en donde las convenciones literarias son expuestas. La parodia es descrita por estos críticos como una técnica utilizada con el propósito de añadir una nueva función y significación a otros textos. Aunque el término parodia también es utilizado por los formalistas para describir la imitación cómica y el rejuvenecimiento de otros modelos, este último aspecto no es investigado a fondo. Para M. Rose, las ideas de los formalistas redujeron la parodia a una forma metafictica y prepararon la base para la futura separación de la función y estructura cómicas de la interpretación antigua de la parodia *(Parody: Ancient* 103-25).

---

[9] La acepción del término se ha transformado, enriqueciéndose con una gama de ramificaciones, desde que el concepto fue introducido por los griegos. Martin Kuester señala que el significado de la noción de parodia ha dependido de la situación histórica en que ha ido siendo utilizado(4). Para la crítico canadiense, Linda Hutcheon, esta dependencia histórica ha sido tan fuerte que no es posible establecer definiciones trashistóricas del término (*Theory* 10).

[10] M. Rose analiza y presenta la historia del concepto de parodia, ofreciendo un acercamiento nuevo al análisis y clasificación de las teorías modernistas, modernistas-tardías (*late-modern*) y posmodernistas sobre este asunto. En la sección sobre teoría y usos de la parodia y pastiche, discute las obras de una gran variedad de escritores y famosos teóricos del siglo XX. También en este texto, Rose revisa y expande la sección introductoria sobre la definición y usos de la parodia, que originalmente apareció en otro libro suyo publicado en 1979, *Parody//Metafiction*. Este libro contribuyó a ampliar el conocimiento de la parodia como mecanismo metafictico o *double-coded,* que podría ser utilizado para denotar más que la simple ridiculez de los textos parodiados.

[11] Si bien no pretendo hacer un resumen detallado de todo el libro de M. Rose, sería útil para lograr un mejor entendimiento del concepto actual de parodia, resumir a grandes rasgos la dirección de la transformación del término a partir de las teorías de los formalistas rusos –Victor Shlovsky, Jurij Tynyanov, Boris Tomashevsky– teóricos modernos influyentes e interesados en el estudio de la parodia, cuyas obras fueron publicadas en las dos primeras décadas del siglo XX.

Las ideas de Mikhail Bakhtin sobre la parodia parten de las de los formalistas rusos, pero su contribución va más allá de una simple elaboración de éstas. Sus novedosos conceptos han servido de base aun en las teorías posmodernistas más recientes (p. ej. Charles Jencks y Julia Kristeva). Los dos conceptos claves de la teoría bakhtiniana son: el dialogismo (que en algunos contextos Bakhtin llama polifonía y que se relaciona directamente con la *heteroglossia*); y el carnaval, que Bakhtin explora a través del concepto del *cronotopo*.[12]

Tanto la lengua escrita como la oral y el monólogo interior están compuestos de una gran diversidad de variantes lingüísticas conflictivas –oficiales, vernáculas, ocupacionales, técnicas, literarias y populares– en una relación polifónica, arguye Bakhtin. Es decir, que aunque existe un sistema de normas lingüísticas común, éste opera entre una gran diversidad de variedades socioideológicas que dialogan entre sí. Estas variedades lingüísticas constituyen la *heteroglossia,* término definido por Bakhtin como la confrontación de múltiples discursos en un texto. Los diferentes discursos de esta *heteroglossia* poseen puntos de vista específicos y formas particulares de concebir el mundo, por eso pueden yuxtaponerse, suplementarse, contradecirse y relacionarse en diálogos mutuos (*Dialogic* 271-73).[13]

Debido a su naturaleza dialógica, la novela es un género reciente y en continua metamorfosis, afirma Bakhtin. En comparación con el género épico, carece de cánones establecidos (*Dialogic* 5-7). Esta afirmación desautoriza el canon literario que tradicionalmente ha sancionado el discurso poético como el único válido para escribir nove-

---

[12] El *cronotopo* (literalmente "tiempo-espacio") se refiere a "la conexión intrínseca de relaciones espacio-temporales que son expresadas artísticamente en la literatura" (*Dialogic* 84; *the intrinsic connectedness of temporal and spatial relationships that are artistically expressed in literature*).

[13] Entre las diversas formas para incorporar y organizar la *heteroglossia* están: "el juego cómico con la lengua, una historia 'no del autor' (sino de un narrador), el discurso del personaje y varios géneros de iniciación de enmarque" (*Dialogic* 323; a *comic playing with language, a story 'not from the author' (but from a narrator), posited author or character, character speech, character zones, and lastly various introductory framing genres*). Una vez incorporadas a la novela, estas formas preservan su autonomía y se relacionan *dialógicamente*, expresando la intención del autor de manera indirecta. Esto constituye el discurso bivocal: dos voces, dos significados, dos expresiones (*Dialogic* 324).

las. Para Bakhtin, el canon establecido deja fuera cualquier tipo de manifestación popular. Él asegura además que ligada íntimamente a la génesis de la novela está la parodia, es decir, la reescritura de otros discursos, cuya existencia se manifiesta desde los tiempos más remotos. El crítico señala que a través de la historia, todos los géneros "serios" u "oficiales" tuvieron sus contrapartidas paródicas, las que eventualmente llegaron a ser tan sancionadas por el canon literario como sus "elevados" modelos.[14] Las parodias se manifestaron principalmente en los géneros populares, que se rebelaban consistentemente contra las formas de expresión cultas aceptadas oficialmente, en una relación de estrecha dependencia. Además de subvertir la cultura oficial, las formas paródicas prepararon el terreno para la novela de manera muy decisiva al introducir el aspecto cómico. El humor permitía presentar la realidad desde una perspectiva más objetiva que difería considerablemente de la perspectiva "culta" que era parcial e incompleta, por limitarse a aspectos serios. La parodia constituyó un correctivo de la realidad y además, una crítica de los géneros, registros, estilos y voces oficiales (*Dialogic* 51-55).

Bakhtin postula una conexión estrecha entre los conceptos de "dialogismo" en la escritura y el "carnaval", sugiriendo que se pueden formular en términos recíprocos.[15] Así, en su valioso estudio, *Rabelais and His World,* Bakhtin explora estos dos conceptos, oponiendo la cultura oficial y "monológica" de la Edad Media a la "dialógica" que Rabelais presenta en *Gargantúa y Pantagruel* (1534), cuyos antecedentes están en el diálogo socrático, la sátira menipea, la diatriba y el simposio, y es la representación más completa del carnaval en la literatura. El carnaval está conectado a la conciencia popu-

---

[14]   Un ejemplo clásico de la antigüedad está en *Las nubes* (419 a. C.) del dramaturgo griego Aristófanes (c. 448-380 a.C.), que parodiaba *Los diálogos* de Platón, destacando a Sócrates con la cabeza en las nubes.
[15]   Dominick La Capra asevera que el carnaval es para Bakhtin, la forma más creativa de la *heteroglossia* (315).

lar, que pertenecía a la esfera extraoficial. Esta gran voz popular se oponía, suplantaba y destruía la voz jerárquica monológica (*Rabelais* 59-144).[16]

El carnaval parodiaba la vida extracarnavalesca. Constituía un mundo fuera del oficial en el que participaban todos y en el que se celebraba la liberación temporal de toda jerarquía y orden establecido –político, social y religioso–. Según Bakhtin, el carnaval estaba sujeto a sus propias leyes de libertad, comunidad, igualdad y abundancia, al contrario de las fiestas oficiales que mantenían el statu quo, tenían un tono serio y carecían del elemento humorístico.[17] El humor del carnaval era renovador, alegre y burlón, aun cuando desmentía y contradecía el orden establecido. Durante las carnestolendas, "el mundo se ve tal vez más fresco, no menos (y tal vez más) profundamente que cuando se observa desde un punto de vista serio" (*Rabelais* 66; *the world is seen anew, no less [and perhaps more] profoundly than when seen from the serious standpoint*). El concepto de realismo grotesco, con la degradación como principio esencial, formaba la base del carnaval. Este concepto tenía una naturaleza a la vez positiva y negativa ya que reflejaba un fenómeno en metamorfosis, de muerte y vida simultáneamente.[18]

M. Rose resume las contribuciones así como las desventajas de la interpretación bakhtiniana del concepto de parodia. Explica que, como los formalistas rusos, Bakhtin interpreta la parodia como un

---

[16] El carnaval era uno de los espectáculos rituales más importantes en la vida del hombre medieval. Coexistía con otras formas cómicas –parodias orales escritas en latín y en vernáculo– sancionadas por la tradición europea medieval. Esta coexistencia cambió una vez consolidada la estructura política y social europea hacia fines de la Edad Media y principios del Renacimiento. Así, las formas cómicas pasaron a un nivel extraoficial, en el que adquirieron profundidad y complejidad, hasta llegar a convertirse en la expresión de la cultura del pueblo (*Rabelais* 59-144).

[17] Richard Berrong observa que Bakhtin interpreta la adopción rabelaisiana de imágenes e ideología populares en su obra, para hacer resaltar los patrones ideológicos que la cultura oficial había impuesto y así poder obtener una apreciación genuina de la esfera oficial, con el propósito de motivar un cambio (8).

[18] El realismo grotesco se ocupa del estrato inferior del cuerpo, el vientre y los órganos reproductivos, y por eso se relaciona con la defecación y la copulación, pero tiene un aspecto positivo que es el concebir, el embarazo y el nacimiento. Los elementos rabelaisianos que ponían énfasis en la comida, la defecación, la sexualidad y la muerte contribuyeron a establecer el *cronotopo* del carnaval.

mecanismo biestructural, que subraya la "hostilidad" de voces opuestas en la parodia y la importancia de las formas carnavalescas, haciendo hincapié en el elemento cómico (que había sido ignorado por los formalistas rusos). No obstante, en ocasiones Bakhtin utiliza el concepto de parodia posrenacentista, que implica lo burlesco y lo ridículo, para analizar algunas obras "modernas" carnavalescas. Su interpretación del realismo grotesco reduce la parodia a lo burlesco, señalando su capacidad destructora sobre el texto parodiado. El problema de este crítico, según M. Rose, es que no integra sus discusiones de conceptos y a veces muestra ideas contradictorias. M. Rose señala que otra falla de Bakhtin es el no analizar el mecanismo mediante el cual la estructura doble de la parodia preserva el texto parodiado y cómo este aspecto contribuye a la ambivalencia de la parodia (*Parody: Ancient* 169-70).

La contribución de los teóricos de la recepción –Robert Jauss y Wolfgang Iser– al estudio de la parodia expande los análisis de los formalistas rusos y de Bakhtin, al subrayar la manera en que los autores de obras paródicas "pueden hacer pensar en las expectativas del lector con respecto al texto parodiado, y en cómo esas obras pueden no sólo insinuar y aprovecharse del lector por dichos medios, sino también asegurar la recepción de la obra parodiada mucho más allá del período histórico en que aparecen" (M. Rose, *Parody: Ancient* 170-76; *can conjure up the expectations of the reader for the parodied text, and to how those works can then not only 'imply', and play upon, the existence of the reader by such means, but ensure the reception of the parody work beyond its demise*).

En su análisis de teorías paródicas contemporáneas, M. Rose trata de establecer diferencias entre las deconstruccionistas y las intertextuales o metaficticias de las dos últimas décadas, aunque reconoce que en los últimos años estos dos campos han compartido ideas, como resultado de debates continuos. Uno de los aspectos distintivos de estos grupos está en la interpretación negativa o positiva de la parodia. En muchos estudios teóricos contemporáneos, la falta de reconocimiento de los aspectos positivos y complejos de la parodia ha causado que varios críticos analicen libros paródicos como metaficticios, ignorando la parodia como tal. Entre los críticos que han expresado opiniones negativas de la parodia, o se han concentrado exclusivamente en analizar el aspecto intertextual, están: Jean-François Lyotard, Jürgen Habermas, Jean Baudrillard, Fredric Jameson, Ihab Hassan y Linda Hutcheon (*Parody: Ancient* 195-242).

Pero otros investigadores –Ray Bradbury, David Lodge, Umberto Eco y Charles Jencks– han reafirmado el aspecto cómico de la parodia, y a la vez han reconocido su otro aspecto esencial, que es la función y potencial de la intertextualidad. Esta interpretación corresponde a la posmodernidad, porque supera la restricción modernista de reducir la parodia a una u otra de estas dos formas (M. Rose, *Parody: Ancient* 271-74).[19]

Hutcheon y Kuester señalan que el significado contemporáneo de parodia proviene básicamente de las definiciones del siglo XVIII, que tenían una acepción todavía peyorativa y la definían como un tipo de escritura en la que "se toman las palabras o pensamientos de un autor y con un leve cambio se adaptan para otro fin" (Kuester, 3; *the words of an author or his thoughts are taken, and by a slight change adapted to some new purpose*) y que está aún vigente en ciertas formas paródicas actuales (Hutcheon, *Theory* 2). Mas la definición dieciochesca de la parodia no revela su importancia en el desarrollo general de las formas literarias, principalmente la novelística, con la que se asocia des-

---

[19] M. Rose señala que la interpretación posmodernista de la parodia, que subraya los aspectos cómicos y metaficticios, no parece haber evolucionado mucho desde los tiempos antiguos, en los que se entendía de manera similar y se reconocía la ambivalencia de la parodia hacia el objeto de burla. Pero el hecho es que la apreciación posmodernista de parodia es mucho más compleja. Ha convertido la parodia en un instrumento de análisis literario y de recreación metaficticia mucho más complicado que el significado expresado en las antiguas parodias griegas. Al convertirse en posmoderna mediante el rechazo y revisión de la reducción modernista de parodia, ya sea a metaficción o comedia, y a favor de un entendimiento de parodia como una combinación mucho más compleja, la parodia recuperada en el posmodernismo, "se puede decir, ha conectado doblemente lo moderno con lo antiguo" (*Parody: Ancient* 273; *might even be said to have 'double-coded' the modern with the ancient*).

de su génesis. Desde la publicación de la primera novela moderna, *El ingenioso hidalgo don Quijote de la Mancha* (1605; 1615), la parodia cumple un papel esencial.

Elzbieta Sklodowska menciona las diferentes definiciones y tendencias de la parodia en su resumen de las proposiciones heterogéneas que han desarrollado las teorías contemporáneas:

> Al lado de aproximaciones basadas en el criterio etimológico (Householder) y en la idea de la discrepancia entre el contenido y la forma (Markiewicz, Ziomek, Ikegami, Genette), encontramos estudios que ponen de relieve el efecto cómico de la parodia (Bouché, Rose) y/o su papel satírico-crítico. Algunas interpretaciones –influenciadas por la lingüística generativa y transformacional– llegan a enfocarse exclusivamente en los mecanismos de la reelaboración del modelo, a la vez que dejan de lado las implicaciones del contexto (Golopentia-Eretescu, Riffaterre, Geneviève Idt) (9).

Hutcheon, Rose, Sklodowska, Kuester y Kiremidjian, entre otros, han señalado la preponderancia de la parodia en las obras artísticas del siglo XX, especialmente a partir de la segunda década. Para Kiremidjian, la parodia constituye un elemento orgánico de las obras contemporáneas y sugiere "una importancia mucho mayor en la manera en que la imaginación y la sensibilidad modernas se han formado, y también subraya la función orgánica que ha tenido en el desarrollo de modos primarios de expresión en los últimos cien años" (15; *a greater importance in the very ways in which the modern imagination and the modern sensibility have been formed, and also suggests the organic function it has had in the development of the primary modes of expression for perhaps the past one hundred years*).

Estos mismos críticos también han indicado que la intertextualidad,[20] una de las nociones claves de la interpretación

---

[20] Rose prefiere utilizar el término metaficción (popularizado por Robert Alter) mientras que Hutcheon se vale del término "narcisista" para referirse a las técnicas de la narrativa posmoderna para poner en primer término el proceso de la escritura.

posmoderna de la parodia, se ha convertido en uno de los conceptos principales de la teoría literaria contemporánea. Este cuestionamiento de la capacidad representativa del lenguaje —sostiene Sklodowska— ha reforzado la inclinación a interpretar el acto de escribir como proceso inexorablemente paródico (8).

El revelar el proceso de su propia producción y recepción, así como su relación paródica con el arte del pasado (historicidad), es un interés principal del arte posmodernista, asevera Hutcheon. En *A Theory of Parody*, Hutcheon estudia dos asuntos conectados a la parodia: el interés actual en las modalidades de autorreflexión en el arte moderno, y el énfasis en estudios críticos sobre la intertextualidad o transtextualidad.[21]

La parodia —definida por Hutcheon— es más que una simple forma de imitación. Es repetición con distancia crítica, o imitación con diferencia, que permite señalar irónicamente algo diferente en el mismo centro de la similitud. Esta "imitación con diferencia" es lo que Hutcheon llama la naturaleza doble o "política" de la parodia, ya que simultáneamente sanciona y subvierte lo parodiado: "Este tipo de trasgresión autorizada convierte la parodia en un vehículo perfecto para las contradicciones políticas del posmodernismo en general" (*Politics* 101; *This kind of authorized transgression is what makes it a ready vehicle for the political contradictions of postmodernism at large*).[22]

---

[21] Hutcheon establece una polémica sobre la parodia con la investigación inicial (1979) de M. Rose, texto que Hutcheon halaga como uno de los más extensos e impresionantes. El problema con la interpretación de M. Rose, según ella, es que convierte la parodia en sinónimo de estructuras textuales especulares, confunde la parodia con la sátira, restringe el término con su insistencia en la presencia del efecto cómico y no abarca todas las formas artísticas en su estudio (*Theory* 20). M. Rose responde a las críticas de Hutcheon en su libro más reciente (1993) sobre parodia. Particularmente arguye que la exclusión (de Hutcheon) del aspecto cómico de la parodia es producto de una reducción del término a una forma negativa y unidimensional. Esta interpretación corresponde a la definición modernista de parodia —comedia burlesca— y representa una reacción moderna-tardía que ha divorciado lo cómico de la parodia, en vez de integrarlo con el aspecto intertextual (*Parody: Ancient* 239-40).

[22] La perspectiva de Hutcheon es doble: formal (relación estructural entre dos textos) y pragmática (efectos del signo) (*Theory* 22). De ahí la importancia crucial del papel del receptor de la parodia, que permite la consideración del texto en una situación social (*Theory* 103-04). Hutcheon añade que la parodia posmodernista señala la necesidad de sobrepasar las limitaciones del romanticismo que se concentraba en el autor, del formalismo que prefería el texto, de la teoría de respuesta del lector, que consideraba sólo el texto y el lector (*Theory* 108), y se podría añadir también el énfasis en la intención del autor.

Otro aspecto esencial de la parodia posmodernista es su historicidad. Hutcheon explica que en todas las artes posmodernistas la parodia establece simultáneamente cambio y continuidad cultural. No ignora el contexto del modelo que imita sino que utiliza la ironía "para reconocer el hecho inevitable de que hoy estamos separados de ese pasado, por el tiempo y por la historia subsiguiente de esas representaciones" (*Politics* 94; *to acknowledge the fact that we are inevitably separated from that past today-by time and by the subsequent history of those representations*). Este contacto irónico con el arte del pasado no es utilizado para descubrir lo inadecuado sino para transformarlo y activarlo en un contexto nuevo y a menudo irónico (*Theory* 101).[23] En relación al arte modernista, el posmodernista busca re-contextualizarlo. No rechaza los postulados modernistas basados en premisas obsoletas —el cierre, la distancia, la autonomía artística y la naturaleza apolítica de la representación— sino que los reinterpreta exponiendo directamente al receptor los procesos de significación (Hutcheon, *Politics* 193).

Hutcheon también alude al compromiso ideológico y cultural de la parodia posmodernista. En todas las artes —música, pintura, arquitectura, literatura, cine— los teóricos y artistas son conscientes de su compromiso social y se preocupan por la formación de un código estético que refleje este hecho. En otras palabras, aun las obras contemporáneas más autoconscientes y paródicas no tratan de igno-

---

[23] Hutcheon contradice a los críticos que opinan que el posmodernismo ofrece "una cita decorativa y despojada de valor de las formas antiguas y que ésta es la mejor manera para una cultura como la nuestra, que está sobresaturada de imágenes" (*Politics* 93; *a value-free, decorative, de-historicized quotation of past forms and that this is a most apt mode for a culture like our own that is oversaturated with images*). Critica a Fredric Jameson y a Terry Eagleton por su interpretación negativa de la parodia posmoderna como "vacía". Explica además que la crítica negativa de la cultura de masas de estos dos investigadores es resultado de su ideología aristocrática que no les permite comprender "el resultado liberador y el cambio igualador de la profanación posmodernista del mito de la originalidad elitista/modernista y la genialidad única" (*Politics* 184; *the liberating result and the egalitarian change of this [postmodernist] profanation of the 'myth' of elitist/modernist originality and unique genius*).

rar, sino más bien se esmeran en poner de relieve el contexto histórico, social e ideológico que los rodea y en el que existen (*Politics* 182-
83). El arte arquitectónico, por ejemplo, revela su adherencia a un
discurso cultural amplio, producto de la disolución capitalista de la
hegemonía burguesa y del desarrollo de la cultura de masas. Los ar-
quitectos, explica Hutcheon, "ya no se mantienen fuera de la experiencia de los que usan sus edificios, sino que ahora están incluidos,
están dentro de la construcción, sujetos a su historia y a sus múltiples
significados" (*Politics* 192; *see themselves no longer ABOVE or OUTSIDE
the experience of the users of their buildings, they are now IN it, subject to its
echoing history and its multivalent meanings*). El arte posmodernista confronta los cambios sociohistóricos —las fuerzas totalizadoras de uni-
formidad y de mercantilización de la cultura de masas— desde dentro
de sí. Al saber que no puede ignorarlos, los aprovecha:

> Refuta la uniformidad por medio de la parodia, reafirmando la dife-
> rencia irónica en vez de la identidad homogénea o de un concepto
> deformado del "otro". La naturaleza pluralista, provisional y con-
> tradictoria de la iniciativa posmoderna desafía no sólo la estética
> sino también las ideas sociales homogeneizadoras de lo monolítico
> (masculino, anglo, blanco, occidental) de nuestra cultura.
> *It contests uniformity by parodically asserting ironic difference instead of either
> homogeneous identity or alienated otherness. The pluralist, provisional,*
> • *contradictory nature of the postmodern enterprise challenges not just aesthetic
> unities, but also homogenizing social notions of the monolithic (male, Anglo,
> white, Western) in our culture (Politics 183).*

Ahora bien, el peligro del elitismo o de la dificultad de acceso
existe en cualquier parodia artística, ya que la parodia puede ser elitista
"si los códigos necesarios para poder comprenderla no son compartidos por el codificador y el descodificador a la misma vez" (Hutcheon,
Politics 200; *if the codes necessary for its comprehension are not shared by both
the encoder and decoder*). Pero la parodia posmoderna es más asequible

al público gracias al uso frecuente de un lenguaje familiar y fácilmente reconocible, y, además, porque no sólo se critica lo parodiado, sino que se le incorpora en la obra de arte:

> Esto podría explicar la frecuente reapropiación paródica de las imágenes de los medios de comunicación, particularmente la de los fotógrafos posmodernos. No hay necesidad de conocer toda la historia del arte para comprender la crítica de esas representaciones. Sólo hay que observar. Pero muchos artistas desean usar la parodia para recuperar la historia del arte canónico, con el fin de reconectar las representaciones del presente con las del pasado, para poder criticarlas.
>
> *This may explain the frequent parodic reappropriation of mass-media images in particular by many post-modern photographers: there is no need to know the entire history of art to understand the critique of these representations. All you have to do is look around you. But some artists want to use parody to recover that high-art history too, to reconnect the representational strategies of the present with those of the past, in order to criticize both* (Hutcheon, *Politics* 105).

Sherrie Levine y Victor Burgin también recalcan la integración de la cultura colectiva y la ausencia de elitismo en el arte posmodernista. Burgin sostiene que no se puede asumir que el "arte" está apartado de otras prácticas de representación y de instituciones contemporáneas, especialmente de aquéllas que constituyen lo que problemáticamente se llama medios de comunicación de masas (99-100). Y Levine considera que una pintura es nada más que un espacio en el que una gran variedad de imágenes, ninguna de ellas original, se combinan y chocan: "Una pintura es un papel compuesto de citas tomadas de innumerables centros de cultura" (98-99; *a picture is a tissue of quotations drawn from the innumerable centers of culture*).

La ecuación "popularidad= falta de valor estético" de una obra artística ya no es válida, explica Umberto Eco. Hasta principios de los años sesenta, la literatura popular era subestimada, mientras se alababan las obras experimentales del respetado canon literario. A partir de 1965, sin embargo, los teóricos posmodernistas norteamericanos descubrieron "que la trama se podía encontrar en la cita de otras tramas y que las citas podrían ser menos escapistas que las citas de las tramas" (*Postscript* 65; *that plot could be found also in the form of quotation of other plots, and that the quotation could be less escapist than the plot quotes*). Como respuesta al arte vanguardista (que destruye el pasado y habla de textos conceptuales), el posmodernismo reconoció que el pasado no podía ser destruido porque eso conduciría "al silencio" y, por lo tanto, debía ser revisitado, pero no inocentemente sino con ironía (*Postscript* 67). Eco explica la actitud posmodernista metafóricamente, al compararla con la de un hombre que se siente enamorado de una mujer culta y sabe que no le puede decir "Te quiero locamente" (*I love you madly*) porque él sabe que ella sabe (y que ella sabe que él sabe) que éstas son palabras escritas por Barbara Cartland. Pero hay una solución. Él puede decir: "Como dijo Barbara Cartland, te quiero locamente" (67; *As Barbara Cartland would put it, I love you madly*). A este punto, se ha evitado una inocencia falsa, al decir claramente que no se puede hablar inocentemente. Pero el hombre de todas maneras habría dicho lo que le quería decir a la mujer, es decir, que la ama, pero que la ama en una época de inocencia perdida. Si la mujer está de acuerdo con eso, habrá recibido una declaración amorosa de todas maneras. Según Eco, "ninguno de los dos hablantes se sentirá inocente, los dos habrán aceptado un reto del pasado, que no puede eliminarse. Ambos, conscientemente y con placer jugarán el juego de la ironía, pero habrán tenido éxito nuevamente al hablar de amor" (*Postscript* 67-68; *Neither of the two speakers will feel innocent, both will have accepted the challenge of the past, of the already said, which cannot be eliminated; both will consciously and with pleasure play the game of irony... But both will have succeeded, once again, in speaking of love*).

Otro crítico que ha interpretado el posmodernismo de una manera que ayuda a la comprensión de *La tía Julia* ha sido Charles Jencks.

M. Rose sostiene que, en las discusiones de Jencks sobre la parodia, resalta el reconocimiento de que la función central de este concepto no debe limitarse a sus dos aspectos esenciales: comicidad e intertextualidad, sino que también debe comprender la habilidad de asimilar otros aspectos de comunicación esenciales al posmodernismo: el ingenio, el dominio del cliché y la convención formularia (*Parody: Ancient* 242).[24]

M. Rose estudia también las coincidencias y las diferencias entre las ideas de Jencks y las de Bakhtin sobre la noción de carnaval. Explica que ambos críticos reconocen la función democrática del carnaval, que es "cruzar líneas divisorias, para descomponer todas las categorías de clase, sexo y género que ocurren en cualquier carnaval digno de mención" (*Parody: Ancient* 244; *the crossing of boundaries, the break-down of all categories of class, sex and genre that occurs in any carnival worthy of the name*).[25] Al señalar la importancia de borrar la distancia que separa lo oficial/culto de lo popular (en la arquitectura posmodernista), continúa M. Rose, Jencks sugiere que este compromiso concierne no sólo la degradación de lo elevado (como en Bakhtin) sino también el ascenso de lo popular a un nivel más eminente y complejo. En palabras de M. Rose, el concepto de parodia carnavalesca propuesto por Jencks representa una transformación de la reducción de parodia a lo burlesco o metaficticio en algo posmoderno mucho más complejo e inclusivo, que convierte la parodia en cómica y compleja (*Parody: Ancient* 246).

El resumen del desarrollo del concepto de parodia en el siglo XX que he llevado a cabo ha buscado establecer una orientación crítica sobre la que asentar mi lectura de *La tía Julia*. De especial importancia ha sido el texto de 1993 de Margaret Rose. En mi sub-

---

[24] Estas ideas de Jencks se encuentran en su texto, *The Language of Post-Modern Architecture* 87.
[25] Jencks desarrolla su concepto del carnaval en su discusión de la comercialización de la arquitectura posmodernista de Ian Pollard (M. Rose, *Parody: Ancient* 243).

siguiente estudio subrayaré: 1) las estrategias de la parodia; 2) su función en la producción del efecto estético; 3) su significado ideológico; y 4) la respuesta anticipada del lector. Concluyo, pues, esta discusión, subrayando la importancia de la interpretación de parodia como "el refuncionamiento cómico de material lingüístico o artístico preconstituido", propuesta por M. Rose (*Parody: Ancient* 52; *the comic refunctioning of preformed linguistic or artistic material*).[26] Son estas premisas generales de la interpretación de Rose las que guiarán mi análisis de *La tía Julia*.

Antes de seguir adelante, para situar *La tía Julia* en el contexto de la situación de la parodia en la nueva novela hispanoamericana, permítanme hacer un breve paréntesis. En la opinión de Emir Rodríguez Monegal, el conflicto de culturas y mitos (europeos, indígenas, africanos) originó formas "carnavalescas" desde el principio de la formación cultural de Hispanoamérica, subvirtiendo así el logocentrismo intelectual europeo. Sugiere, pues, que la importancia de los modelos de las culturas oficiales constituyó la norma en Latinoamérica sólo en apariencia, ya que al nivel de la cultura oficial, el proceso era totalmente distinto: "Los modelos eran aceptados por la cultura no oficial pero eran inmediatamente parodiados" ("Carnaval" 406-08). Sin embargo, este juicio le parece controvertido a Sklodowska, quien opina que Rodríguez Monegal explica la parodia de manera limitada, tan sólo por los mecanismos de dependencia, sugiriendo que toda la práctica intelectual culta (desde Sor Juana Inés de la Cruz hasta Leopoldo Lugones y Julio Herrera y Reissig) es carnavalesca.

---

[26] M. Rose explica que el término "material preconstruido" se utiliza para describir la manera en que el objeto de burlas de la parodia ha sido "previamente" construido en una obra y se usa en lugar de los términos "forma" y "contenido" (utilizados erróneamente en las definiciones modernistas de parodia, según Rose). Añade que tanto la palabra "refuncionamiento", como la frase "material preconstruido", pueden ser utilizadas para describir "la parodia moderna y posmoderna de obras lingüísticas, musicales, visuales, de arquitectura o de cine, así como los casos de cruces paródicos entre medios diferentes" (*Parody: Ancient* 52; *the modern and 'post-modern' parody of non-linguistic, musical, visual, architectural, or film works, as well as cases of cross-parody between these different media*). Al incorporar en su parodia parte del texto parodiado, prosigue M. Rose, los escritores pueden conseguir el objetivo necesario y preciso para exponer la crítica y hacer que la parodia perdure *(Parody: Ancient* 52-53).

Para Sklodowska, la etapa vanguardista marca el inicio de la literatura paródica en Hispanoamérica.[27] En estas dos décadas (1920-1940) se inician las relecturas paródicas del canon novelístico mimético en un intento de "recontextualizar el modelo europeo en el 'continente mestizo'" (16). En su opinión, la transformación del canon novelístico en la época vanguardista "es fruto de un cambio de conciencia del hombre moderno y no exclusivamente producto de una reacción americanista frente a los modelos europeos" (18). La trasgresión paródica del modelo mimético aparece en la narrativa vanguardista en forma vistosa, acompañada de una burla irreverente y enmarcada por un comentario metaliterario que no deja dudas en cuanto a la intención paródica del autor (19).

Sklodowska pone de relieve la lenta transformación de la actitud del lector hispanoamericano —inclusive el más culto— frente a la dimensión lúdica de la literatura. Otorga a Jorge Luis Borges un papel fundamental en la transformación del concepto de literatura en Hispanoamérica a través de la burla, el juego lingüístico, la autoironía, la parodia y la autoparodia: "El escritor argentino es, sin duda alguna, el precursor más inmediato e importante de la nueva novela hispanoamericana por haber convertido la literatura en un ejercicio esencialmente irónico, un reflejo paródico de estilos e ideas de otros, que ha llegado a transformarse en un canon literario incomparable" (22).

Refiriéndose a la nueva novela hispanoamericana de los sesenta, Sklodowska hace las siguientes observaciones: 1) se desarrolla en un período incierto dado el derrumbamiento de los valores que sostenían el movimiento positivista decimonónico; 2) logra imponerse en forma de una estética que modifica tanto las expectativas de los *culturati* como las del público masa; 3) se nota el predominio de los "textos de goce", según la definición de Roland Barthes.[28] Por último, y se-

---

[27] Esta época le parece mucho más justificada que la opinión crítica que lee la narrativa de los sesenta como una "explosión [paródica] *ex nihilo*" (Sklodowska,18).

[28] Texto de goce: "el que pone un estado de pérdida, desacomoda (tal vez incluso hasta una forma de aburrimiento), hace vacilar los fundamentos históricos, culturales, psicológicos del lector, la consistencia de sus gustos, de sus valores y de sus recuerdos, pone en crisis su relación con el lenguaje" (*El placer* 22).

gún Sklodowska, la nueva novela hispanoamericana refleja claramente el proceso de reajuste entre el horizonte de expectativas del lector y el horizonte estético, producto de grandes cambios sociohistóricos (la Revolución Cubana, el conflicto entre el desarrollo y la dependencia, el auge de los medios masivos de comunicación y la industrialización) (23).[29]

La tía Julia encaja perfectamente dentro de la estética de la nueva narrativa hispanoamericana, conforme a los postulados de Sklodowska. Al publicar esta novela en 1977, Vargas Llosa hizo patente un cambio de énfasis en su novelística: de la sátira sociopolítica que caracteriza sus primeras obras, a la parodia de formas populares y canónicas y la parodia social que distinguen a *La tía Julia*. El elemento paródico en esta ficción abarca tanto la definición tradicional de parodia como simple imitación humorística, como los conceptos críticos modernos que subrayan la naturaleza autoconsciente y autocrítica de la parodia. Se podría decir que, en muchos aspectos, *La tía Julia* es uno de los textos vargasllosianos más importantes, porque la parodia implica un comentario irónico de su obra previa e introduce temas metaficticios, tales como el cuestionamiento del control absoluto del autor sobre su mundo ficticio y las relaciones entre el autor, los personajes y los lectores, estos últimos convertidos en cocreadores del texto.

A continuación, y antes de mi labor analítica, reviso y comento las opiniones críticas sobre *La tía Julia,* con el propósito de contextualizar mi estudio proporcionando una visión global de las reacciones que ha provocado su lectura entre los peritos literarios.

---

[29] Velia Bosch sostiene que el sistema ampliado de comunicación de masas (periodismo impreso, radial y televisivo) y el cinematográfico han llegado a estremecer las bases fundamentales de la estructura estética del relato novelesco de la nueva tendencia de la novela latinoamericana. Grandes autores –Cortázar, Vargas Llosa, Puig, Cabrera Infante y García Márquez– han utilizado el sistema de comunicación de masas "como vía de estímulo y acercamiento en la búsqueda de identificación con un posible y nuevo lector" (46). Juan Manuel Marcos afirma que las novelas que incorporan el género popular buscan la restauración poética del mismo, y se configuran como un texto intensamente referencial pero no monosémico ni mucho menos simplista. Añade que estas novelas no copian servilmente la estructura de estos géneros sino que adaptan creativamente algunos elementos de dichos códigos tradicionales para apelar con más fuerza a la sensibilidad y a la conciencia del público (270).

Capítulo II

LA TÍA JULIA Y EL ESCRIBIDOR *ANTE LA CRÍTICA*

En este capítulo enumero, resumo y comparo los numerosos estudios críticos sobre *La tía Julia y el escribidor* con el propósito de contextualizar mi acercamiento y de proporcionar una visión de conjunto de la opinión crítica de esta novela. Aunque los aspectos que los especialistas han abordado son variados, la mayoría de ellos se ha concentrado en el tema fundamental de la novela: la creación literaria, y ninguno ha prestado la atención debida a lo que es el tema de mi ensayo: el uso de la parodia de géneros literarios y populares para comentar sobre la praxis de la escritura.[1]

Relacionados con el asunto de la creación literaria están los ensayos que investigan ciertos temas aledaños, tales como la iniciación literaria de Vargas Llosa, el proceso del acto de la escritura y la situación del escritor frente a la sociedad. Hay además otras variantes del

---

[1] Myron I. Lichtblau sostiene que *La tía Julia* "es una novela acerca de la escritura, acerca del acto de escribir, de escribir dentro de la escritura..." (Vargas Llosa, *Writer's Reality* xiv; *is a novel about writing, about the act of writing, of writing within writing* ...).

tema de la creación literaria que provienen del argumento central en sí y que también han sido objeto de varios trabajos críticos. Una de ellas es provocada por el relato pseudoautobiográfico del narrador Marito. Éste narra, en primera persona, la historia melodramática de su romance adolescente con Julia, su tía política. Este relato contiene nombres (Marito, Julia, y sus familiares y amigos), mención de lugares limeños específicos y anécdotas de su vida de estudiante y de escritor de noticias de Radio Panamericana. La fácil comprobación histórica de nombres y datos ha permitido identificar esta narración como la parte "real" de la novela, aunque obviamente se trata también de una ficción. Varios críticos han observado que la sección autobiográfica coloca en primer plano la problemática realidad/ficción, por lo que sugieren que fue utilizada por el autor con el doble propósito de poner de relieve la construcción de una ficción y de reflejar sus preocupaciones teóricas. Otra variante derivada del tema central es la incorporación de los radioteatros a la novela, legitimando así en literatura un producto de la cultura de masas. La presencia de los radioteatros en esta novela sugiere otras cuestiones relacionadas con el tema de la escritura. ¿Cómo puede construirse una obra de arte de productos de masa? ¿Qué función cumplen éstos dentro del texto? Al analizar estas cuestiones los críticos han estudiado los radioteatros contrastándolos con la narración de Marito, haciendo hincapié en tres conceptos literarios que resultan del vaivén contrapunteado entre los dos discursos: 1) realidad/ficción; 2) literatura canónica/literatura formularia; y 3) escritor/escribidor.

Debido a las conexiones evidentes entre el tema principal –la creación literaria– y las variantes que acabo de mencionar –autobiografía y radioteatros– es tarea difícil hacer una separación tajante entre muchos de los ensayos críticos. Además hay ciertos estudios que reconocen (o niegan) el valor literario de esta obra, mientras otros analizan distintos y también valiosos aspectos de *La tía Julia*. Para lograr una discusión coherente, es necesario entonces establecer cierto orden en mi resumen. Por ello, en la medida en que he estimado plausible agruparlos, los he organizado de la siguiente manera: 1) crítica favorable y desfavorable; 2) enfoques sobre la estructura de la novela; 3) investigación sobre el tema de la creación literaria; 4) exploración sobre la autobiografía; 5) estudios sobre los radioteatros; y 6) ensayos de apreciación general. Concluyo este capítulo elaborando lo que será mi aportación, enumerando los aspectos que investigo y que contribuyen no sólo a enriquecer el cuerpo crítico de *La tía Julia,* sino también a dilucidar otros significados de esta enmarañada ficción.

1) Crítica favorable y desfavorable

No obstante la gran popularidad alcanzada por *La tía Julia,* esta novela ha sido objeto a la vez de admiración y de duros ataques por parte de la crítica, sobre todo en las reseñas y artículos escritos en el primer momento de su publicación. Tal vez las opiniones conflictivas se deban, en gran parte, al hecho de ser una novela sustancialmente diferente de las obras anteriores de Vargas Llosa. Es, después de todo, una ficción en la que el escritor pone al descubierto, entre bromas y veras, un episodio de su vida "real", cuestionando así, explícitamente, la conexión que existe entre la realidad y la ficción. Asimismo, en esta novela, y como respuesta en parte al rápido desarrollo de la comunicación de masas a partir de los años 50, Vargas Llosa, como muchos otros escritores latinoamericanos de renombre (Julio Cortázar, Manuel Puig, Guillermo Cabrera Infante, etc.), incorporó elementos de la cultura de masas en su texto. Su utilización de los radioteatros, un género tradicionalmente no avalado por el canon literario, llevó a muchos críticos a calificar la obra de superficial, de baja calidad estética y, por lo tanto, carente del serio cuestionamiento artístico y social que había caracterizado sus obras previas. Oponiéndose a estas opiniones, otros estudiosos han encomiado el mérito de la novela y se han interesado por estudiar su originalidad artística.[2]

---

[2] En un artículo de 1991, J. J. Armas Marcelo provee información que aclara las opiniones conflictivas de los críticos que primero juzgaron la novela. Explica tanto la reacción de "traición" que experimentaron algunos ante el sentimentalismo evidente de *La tía Julia,* como el proceso revisionista que esta obra suscitó en lectores más sofisticados.

Entre los críticos laudatorios de *La tía Julia* se encuentran William Kennedy (1982) y André Jansen (1980). Este último opina que es "una obra maestra que revela el mundo nuevo de la madurez creadora de Vargas Llosa" (145). Ya con anterioridad a estos dos críticos, la conocida escritora puertorriqueña, Rosario Ferré (1978), había situado la novela a la vanguardia de la literatura hispanoamericana de la época, señalando que rompía con los modelos asfixiantes del realismo hispanoamericano tradicional por medio de la experimentación técnica y de la innovación narrativa (86). Ferré refuta a los críticos que, a raíz de la aparición de *La tía Julia,* calificaron a Vargas Llosa de ser escritor elitista. Para ella, la característica principal de esta obra es precisamente su accesibilidad a todo tipo de lectores. Opina además que *La tía Julia* prueba el compromiso social del autor ya que el caos social y las historias de Pedro Camacho constituyen "una disección implacable de todos y cada uno de los estamentos de la sociedad limeña" (90).

En oposición a las aseveraciones elogiosas de Kennedy, Jansen y Ferré, Balmiro Omaña, en su tesis doctoral de 1989, sugiere que la crítica social en *La tía Julia* existe con baja intensidad y sirve más que todo "para tejer las complicaciones propias de la trama y de los acontecimientos mismos..." (190). Según Omaña, el parodiar los melodramas no es suficiente razón para considerar que en la novela haya una clara y fuerte intención crítica del acentuado gusto de los latinoamericanos por ese género. En vez, "lo que parece pretender [Vargas Llosa] es mostrar complacientemente esa faceta o esa inclinación de estos pueblos pero nada más" (191). Sin embargo, otros investigadores como Jacques Soubeyroux (1980), Marvin Lewis (1983) y Luis de Arrigoitia (1983) sí están de acuerdo con Ferré, pues observan en la obra una fuerte censura de la realidad peruana. Soubeyroux subraya la crítica vargasllosiana de la sociedad y de la burguesía limeñas, de las transgresiones del código ético moral y de la falta de libertad individual en una sociedad opresiva. Para Lewis, *La tía Julia* no sólo refleja los valores y actitudes peruanos de la época odriísta, cuando la mayor parte de la población ni entendía ni se preocupaba por lo que pasaba en el país, sino que refleja también la estratificación social en el Perú (*From Lima* 137). Arrigoitia ve en esta novela un intento de romper con el machismo ancestral colectivo mediante una denuncia del mismo.

La apreciación de Martín Sabas (1978), otro de los primeros en comentar la novela, es más bien tentativa. Alaba la "sencillez" de la novela y cree que el autor ha realizado un "brillante ejercicio juvenil", en el que el humor "responde a una fina ironía con la que el novelista se burla cariñosamente de lo que cuenta", para convertir esta novela en una historia "fresca" para el lector (155). Contrapuesta a la "sencillez" que Sabas encuentra en la novela, se halla el juicio de Yvette Miller (1980), quien subraya la densidad de una novela que se puede estudiar desde muchos ángulos.

Otros dos comentaristas tempranos, Wolfgang Luchting (1978), uno de los críticos más distinguidos de la obra vargasllosiana, y Antonio Cornejo Polar (1977), reconocen el mérito de la obra y señalan el comentario social "indirecto" que contiene, pero no aprecian algunos de sus más novedosos aspectos. Luchting reconoce el hábil tratamiento que Vargas Llosa ofrece sobre la *Bildung* del novelista, pero le resulta pesada la sección autobiográfica por su trivialidad, y las radionovelas por su falta de persuasión y por interrumpir continuamente la narración autobiográfica (122-28).

Ramón Mendoza (1979) tampoco es muy halagador. Explica que en *La tía Julia*, Vargas Llosa ha sucumbido a una tentación doble: la de vivir de acuerdo con su reputación de ser un "virtuoso" latinoamericano de la experimentación formal, y la de emular a Flaubert al escribir su propia *éducation sentimentale* (48). Como resultado, la novela le parece "una interpolación artificial de cuentos breves no relacionados incluidos en un *Bildungsroman* tradicional" (49; *an artificial interpolation of unrelated short stories into a traditional Bildungsroman*).

Mendoza concluye que Vargas Llosa fracasa en su intento de ridiculizar el "huachafismo"[3] peruano, porque al escribir su propia educación sentimental "se toma demasiado en serio. El detallar las vicisitudes de su romance con la tía Julia e incluir aburridos episodios autobiográficos resultan en otra novelita 'huachafa'" (49; *he takes himself so pitifully seriously, detailing the vicissitudes of his romance with "aunt" Julia so witlessly, that the series of rather boring autobiographical episodes becomes, much against his intentions, another corny soap opera*). María Eugenia Mudrovic concuerda con Mendoza en que lo huachafo es una dimensión dominante en *La tía Julia* no sólo porque informa la selección del material y lo estructura, sino porque además cumple una función narrativa pedagógica (128). Añade que el epílogo poco convincente (debido al final feliz) inscribe esta novela en la tradición de la novela decimonónica:

> Los tres grandes temas que recorren –el incesto, la endogamia y el ataque al disfracismo arribista (alias lo huachafo vargasllosiano)– son los mismos temas que en el siglo pasado sirvieron de consuelo a una burguesía amenazada y a la defensiva. Curiosamente son también las salidas simbólicas a las que acude Vargas Llosa en *La tía Julia y el escribidor*: una novela que, a pesar de sus juegos de superficie con el formato, traba profundas relaciones con la tradición burguesa más rancia del siglo XIX (130).

Al igual que Mudrovic, Hermida-Ruiz sostiene que *La tía Julia* "plantea una solución final perfectamente modernista: la muerte de toda posibilidad futura de convivencia con los géneros de consumo popular" (278). Pero se puede argüir que tanto Hermida-Ruiz como Mudrovic ignoran los dos aspectos cruciales de la parodia posmodernista: lo cómico y el carácter metaficticio de la obra, que

---

[3] El término "huachafismo" se refiere a la aspiración de la clase burguesa y de los nuevos ricos de parecerse a la aristocracia. En otros países hispanos "huachafismo" significa "cursilería". Ser "huachafo" equivale a ser "cursi". En inglés la palabra más adecuada sería *tacky* (Mendoza, 49).

son subrayados por Margaret Rose, en su estudio del concepto de parodia.[4]

2) La estructura

La aparente sencillez de la estructura de *La tía Julia* es engañosa. En esta obra, los capítulos impares y el epílogo contienen la narración de un episodio de la vida de Marito. También se cuenta en estos capítulos la vida diaria de Pedro Camacho. Los capítulos pares contienen los resúmenes de los radioteatros escritos por Camacho. La yuxtaposición de los dos polos narrativos produce un diseño de contrapunteo. Así, y valiéndose de la técnica de los "vasos comunicantes", Vargas Llosa logra fundir ambas narraciones en un todo cohesivo, con la misma maestría que demostró desde *La casa verde*, la primera novela en que utilizó esta técnica, la que ha continuado empleando en obras posteriores como *La guerra del fin del mundo* (1981), *La fiesta del chivo* (2000) y *El paraíso en la otra esquina* (2003).

Rita Gnutzmann (1979) y Laura Giussani (1989) se han ocupado también de la estructura de *La tía Julia*. Gnutzmann lleva a cabo un análisis estructural de los diferentes recursos empleados por el ficticio Camacho y el "real" Varguitas y concluye que debido a sus conceptos opuestos de lo que constituye "la realidad", se diferencian en casi todos los aspectos. Giussani estudia la estructura de *La tía Julia*, comparándola con *La ciudad y los perros*. Sus conclusiones las resume bajo dos títulos: "De *matryoskas* y dominós" y "los juegos de escondite". Afirma que en *La tía Julia* Vargas Llosa emplea la técnica de las *matryoskas* (muñecas rusas que como las cajas chinas se encajan unas dentro de otras), para esconderse dentro de sus personajes —Marito y Pedro Camacho—. En cuanto a los "juegos de escon-

---

4 Varios investigadores contradicen las ideas de Mudrovic y Hermida-Ruiz. Los estudios de Norma Mazzei (*Posmodernidad y narrativa latinoamericana* [1990]), Keith M. Booker (*Vargas Llosa Among the Posmodernists* [1994]), y Diana Beatriz Salem ("*La tía Julia* y el escribidor de Mario Vargas Llosa: sólo una actitud posmoderna" [1996]) desmuestran las tendencias posmodernas de esta obra. Asimismo, Raymond Williams estudia *Pantaleón y las visitadoras* y *La tía Julia* como novelas posmodernas en el capítulo cuatro de *The Posmodern Novel in Latin America* (1995).

dite", Giussani discute el esfuerzo de Vargas Llosa por crear un personaje cuyas características de vida exterior se asemejen a las de él mismo, de manera que el lector lo identifique así. Giussani opina que el desdoblamiento del autor en Marito es bastante obvio, pero que su desdoblamiento en Camacho se revela sólo subrepticiamente por medio de caricaturas, frases entrecortadas, etc. (452).

3) La creación literaria
El eje temático de *La tía Julia* es la creación artística en general y la escritura en particular. El epígrafe de la novela indica dicha preocupación. En él, Vargas Llosa cita un párrafo de *El grafógrafo* de Salvador Elizondo que dice: "Escribo. Escribo que escribo. Mentalmente me veo escribir que escribo y también puedo verme que escribo. Me recuerdo escribiendo ya y también viéndome que escribía...". La insistencia en la cuestión de la escritura apunta directamente al carácter metaficticio de *La tía Julia*, y convierte esta novela en una clara muestra de las teorías literarias vargasllosianas, particularmente la que propone que la obra literaria es una plasmación de los "demonios" o experiencias personales del escritor.

Dick Gerdes (1985) se ha referido a *La tía Julia* como "un gran ejemplo contemporáneo de metaficción", en el que se señalan varios problemas de la escritura que los autores deben confrontar continuamente (153).[5] La prominencia de este tema ha hecho que varios críticos hayan investigado varios aspectos relacionados con el acto de la creación: 1) la iniciación literaria; 2) el escritor frente a la sociedad; 3) la reevaluación del acto de la escritura; y 4) la confrontación del lector con la experiencia del acto de escribir.

Entre los varios investigadores que han estudiado la iniciación literaria de Vargas Llosa y la pugna continua del escritor frente a la

---

[5] Los dramas de Vargas Llosa, *La señorita de Tacna* (1981), *Kathie y el hipopótamo* (1983) y *La Chunga* (1985) también exploran estos problemas en detalle, y en menor grado lo hacen también las dos piezas más recientes: *El loco de los balcones* (1993) y *Ojos bonitos, cuadros feos* (1996).

sociedad, se encuentra Carlos J. Alonso (1990), quien se acerca a este tema de manera singular. Aunque reconoce que la temática de esta novela concuerda con lo que Vargas Llosa ya ha expuesto en otras ocasiones sobre el escritor y sus demonios, a él le parece que en este caso el novelista sigue un escenario edípico, fundamentado en la relación de Marito con Camacho, su tía Julia y su padre. La escritura y el ascenso del narrador a autor reconocido están ligados al asesinato simbólico de Pedro y de su padre, y al quebrantamiento del incesto, basado en la trasgresión de los límites establecidos por las leyes del parentesco. Este planteamiento sugiere para Alonso que la creación literaria ofrece la oportunidad de afirmarse, pero en un medio hostil en el que la autonomía personal se ve minada constantemente (54).

Esta opinión concuerda con la de María Luisa Rodríguez Tinoco Lee (1980), quien estudia los juegos psicológicos desempeñados por los protagonistas de la novela basándose en los postulados de Eric Berne (*Games People Play* y *The Psychology of Human Relationships*). Lee observa en la novela dos conflictos fundamentales: primero, la lucha del individuo por mantenerse autónomo, y segundo, la de la sociedad que desea conservar las normas que ha creado y por las que se rige. El conflicto principal —la autonomía de Mario *vis-à-vis* la autoridad paterna— está yuxtapuesto al conflicto de la libertad del artista Camacho, quien existe fuera de las normas de la sociedad para poder concentrarse en su oficio de escritor. Al resolver su conflicto personal, Mario y Camacho se dedican a escribir cuando logran romper las prescripciones sociales para realizar sus ambiciones personales.

La opinión de Sally Harvey (1988) contradice la de estos dos últimos críticos. Para ella, considerar las acciones del "yo" novelístico como un acto de rebelión contra la familia y la sociedad no es válido. Todo lo contrario, entiende que Varguitas es un personaje que hace papeles inauténticos para obedecer los requisitos de la burguesía peruana, su moral y valores, y en ese sentido "es un personaje anti-sartreano *en soi*, obsesionado con *l'autre* y constantemente culpable de *la mauvaise foi*" (75).

El novedoso estudio de Raymond Williams (2000) examina la interacción dinámica entre los cuatro escritores ficticios en la novela –Mario Vargas Llosa, Pedro Camacho, Marito y Pedro Camacho-narrador– y dos lectores –uno ficticio y uno real–. Para este crítico, las interrelaciones entre los escritores fuerzan al lector a confrontar la experiencia del acto de escribir propiamente dicho. En tal experiencia, el lector, al actualizar el texto, asiste al proceso creador, incorporando a él su experiencia de lector extratextual y llega a entender que la novela propone un corolario al problema de escribir: la lectura (198). Explica Williams que los dos primeros capítulos exigen dos tipos de receptores distintos. Al final de la novela, el lector debe reconocer que fue "sofisticado" y "vulgar" a la vez, y concluye que "esta inversión de papeles al final de la novela es fundamental para la actualización del lector del texto y para captar el sentido final" (203).

Al investigar el tema de la creación literaria como relación entre vida y arte, Efraín Kristal observa tres coincidencias entre *La tía Julia* y *La educación sentimental* de Gustave Flaubert: primero, se describe la relación entre un joven escritor y una mujer mayor; segundo, en el último capítulo se narran eventos que obligan a una reconsideración de la obra; y por último, se confronta al lector con la vida mediocre del protagonista (96). Kristal considera *La tía Julia* como una novela de transición donde los asuntos políticos se presentan de manera vaga, debido a la falta de claridad que Vargas Llosa tenía en esos momentos respecto a sus convicciones políticas (98).

Roland Forgues postula que *La tía Julia* testimonia los fundamentos en que se apoya la concepción de la literatura de Vargas Llosa y la clave de la evolución ideológica del autor, mediante una dialéctica entre dos formas narrativas que, a primera vista, no tienen relación la una con la otra. La oposición entre un creador frío e intelectual (Marito) y otro frívolo y comercial (Camacho) pregona la victoria de la literatura seria y, al mismo tiempo, pone de relieve otra oposición: la de Vargas Llosa, escritor de literatura seria *vis-à-vis* Vargas Llosa, escritor de literatura frívola. Concluye que el lector asiste al retorno de Vargas Llosa a un tipo de literatura burguesa, de la que el autor había intentado apartarse cuando escribió *Los jefes, La ciudad y los perros, La casa verde, Los cachorros y Conversación en La Catedral* (217-18).

La tesis de José Morales Saravia propone que, a través de una relatividad de los planteamientos estéticos y poetológicos del maniqueísmo dualista –radioteatro y escritura–Vargas Llosa incita a una revisión de la partición entre la buena y la mala literatura, con el fin de limpiar lo paródico de todo posible rasgo negativo que pudiera poner en peligro la comicidad (433). Concluye que Vargas Llosa fracasa, pues el epílogo (escrito después de un hiato de ocho años, que relata el destino trágico de Camacho y el triunfo de Marito como escritor) traiciona el elemento risueño (435).

4)   Autobiografía

No obstante los datos autobiográficos "verificables" conteni dos en esta ficción, *La tía Julia* no es una autobiografía, en el sentido estricto de la palabra.[6] Se trata más bien de una ficción en la que Vargas Llosa relata, convertido burlonamente en ficción, un episo-dio de su adolescencia. Irónicamente, la sección "autobiográfica" de la novela ha sido percibida como "verdadera" por algunos lectores, entre ellos, la propia Julia Urquidi, la "tía Julia" de la vida real. Urquidi se propuso dar la versión "correcta" de los hechos acontecidos du-rante el período de su enamoramiento y matrimonio con Vargas Llosa, para dar a conocer al público lo que "verdaderamente" ocurrió. Para ello escribió *Lo que Varguitas no dijo* (1983). Aunque ningún crítico afirma que *La tía Julia* sea una autobiografía, la mayoría se refiere al relato de Marito como "autobiográfico". Más aún, Rosemary

---

[6]   La autobiografía es "la biografía de una persona escrita por ella misma" (*Pequeño Larousse* 115).

Geisdorfer Feal sostiene que *La tía Julia* cumple con el pacto autobiográfico, aunque esta investigadora subraya la calidad ficticia del género autobiográfico. Indudablemente su estudio, *Novel Lives: The Fictional Autobiographies of Guillermo Cabrera Infante and Mario Vargas Llosa* (1986), es el más destacado entre los dedicados al aspecto autobiográfico de la novela. Feal explica que las referencias explícitas a la identidad del narrador funcionan esencialmente como máscaras y que la yuxtaposición de la autobiografía con los capítulos fantasiosos de Camacho cuestiona la autenticidad del texto en su totalidad. Para Feal, *La tía Julia* carece del elemento autoconsciente del autor que trata de contar su vida desde el momento presente. Su estructura es más bien la de una relación de memorias. Además, esta autobiografía no es característica del género porque la preocupación central del autor no es la historia de su vida en sí, sino el acto de escribirla. Por consiguiente, los "hechos" de la vida del autor cumplen un papel secundario. Feal también encuentra paralelismos entre esta novela y la picaresca, y añade que al estar escrita desde un punto de vista picaresco, *La tía Julia* crea un espacio irónico entre el autor y el narrador. Feal concluye que a pesar de estar contaminada por la ficción, *La tía Julia* capta una versión del "yo" autobiográfico de Vargas Llosa.

Considerar esta novela una autobiografía ficticia implica un cuestionamiento del binomio realidad/ficción, así como la imposibilidad de representar la realidad, tema que esta novela subraya abiertamente. La problemática realidad/ficción se representa de manera muy explícita, al hacer coincidir el nombre del narrador con el del propio escritor peruano y al revelar nombres, lugares y hechos –muchas veces íntimos– relacionados con la biografía de Vargas Llosa. Este hecho le hace pensar a Domingo Ynduráin (1981), que en *La tía Julia* existe una compenetración directa entre realidad y fantasía, y entre experiencia vivida y creaciones ficticias. Y para José Miguel Oviedo (1983) la intención de Vargas Llosa, en esta ficción, es "tomar los acontecimientos más íntimos y decisivos y colocarlos bajo la más implacable luz de un foco, para volverlos a vivir, para estudiarlos y observar las transformaciones que sufren al irlos encajando en la estructura de la novela" (*"La tía Julia"* 212).

Ahora bien, la problemática historia/ficción había sido tocada anteriormente por el propio Vargas Llosa en su quehacer de novelista. De hecho ha sido una constante en sus textos en el ámbito estructural, técnico y temático. Y también se había referido a esta problemática en numerosos ensayos de crítica literaria y en especial en sus dos amplios libros sobre las obras de García Márquez (1971) y Gustave Flaubert (1975).[7] Jacques Soubeyroux (1990) explica que *La tía Julia* marca la introducción de la narración en primera persona y constituye el eje de la problemática autobiográfica de la narrativa del autor peruano (102). Soubeyroux comenta que los móviles sociales que influyeron en el proyecto autobiográfico del autor y en su realización, en *La tía Julia* se revelan por medio de una fuerte crítica de las condiciones precarias de vida ofrecidas al escritor, y la dificultad de pasar a la madurez en una sociedad hostil. Asimismo, esta novela inscribe el conflicto entre una generación de adolescentes y la sociedad en la que crecieron (período de la dictadura de Odría [1948-1956]) y que acabó marginándolos cuando no se exiliaron voluntariamente. Para Soubeyroux, todas las novelas escritas por Vargas Llosa hasta 1977, registran el deseo de justificar el porqué de su ruptura voluntaria con la sociedad peruana al final de su adolescencia (113). Ahora bien, *La tía Julia* representa una variación dentro de este tema porque el héroe triunfa y realiza su proyecto de ser escritor, si bien lo hace fuera de Lima. Soubeyroux concluye que Vargas Llosa muestra así que el escritor sólo puede triunfar después de rechazar los valores degradados de la sociedad peruana.

---

[7] Posteriormente, el autor abordó nuevamente este tema en sus piezas teatrales: *La señorita de Tacna, Kathie y el hipopótamo* y *La Chunga*, y en novelas como *Historia de Mayta, El hablador, La guerra del fin del mundo, La fiesta del chivo* y *El paraíso en la otra esquina*.

José Miguel Oviedo (1983) ha identificado tres componentes esenciales de la biografía vargasllosiana en la novela: 1) el mundo familiar totalizador; 2) el de la radio que se relaciona con Camacho; y 3) el mundo de la literatura que se relaciona con los dos primeros (211). Sin embargo, Oviedo no cree que se trata de una biografía, sino de algo mucho más complejo:

> ... parece una autobiografía pero es la negación de ésta; parece que hay dos niveles distintos en la historia pero hay mucho más de enorme complejidad; parece un melodrama doble, pero es algo muy distinto, es una constante elaboración de la teoría de los 'demonios' y un vistazo al núcleo incandescente en el que la experiencia de la escritura se convierte en imaginación ("*La tía*" 228).

Varios otros críticos, entre ellos José C. González Boixó (1979), Saúl Sosnowski (1980) y John J. Hassett (1981), concuerdan con la opinión de Oviedo. Los tres sostienen que la autobiografía inscrita en *La tía Julia* sirve para poner de relieve la construcción de una ficción, señalando en el proceso que las experiencias personales de cualquier autor son transformadas para poder ser utilizadas en la ficción. González Boixó sugiere que para entender bien el concepto de autobiografía que maneja Vargas Llosa en su novela, es necesario considerarla un reflejo de las inquietudes teóricas de su autor, quien ha manifestado que toda obra literaria siempre parte de la realidad, pero nunca es una enunciación directa de ella ("Realidad" 101). Por lo tanto, en esta autobiografía se debe subrayar el tono novelesco, cuya base es el "elemento añadido" que corresponde a la manipulación vargasllosiana de la realidad.

Para Sosnowski, en *La tía Julia*, el escribir y la vida son términos complementarios y análogos que se manifiestan en dos versiones opuestas de la escritura (la de Varguitas y la de Camacho), con el fin de plantear ciertas interrogantes sobre su proyecto narrativo total, en el que subyace el concepto del *striptease* vargasllosiano.[8] Hassett observa que *La tía Julia* plantea no sólo la pregunta "¿qué es la literatura?" sino también "¿qué significa escribir?", ya que "es la historia de la formación de un escritor, de su relación con el mundo que describe y de su lucha continua con el lenguaje" (283).

Joseph Chrzanowski (1989) difiere ligeramente de los críticos que opinan que la cuestión realidad/ficción es formulada por la parte que contiene la autobiografía, explicando que la relación de reciprocidad entre la realidad y la ficción se evidencia en el sistema de enlaces que subyace la estructura divisoria entre la sección autobiográfica y la de los radiodramas.

5) Los radioteatros

En los ensayos sobre los radioteatros de Pedro Camacho se señalan las coincidencias entre los dos polos narrativos (autobiografía y seriales). Se pone de manifiesto la sutil superposición de estos dos niveles, cuyas fronteras eventualmente llegan a borrarse hasta formar una totalidad artística homogénea. Así, lo que al empezar a leer parecía postular binomios contradictorios que oponían realidad/ficción, literatura canónica/literatura popular y escritor/escribidor, se mezcla hasta un punto que imposibilita una definición categórica de estos mundos paradójicamente diferentes y similares. De este modo, el narrador Marito caerá en los mismos defectos que ha estigmatizado en su rival Camacho y las ficciones de Camacho probarán estar

---

8   Según Vargas Llosa, escribir una novela es una ceremonia parecida al *striptease*, ya que, tanto el novelista como la muchacha que hace el *striptease*, desnudan sus intimidades ante el público. Pero Vargas Llosa explica que hay diferencias cruciales: "Lo que el novelista exhibe de sí mismo no son sus encantos secretos, como la desenvuelta muchacha, sino demonios que lo atormentan y obsesionan, la parte más fea de sí mismo... Otra diferencia es que en un *striptease* la muchacha está al principio vestida y al final desnuda. La trayectoria es a la inversa en el caso de la novela: al comienzo el novelista está desnudo y al final vestido. Las experiencias personales (vividas, soñadas, oídas, leídas) que fueron el estímulo primero para escribir la historia quedan tan maliciosamente disfrazadas durante el proceso de la creación que, cuando la novela está terminada, nadie, a menudo ni el propio novelista, puede escuchar con facilidad ese corazón autobiográfico que late fatalmente en toda ficción. Escribir una novela es un *striptease* invertido y todos los novelistas son discretos exhibicionistas" (*Historia* 7).

basadas en la "realidad". Recíprocamente, los datos autobiográficos "reales" se verán contaminados por la fantasía y la novela culta compartirá temas, técnicas y estructuras con la literatura popular.

La total simbiosis realidad/ficción del texto no deja lugar a dudas en cuanto al hecho de que ambas partes cumplen un papel esencial en la construcción de significados de la novela. Esto ha motivado a críticos como Jacques Soubeyroux (1980), Nivia Montenegro (1983) y Joseph Chrzanowski (1983) a estudiar la imbricación de los dos ámbitos estructurales. Para estos investigadores, la fusión de los dos polos narrativos constituye la llave de todo intento de interpretación del universo novelesco y además muestra conceptos vargasllosianos del proceso creador de ficciones.

Soubeyroux define esta novela como un relato de espejos, fundado en un incesante juego de refracciones: "... la novela refracta la realidad, pero sus distintas secuencias narrativas se refractan entre sí, multiplicando los puntos de vista sobre la realidad y sobre la novela misma, cuestionando desde dentro todos los valores que va transcribiendo" ("El narrador" 402). El texto de *La tía Julia* es fecundo, continúa este mismo crítico, "... en la medida en que permite integrar plenamente los dos niveles narrativos del libro, y situar todo el libro dentro de la problemática general desarrollada por las obras anteriores de Vargas Llosa, transcripción más o menos consciente de sus 'demonios'" ("El narrador" 402).

Nivia Montenegro (1983) concluye que todos los aspectos de la obra responden a "una ley de distorsión, de duplicación deformada", que constituye el punto de convergencia en que se fundamenta la novela:

> ... dos grupos de personajes que a pesar de su aparente diferencia revelan la ficcionalidad que los une; dos narradores por debajo de los cuales se sugiere la posibilidad de un narrador único; un nivel pseudoautobiográfico y uno pseudorradioteatral que manifiestan la estrecha relación que los vincula; una presencia autorial cuya función organizadora se infiltra en todos los niveles ficticios y destruye su aparente independencia; y por último, un texto que se complace en mostrar su propia textualidad (307-08).

Montenegro sostiene además que todas estas relaciones enfrentan al lector a una novela que se configura como un "juego de ecos y transformaciones" que evidencia la deformación de otros textos: "Al insistir en la relación de semejanza y diferencia, la novela se presenta como producto de una operación de combinación y variabilidad de la que surgen ambos, el escritor y el texto. De ahí que se destaque el acto de escribir como reescritura, es decir, variación y deformación de otros textos" (308). La autora arguye que la relación que los protagonistas escritores mantienen con la literatura, en la repetición de técnicas y procedimientos que comparten y en el traspaso distorsionado de fragmentos de su realidad a su ficción, "destruye cualquier diferenciación que pudiera partir de la supuesta naturaleza autobiográfica de Marito y los dos protagonistas se definen textualmente como construcciones ficticias" (324). Chrzanowski arguye que la fusión entre ambas secciones se logra por medio de las coincidencias entre los sucesos y personajes de la vida real con los del mundo imaginario, y en la proyección de Camacho a su mundo ficticio mediante el proceso del desdoblamiento, en el que se opone su "yo" real a su "yo" ideal ("Consideraciones" 22-26).

Julie Jones (1979) halla una estrecha relación entre los radioteatros y las preocupaciones del Vargas Llosa novelista. Sostiene que es únicamente dentro del contexto total de *La tía Julia*, que se pueden leer los radioteatros como comentarios irónicos de la vida y obras del autor, ya que la novela, "al ser expuesta por medio de la recreación de la experiencia vivida y de la creación de la experiencia imaginada, revela la conciencia oculta del autor que escribe" (81; *through the recreation of experience lived and the recreation of experience imagined, it reveals the hidden consciousness of the author writing today*).

Domingo Ynduráin (1981) elabora en detalle las concordancias temáticas y estilísticas entre los radioteatros de Camacho y los primeros intentos literarios (cuentos truncados) del joven Vargas. Observa la "literaturización" de la lengua radioteatral estereotipada a la que contribuyen el uso del léxico chocante y el empleo de personajes de otras obras de Vargas Llosa.

Magdalena García Pinto (1982) opina que una vez que ocurre el enlace subrepticio entre los dos órdenes espacio-temporales, se crean disturbios tanto en la dimensión de la realidad fictícia como en la mente del lector extratextual, quien establece una nueva dimensión espacio-temporal:

> El orden establecido que cada personaje parece reflejar en su respectivo mundo, al confundirse y violar las fronteras de la realidad fictícia que le corresponde, impone otro orden, una promiscuidad que habilita potencialmente para la multiplicidad de combinaciones y relaciones hasta ese momento no permisibles, y esto sólo se logra en otra dimensión espacio-temporal (56).

Los análisis de José C. González Boixó (1978), Enrique Pupo-Walker (1981) y Myrna Solotorevsky (1988) investigan la relación literatura-paraliteratura. González Boixó indaga la transformación del proceso creador de una obra y concluye que los elementos que convierten los radioteatros de *La tía Julia* en "literatura" son tres: primero, el procedimiento de exageración que se da en los radioteatros, tanto a nivel formal como temático, en relación con el modelo que imitan; segundo, el poder ser leídos como un conjunto unitario independiente dadas las conexiones implícitas entre ellos; y tercero, la continua interacción entre los radioteatros y el nivel autobiográfico de la novela.

Tanto Pupo-Walker como Solotorevsky observan que los rasgos compartidos por los dos espacios literarios (autobiografía y radioteatros) crean en la narración un efecto de homogeneidad o de circulación conflictiva. Como consecuencia, los límites entre la relación histórica o testimonial (relato de Marito) y el enunciado propio de la ficción (los radioteatros), así como entre la literatura canónica y la literatura formularia, desaparecen. Solotorevsky explica además que el uso de los clichés es importante por suscitar una estética de la plenitud en los radioteatros y por ser objeto de reflexión que provoca determinadas reacciones en la autobiografía (134-35).

La identidad del escribidor también ha sido objeto de discusión entre los críticos. El título de la novela, *La tía Julia y el escribidor*, parece sugerir que la identidad del escribidor es Pedro Camacho, ya que tanto él como la tía Julia, fueron, de acuerdo con la historia de Marito, las dos personas que más influencia tuvieron sobre su vida durante el período que se cuenta en esta novela. Además, las obras de Camacho encajan perfectamente bien dentro del género radioteatral, en el que se utilizan técnicas fijas, tales como: personajes esquemáticos, línea de acción simple y maniqueísta, vocabulario pedante, etc. Marito no podría ser el "escribidor", por lo menos a primera vista, porque su escritura difiere diametralmente de la del "artista" boliviano. Marito aspira a escribir obras "literarias" a la manera de los grandes escritores –Bernard Shaw, Jorge Luis Borges y Mark Twain, entre otros–. Pero Albert Bensoussan (1989), sostiene que el escribidor no es Camacho sino el joven Varguitas que se esfuerza inútilmente en escribir relatos canónicamente literarios. Para él, los radioteatros poseen valor literario debido a su gran elaboración y genialidad y no deben ser considerados producciones de un mediocre escribidor (94-95).

También para Maïté Bernard (1991), tanto Marito como Camacho son escribidores. Detrás de estos dos personajes, sostiene Bernard, se puede percibir que ser escribidor es equivocarse sobre las posibilidades de la escritura, mientras que ser escritor es saber manejar la mentira para decir la verdad. Camacho es escribidor porque, aunque se jacta de ser un escritor realista, en realidad escribe sobre sus demonios personales, tan únicos, que imposibilitan tanto ser aplicados a la humanidad en general como que el lector se identifique con su mentira. Varguitas utiliza un método distinto, pero consigue el mismo resultado negativo que el boliviano. Es decir, aunque no se vale

61

de ninguno de sus demonios para escribir, limitándose a reproducir técnicas ajenas, tampoco logra la identificación de sus lectores. El triunfo del narrador de *La tía Julia* [o sea Mario Vargas Llosa] resulta de su conocimiento eventual de que las palabras transforman los hechos para expresar otra verdad diferente de la realidad histórica –la realidad de los demonios del autor.

Sin embargo, identificar al escribidor no me parece tan importante como reconocer que al hacer una separación estructural entre el relato de Marito y los seriales de Camacho, el autor de la novela pone al descubierto la dicotomía escritor/escribidor, con el propósito de comparar dos tipos de escritura: la literaria y la popular. A este respecto, Jonathan Tittler (1984) y Rita Gnutzmann (1992) examinan el contraste entre los métodos literarios del escribidor [Camacho] y los del escritor [Marito] mediante un estudio del elemento de distanciamiento entre ambos autores y sus respectivos textos. Tittler sugiere que la novela presenta una paradoja: el lector, mediante una serie de estrategias retóricas, se distancia de los escritos de Camacho debido a la ausencia de ironía, y más bien siente atracción por la ironía del relato de Mario. Este investigador interpreta esta novela como: "La historia tumultuosa del asunto del lector con un cierto modo de escribir, hablar y pensar, uno que lleva el rótulo de 'irónico'" (150; *the tumultuous history of the reader's affair with a certain mode of writing, speaking, and thinking, one that bears the label 'ironic'*).

José Miguel Oviedo (1983) postula que la imagen de Camacho es exactamente contraria a la del Marito adolescente, debido al empleo de diferentes técnicas literarias para producir sus ficciones ("La tía" 223). Estima que los radioteatros, por su lenguaje trivial y por el exagerado uso de la violencia, no son convincentes y únicamente representan variaciones de la vida limitada y mediocre del escribidor ("La tía" 219).

René Prieto (1983) estudia las duplicidades textuales de semejanza y de contradicción entre el escritor y el escribidor en términos lacanianos (la etapa del espejo): separación, sentido del "otro" e identificación. Así, Varguitas, que al principio desprecia al escribidor y su escritura, más tarde manifiesta su admiración y finalmente acaba por absorberlo en su propia creación. Se produce de este modo un intercambio de papeles: el famoso escribidor fracasa y el aprendiz triunfa. Para Prieto, los paralelismos entre escritor y escribidor impiden definirlos en términos de sus diferencias, dejando así la novela abierta.

Rafael E. Correa (1994) propone una interpretación diferente cuando sugiere que el texto de *La tía Julia* se arma como doble parodia del acto creativo. Por un lado está el escritor "en pleno acto de elegir, censurar, organizar y elaborar" (207) y por otro está el lector, quien debe incorporarse en el texto y generar su propia significación: "El lector salta al espejo del texto... y rearma una nueva lectura, mediante una activa reconstrucción –léase, reafirmación– del proceso organizador de la representación imaginativa" (208).

6) Ensayos de apreciación general

De gran interés para entender el significado que el propio Vargas Llosa le asigna a *La tía Julia* son los comentarios que ha expresado en numerosas entrevistas (Ruas [1982], Setti [1988], Raillard [1988], y especialmente con José Miguel Oviedo [1983]). También en su libro *A Writer's Reality* (1991), Vargas Llosa comenta cándidamente tanto sobre el nacimiento de *La tía Julia*, como sobre los métodos artísticos en ella utilizados.

Sobre la biografía del autor vale la pena destacar varias obras, empezando por la destacada monografía de José Miguel Oviedo, *Mario Vargas Llosa: La invención de una realidad* (1982), y los textos de Dick Gerdes (*Mario Vargas Llosa*, 1985), Rita Gnutzmann (*Cómo leer a Mario Vargas Llosa*, 1992), Braulio Muñoz (*A Storyteller*, 2000), Raymond L. Williams (*Vargas Llosa. Otra historia de un deicidio*, 2000), Néstor Tenorio Requejo (*Mario Vargas Llosa: El fuego de la literatura, 2001*), y el texto editado por Roland Forgues (*Mario Vargas Llosa. Escritor, ensa-*

yista, ciudadano y político, 2001). También es una importante fuente de información el libro de Ricardo A. Setti, *Sobre la vida y la política: Diálogo con Vargas Llosa* (1989), una exposición franca de la personalidad íntima, intelectual y política del novelista peruano, que al igual que el libro de José Beltrán Peña, *Mario Vargas Llosa en la historia del Perú* (1990), contiene ensayos y conferencias sobre la economía, la democracia, la literatura y otras preocupaciones del autor sobre el Perú.

En esta línea biográfica se pueden incluir además seis libros del propio Vargas Llosa. En *El pez en el agua* (1993), el escritor relata su experiencia como candidato a la presidencia de la República peruana, y sus memorias sobre diferentes etapas de su vida. *Contra viento y marea (1962-1982)* (1983), compendia artículos, conferencias, manifiestos, cartas, polémicas y chismografías escritos entre 1962 y 1982, en los que el escritor opina sobre la vocación literaria, el compromiso político, la revolución, la universidad, las libertades y la crítica. Por último, las colecciones de ensayos: *Mario Vargas Llosa: La verdad de las mentiras* (1990), *A Writer's Reality* (1991), *Cartas a un joven novelista* (1997) y *Making Waves* (1998), constituyen una especie de autobiografías intelectuales y artísticas, en las que el autor presenta sus opiniones sobre la novela moderna y ayuda a descifrar su propia literatura, sus métodos literarios y el fondo cultural desde el que concibe sus obras. *Lo que Varguitas no dijo* (1983) escrito por su primera esposa, Julia Urquidi Illanes, como corolario a *La tía Julia* y con el propósito "de que se conociera la verdad de nuestra vida juntos" (Perricone, "Entrevista" 851), también constituye una valiosa fuente de información, ya que presenta el punto de vista de Julia, quien, como sugiere la novela, conoció íntimamente al autor con el que compartió ocho años de su vida.

Entre los estudios que iluminan aspectos estimables de *La tía Julia* se encuentra un segundo estudio de Marvin Lewis (1984), en el que explora la representación de los retratos literarios de afroperuanos. Lewis encuentra una relación consistente entre las percepciones racistas negativas de la sociedad actual y su caracterización artística. Según él, dicha actitud continúa sin cambio el racismo del siglo XIX, y Vargas Llosa también mantiene dicha tradición racista negativa en sus obras, incluyendo *La tía Julia*.

Roy Kerr (1990) escribió un original estudio sobre las expresiones parentéticas en *La tía Julia* que constituyen, para él, un componente narrativo, estilístico y retórico esencial ya que cumplen varias funciones: 1) amplían la narrativa principal; 2) añaden humor; 3) crean un distanciamiento entre el narrador y la acción que a su vez resulta en un sentimiento de intimidad con el lector; 4) proveen diálogo suplementario; 5) proveen información clave sobre el cambio de personalidad del escribidor; y 6) establecen su posición intelectual mediante el uso de palabras en latín y vocabulario pedante. Paradójicamente, los paréntesis revelan también la maniática preocupación de Camacho por describir funciones corporales, lo lascivo, lo repugnante y lo socialmente ofensivo (116-20).

En un estudio anterior, "Names, Nicknames and the Naming Process in Mario Vargas Llosa's Fiction" (1987), Kerr había examinado los nombres y sobrenombres de los personajes de las obras de Vargas Llosa, concluyendo que tenían profundas implicaciones. Con frecuencia, los personajes usan su apodo para establecer la imagen que les interesa proyectar, así como para determinar su estatus dentro de un grupo. En *La tía Julia*, el uso repetitivo del mismo nombre en la sección autobiográfica así como en los radioteatros, causa que los personajes ostentosamente históricos se confundan con los imaginarios, reiterando así el tema de la frágil distinción realidad/fantasía.

Los estudios de Inger Enkvist (1987) y Belén Sadot Castañeda (1987) concentran especial atención en las técnicas narrativas descritas por el propio Vargas Llosa en sus trabajos teóricos. El libro de Enkvist incluye un capítulo en el que analiza *La tía Julia* a la luz de las técnicas literarias vargasllosianas para descubrir el método de escritura y examinar su eficacia y validez. Castañeda considera que no es el aspecto mimético, sino la concienzuda aplicación y desarrollo del "elemento añadido", lo que convierte la narración biográfica en novela (178). Nota, además, la presencia de los "vasos comunicantes" tanto en los radioteatros de Camacho como en el nivel general de la obra literaria de Vargas Llosa. También señala que las preguntas con que concluyen todos los radioteatros corresponden a lo que ella llama "datos escondidos elípticos", puesto que el vacío que señalan no se completa en la siguiente secuencia de radioteatros, obligando así al lector a rellenar los vacíos con elementos de su propia imaginación (183). Según Castañeda, al continuar la narración linealmente, si bien saltándose un capítulo, en el relato de Varguitas se utiliza el "dato escondido en hipérbaton" (185), pero además se nota el uso del "dato escondido elíptico" (185) al final de la novela, cuando, sin dar mayores explicaciones, el autor informa que se divorció de Julia y se volvió a casar con su prima Patricia. Esta información escueta deja al lector encargado de imaginarse los detalles (como en los radioteatros de Pedro Camacho).

Análisis comparativos entre *La tía Julia* y las ficciones de otros autores agregan otras dimensiones a la significación de esta compleja novela. Sharon Magnarelli (1986) compara la recreación del amor en *La tía Julia* con la de *María*, la conocida novela decimonónica del colombiano Jorge Isaacs. Daniel Reedy (1981) señala las semejanzas del contenido temático así como los conceptos de estructura narrativa entre la novela de Manuel Puig, *El beso de la mujer araña* y *La tía Julia*. María Ester Martínez Sanz (1987), en un ensayo titulado "Lo real maravilloso en el *Quijote* y en *La tía Julia y el escribidor*" señala que los universos ficticios de estas dos obras muestran el constante conflicto entre la creatividad y la rutina. No obstante, al permitir echar a volar la imaginación del lector, el novelista lo obliga a romper la barrera de los prejuicios y a percibir nuevas verdades. Cervantes y Vargas Llosa sitúan a los personajes en situaciones hipotéticas análogas a la realidad externa en la que los límites entre lo imaginario y lo real, así como entre el arte y la vida, son imposibles de determinar, porque se afectan recíprocamente (39).

Jean Marie O'Bryan, en su tesis doctoral, titulada *The Story of the Storyteller: La tía Julia y el escribidor, Historia de Mayta and El hablador by Mario Vargas Llosa* (1993)[9], establece una trilogía basándose en las correspondencias estructurales y temáticas entre estas tres novelas. La relación estructural más prominente es la utilización de un narrador autobiográfico que se ocupa de examinar su propia vida y sus proyectos literarios en el proceso de escribir una novela. Otras coincidencias entre estas tres obras son: el carácter autorreflexivo, la exploración de la novela como género, y el hecho de que representan las tres caras tradicionales del Perú (la costa, la sierra y la selva). La noción de trilogía de O'Bryan sirve para contextualizar un período prolífico de la carrera literaria de Vargas Llosa en el que el autor usó la narrativa, no para forzar al lector a participar en la búsqueda de significado (objetivo de sus primeras novelas), sino para explorar la construcción social de significado. O'Bryan explica que los narradores de estas tres ficciones revelan una inquietud posmoderna ya que conocen bien la mecánica narrativa y saben cómo manipularla para crear ficciones persuasivas, y también están familiarizados con los límites de su oficio, es decir, "no pretenden entender el mundo sino comprender cómo se construye nuestro entendimiento del mundo" (198; *they do not claim to understand the world, only to understand how we construct our understanding of the world*).

Otros ensayos críticos relacionados con el concepto de la posmodernidad en *La tía Julia* son los de Norma Mazzei (*Posmodernidad y narrativa latinoamericana* [1990]), Keith M. Booker (*Vargas Llosa Among the Postmodernists* [1994]) y Diana Beatriz Salem ("*La tía Julia y el escribidor* de Mario Vargas Llosa: sólo una actitud posmodernista" [1996]). En

---

9   La disertación fue publicada en forma de libro en 1995: O'Bryan-Knight, Jean. *The Story of the Storyteller: La tía julia y el escribidor, Historia de Mayta and El hablador by Mario Vargas Llosa*. Atlanta, GA: Rodopi BV.

su ensayo comparativo entre *If On a Winter's Night A Traveler* de Italo Calvino y *La tía Julia*, Booker encuentra coincidencias entre estas dos ficciones y sugiere que son ideales para cuestionar si estos textos funcionan como una crítica efectiva de la comercialización de la cultura de masas o si simplemente participan de ella. Concluye que tanto Calvino como Vargas Llosa resisten una interpretación definitiva de sus textos y penetran en un diálogo con la industria de la cultura y su inexorable comercialización de las obras de arte. Los textos de estos dos autores no se pueden consumir como si fueran mercancía, continúa Booker, sino que con su serie infinita de metaescritores y metalectores, así como metainterpretaciones, "comprometen al lector en un diálogo sin fin, aunque sin la opacidad lingüística de ciertos textos modernistas y también tal vez sin la tendencia modernista hacia la comercialización como fetiche" (73; *engage the reader in a dialogue that can never end, though without the linguistic opacity of certain modernist texts and also perhaps without the modernist tendency toward commodification as fetish*). Para Mazzei, el relato estereotipado de los seriales refleja la posmodernidad debido a las múltiples trasgresiones manifiestas entre los radioteatros, además de entre éstos y los cuentos de Marito y en la mezcla de ambos con la vida "real" narrada en la sección autobiográfica (100). Este fenómeno trasgresor produce la fragmentación, discontinuidad y multiplicidad de realidades, características de la posmodernidad, que, según Mazzei, en esta novela "es engullida por la identidad narrativa, que asume plenamente el narrador principal" (100). Salem identifica tres discursos característicos de la novela posmoderna: uno paródico en el que el signo es el humor, uno radiofónico y un metadiscurso "que añade una dimensión autorreferencial muy marcada al reflexionar constantemente sobre la escritura y los diversos procedimientos narrativos" (233).

Ellen McCracken (1980) expone aspectos de la infraestructura de la industria de la radio (concentración de propiedad, tecnología, relaciones de mercado) en el Perú y en Latinoamérica en general, así como el papel que estos órganos cumplen en la formación de la ideología latinoamericana. La autora señala también la ambivalencia ideológica que muestra el autor al presentar conexiones entre arte y cultura de masas. Esta ambivalencia es fruto de la temprana asociación de Vargas Llosa con los medios de comunicación, cuando trabajaba de periodista para suplir sus ingresos económicos. Según McCracken, estas experiencias ofrecieron al autor una serie de posibilidades narrativas aun cuando ciertas formas culturales de masas –los seriales, por ejemplo– estaban en conflicto con su propia producción artística culta. Añade que "aunque Vargas Llosa pueda criticar la organización de la infraestructura y los efectos ideológicos negativos de los medios de comunicación de masas, su producción artística temprana le debe a los medios de comunicación en numerosos aspectos" (60; *though he can criticize the media's infrastructural organization and negative ideological effects, his early artistic production is indebted to the media on several counts*). McCracken afirma que en *La tía Julia*, Camacho exacerba el conflicto entre arte y cultura de masas al insistir en el valor artístico de sus creaciones. Vargas Llosa intenta obliterar este conflicto reescribiendo los seriales como arte. La novela, entonces "puede abarcar la producción literaria temprana del escritor y también el peligro planteado por la cultura de masas" (68; *can thus encompass both the writer's early literary production and the threat posed by mass culture as well*). Para Walter Bruno Berg (1989), los radioteatros camachianos son tan sólo un producto representativo de la llamada cultura de masas en la década de los 50 y 60 en el Perú, y muestran la realidad peruana con intención de criticarla.

Stephen M. Machen (1980) estudia el tratamiento paródico del sexo (porno-violencia) en las radionovelas, que en su opinión, resulta de la falta de distanciamiento del escribidor con sus obras. Opina que Camacho transcribe sus procesos mentales sin transponerlos, creando, paradójicamente, mundos irreales que contrastan con la presentación de la porno-violencia en textos anteriores de Vargas

Llosa. Machen concluye que Vargas Llosa ha subrayado en *La tía Julia* un aspecto de la crisis de la cultura contemporánea y de la conciencia de la revolución sexual en la narrativa latinoamericana de hoy, y añade que "como los medios de comunicación de masas han suplantado otras formas de cultura en la sociedad moderna, se convierte en el blanco lógico para la parodia y la sátira" (16; *since mass media have all but supplanted other forms of culture in modern society, it becomes the logical target for parody and satire*).

Por último, basándose en los conceptos teóricos de Michel Riffaterre, Berta López Morales (1980-1981) arguye que en el texto de *La tía Julia* el cliché es un procedimiento mimético que tiene por función satirizar y ridiculizar la radionovela como una de las manifestaciones de la literatura formularia. Dicha sátira está dirigida al género mismo, tanto a los procedimientos de su escritura como a la concepción del mundo que subyace este tipo de creaciones (117-18).

Las páginas precedentes han proporcionado una apreciación sobre varios aspectos de *La tía Julia* estudiados por la crítica. Aunque varios investigadores han aludido a la cuestión paródica, ésta no ha sido estudiada sistemáticamente. En los capítulos siguientes, estudio a fondo nuevos aspectos relacionados con la parodia de los radioteatros, pero sin limitarme exclusivamente a ellos. Redondeo mi análisis asociando los radioteatros con la otra parte de la novela —la historia de Varguitas— con la que están íntimamente conectados mediante la técnica de los vasos comunicantes ya mencionada. En el próximo capítulo, que titulo: "Sintonice el próximo episodio...: Parodia de los radioteatros", empiezo mi labor analítica del texto, examinando la parodia del género radioteatral. Señalo primeramente los antecedentes y características de este género popular y a continuación, la manera en que Vargas Llosa lo parodia en las radionovelas camachianas. En las secciones subsiguientes (capítulos IV, V y VI) tituladas "Los amores imposibles...: Parodia de la novela rosa", "El detective atrapado: Parodia social como novela de detectives" y "El caballero andante: Parodia de los libros de caballería", analizo varios radioteatros como parodias de otros géneros —novela rosa, detectivesca y de caballería—. Finalmente, en el capítulo VII, "Camacho *c'est moi*: Autoparodia", investigo la autoparodia y la manera en que el narrador parodia también la autobiografía, al presentarla con las convenciones de la novela rosa.

Capítulo III

SINTONICE EL PRÓXIMO EPISODIO...: PARODIA DE LOS RADIOTEATROS

La escritura y la radioemisión de los seriales de Pedro Camacho se inspiran según su propio autor en los folletines del siglo XIX (Vargas Llosa, *Writer's* 106). Varias otras producciones artísticas de la cultura de masas, tales como las fotonovelas, las historias cómicas ilustradas y las telenovelas, también se derivan del folletín, género no sancionado por el canon, al que además se ha denominado con los términos de novela de folletín, novela por entregas y novela popular (Jorge B. Rivera, *Folletín* 7). Este género decimonónico englobaba gran cantidad de obras más o menos artísticas (desde un punto de vista canónico) destinadas a un público de masa, de recursos limitados y de cultura parva, y estuvo firmemente encadenado a las transformaciones tecnológicas de la prensa, a los cambios socioeconómicos provocados por el ascenso de la burguesía y a la laicización de la literatura operados en Europa. Rivera explica que la masa de nuevos lectores que irrumpe durante el primer cuarto del siglo XIX "encuentra en la confluencia de novela y periodismo –precisamente en la novela de folletín– su expresión más propia y genuina" (*Folletín* 30).

Jorge B. Rivera sostiene que la introducción de los textos novelísticos en el folletín de los periódicos (reservado hasta entonces para el ensayo político y literario), significó una apertura de la literatura hacia el nuevo tipo de público que se incorporaba a los circuitos de consumo y cuya tradición literaria había sido predominantemente oral y en algunos casos decididamente folclórica (*Folletín* 12-13). Sin embargo, hay que tener en cuenta que los que compraban el periódico no eran la masa analfabeta sino los burgueses. Muchos de los escritores de renombre, José Martí entre ellos[1], publicaban sus novelas por entregas en estos folletines. En el siglo XX habrían de surgir nuevos medios de comunicación (la radio, la TV y el cine, por ejemplo) y las producciones de cultura de masas se incorporaron rápidamente a ellos.[2] Así, lo que antes era un producto popular literario escrito (folletín), se convirtió, con el advenimiento de la radio, en un producto auditivo (radionovelas), y luego con el cine y la televisión en otro auditivo-visual (cine y telenovelas). Para Muniz Sodré, los términos literatura de masa, *best seller* y folletín son intercambiables (6). Y Samira Yousef Campedelli opina que el término "folletín electrónico" se ha usado de manera peyorativa para referirse a la falta de aprobación, por parte de los elementos cultos de la sociedad, tanto de los folletines como de los seriales televisados (20).[3]

Un estudio de la estructura y características del folletín[4] es de gran utilidad para establecer una base que sirva de referencia en mi

---

[1] José Martí publicó en 1885 en *El Latino Americano* bajo el seudónimo de Adelaida Ral, un folletín por entregas titulado originalmente *Amistad funesta*. Posteriormente se publicó entero en un libro titulado *Lucía Jerez*, el nombre de la protagonista.

[2] Muniz Sodré señala que los folletines del siglo XIX no eran nuevos, sino que provenían de una larga tradición narrativa, iniciada en Europa en el siglo XIV. En esa época, se trataba de transcripciones en prosa y de una serie de relatos épicos versificados de leyendas míticas y nacionales, cargados de héroes todopoderosos, hechos notables y peripecias inverosímiles (10). El universo ilusorio de esas historias se recuperó nuevamente en el siglo XIX cuando con el Romanticismo nació un sentimiento nacionalista, épico y sentimental del pasado. Y estos mundos imaginarios decimonónicos pronto empezaron a ser transmitidos al lector en los nuevos medios de comunicación (la prensa principalmente), dadas las diferentes condiciones de producción de la época industrial (10).

[3] Mónica Rector explica que lo más probable es que el folletín haya sido considerado paraliteratura aún en su propia época, o sea, un género popular no aceptado por el canon y caracterizado por cierto maniqueísmo y por la historización del héroe mítico (2).

[4] La expresión *roman feuilleton* se origina en el diario *La Presse* de Émile de Girardin, alrededor de 1836. *La Presse* representa la prensa industrializada francesa del siglo XIX, por el uso más racional de publicidad y técnicas avanzadas de imprenta. La obra *Los misterios de París* de Eugene Sue representa el paradigma de la literatura francesa folletinesca del siglo XIX (Sodré, 10).

estudio de la parodia del género radioteatral en los seriales de Pedro Camacho. A lo largo de mi análisis, haré hincapié en la inscripción de los "demonios" de Camacho en sus radioteatros, inscripción que, según José Carlos González Boixó, constituye el tema común de todos los radioteatros camachianos ("Subliteratura" 151).[5]

La estructura del folletín fue, desde su inicio, la de una novela publicada por partes en diarios que se vendían a precios bajos. Se trataba de una literatura popular no legitimada por los académicos sino por el juego del mercado, y en este sentido se diferenciaba de la literatura culta.[6] Los críticos señalan que por lo general toda literatura popular, incluyendo la actual, comparte las características básicas del folletín, cuya estructura interna, de tipo esquemático, se basa en un conflicto de relaciones interpersonales entre un "héroe" y un "villano" que trata de perjudicarlo, o que a veces usurpa los derechos de una tercera persona, provocando que el héroe luche para reivindicar a la víctima (Rivera, *Folletín* 21-22).

El conflicto sustancial del relato folletinesco se ofrece como un dualismo arquetípico que postula la confrontación de dos mundos: el ideal, en el que reinan la bondad, la moral y la justicia, en oposi-

---

[5]   También José Miguel Oviedo considera que los radioteatros son reflejo de las experiencias y fantasías obsesivas de Camacho. Según Oviedo, "Camacho es la encarnación viva de su [de Vargas Llosa] conocida teoría del escritor y sus 'demonios'" (*"La tía"* 218). Para una ilustración detallada de la concretización de Camacho en sus radioteatros ver los siguientes estudios: "De la subliteratura a la literatura: El 'elemento añadido' en *La tía Julia y el escribidor* de Mario Vargas Llosa" de José C. González Boixó; "Las novelas de Mario Vargas Llosa: La retórica de la duplicidad" de Nivia Montenegro; *"La tía Julia y el escribidor* o el autorretrato cifrado" de José Miguel Oviedo; "Pedro Camacho: *A Caricatural Portrait of a Writer and His Demons"* de Jo Ann Pulliam; y "Vargas Llosa y el escribidor" de Domingo Ynduráin.

[6]   Se puede hablar de dos literaturas: culta y de masas, con reglas distintas de producción y consumo, pero, según Sodré, es tarea difícil definir las diferencias. La obra culta se apoya en el reconocimiento académico, mientras que la literatura popular es legitimada por el juego del mercado (6-7). En la época contemporánea el arte se aleja cada vez más de los ambientes tradicionales y se sitúa en el mundo empresarial, donde el arte simplemente se convierte en un producto más, en mercancía, en objeto de inversión. Así pues, el valor artístico también es determinado por factores económicos, que no tienen nada que ver con el mérito de la obra. Recientemente (2004), el escritor de novelas y cuentos de terror, Steven King, sorprendió al mundo literario cuando recibió el premio de la National Book Foundation por su distinguida contribución a la literatura. Comparte este honor con escritores de prestigio que incluyen a John Updike, Philip Roth, Saul Bellow y Toni Morrison. La selección de King fue criticada en los círculos académicos, que se niegan a reconocer el valor literario o estético de los *best sellers* de King. Sin embargo, debido al *marketing*, King es uno de los escritores más populares en el mundo y ciertamente en los Estados Unidos. Se han vendido más de 300 millones de sus ejemplares y muchas de sus obras han sido adaptadas al cine.

ción a otro mundo carente de valores morales. Los personajes y las acciones responden a una caracterización maniquea que se repite al infinito. Los malos poseen todos los vicios y los buenos todas las virtudes. Cada capítulo o entrega de este género popular termina con un corte abrupto de la acción en un momento generalmente crucial, para obligar al lector a comprar el siguiente número. De acuerdo con Rivera, el suspenso "es una forma privilegiada de reforzar el contacto con el lector, de jugar con él mediante la amenaza de una secuencia incumplida, de un paradigma abierto, y de jugar al mismo tiempo con la estructura, de llegar a través de este juego a su verdadera apoteosis" (*Folletín* 40-41).

Los combates entre el héroe y su enemigo se suceden en una serie de aventuras que siguen un movimiento de ascendencia y descendencia, causado por los obstáculos presentados por el villano y los intentos del héroe por solucionarlos. Por lo normal, estos incidentes se acortan o alargan no por necesidades intrínsecas al desarrollo de la acción, sino por razones económicas que dependen de la popularidad de la obra (Juan Ignacio Ferreras, 27). Si hay demanda, el empresario le exige al escritor que invente más aventuras para seguir vendiendo este producto de consumo. Si no, no hay razón para continuar la publicación y en ese caso se termina con un final inevitablemente feliz, con el héroe en la cumbre del éxito y el contrincante castigado y marginado. De ahí que el público y el editor sean quienes determinan el gusto y la aceptación de este producto, y que el escritor, al final de cuentas, dependa de ellos y funcione como intermediario entre un consumidor que pide lo que ya conoce y un editor que trata de complacerlo (Ferreras, 51).[7]

---

[7] Robert Allen sostiene que lo que se considera "interferencia" del proceso creativo por parte de los productores de seriales televisados es, desde un punto de vista institucional, un ejercicio necesario para lograr control de calidad (50). Y añade que: "ningún escritor de telenovelas escribe pensando que va a volcar su genio creativo en un lienzo. Su tarea es generar el público más grande posible de consumidores de los productos de los patrocinadores" (50; *no soap opera writer operates under the delusion that the soap opera is a canvas upon which to bare his or her creative soul. The writer's job is to generate the largest possible audience of potential consumers of the sponsor's products*).

En general, el productor de ficciones para el público masa es extraordinariamente fecundo. Su fecundidad está directamente relacionada con su ingreso económico. El folletinista se ve obligado a trabajar a un ritmo vertiginoso y compulsivo. Ferreras lo compara con el periodista que escribe "contra el reloj, sin ninguna posibilidad de corregir o de rehacer su trabajo", y explica que este quehacer apresurado se asemeja al de una técnica en la que no entra para nada la inspiración (77). Añade Ferreras que el autor por entregas suele trazar un plan vago de su obra, a partir del cual comienza a producir. Según este crítico, un plan vago significa una simple línea de acción susceptible de acortarse o de alargarse al compás de la venta, pero sin que la variedad de la extensión obstaculice la claridad de la exposición (78).

La escritura de los radioteatros de Pedro Camacho se asemeja a lo señalado por Ferreras, pero antes de hablar de su técnica, resumiré las tramas de sus nueve radioteatros, para señalar su hermenéutica interna y explicar la parodia implícita en ellos.

El primer radioteatro (Cap. II) trata de la historia del amor incestuoso entre los hermanos Richard y Elianita Quinteros. Embarazada de su hermano, Elianita se ve obligada a casarse con un antiguo admirador para salvar el honor de la familia.

El segundo (Cap. IV) relata las aventuras detectivescas del sargento Lituma, quien siguiendo las órdenes de su superior, se ve en la situación de tener que asesinar a un negro misterioso (de quien no se sabe ni su procedencia ni el idioma que habla) que la policía ha encontrado accidentalmente en el puerto del Callao.

El tercer serial (Cap. VI) cuenta la historia de un juez, el Dr. Pedro Barreda y Zaldívar, quien debe decidir el caso de violación de la menor Sarita Huanca Salaverría. El acusado, un Testigo de Jehová llamado Gumercindo Tello, se castra para demostrar su inocencia, probando así su desprecio absoluto por los goces carnales.

En la cuarta radionovela (Cap. VIII), don Federico Téllez Unzátegui, debido a un trauma que sufre en su niñez (su hermana es comida por las ratas), dedica su vida a extirpar esta especie roedora de todo el Perú. Para conseguir su objetivo, don Federico supedita a toda su familia a su empresa. Cansados de su tiranía, sus cuatro hijos, coludidos con su esposa, lo matan.

Lucho Abril Marroquín, el propagandista médico del quinto serial (Cap. X), atropella fatalmente a una niña en uno de sus viajes de negocios y sufre como consecuencia un trauma psicológico. Como parte de la terapia propuesta por su psicoterapeuta, la Dra. Lucía Acémila, el joven Marroquín se dedica a torturar niños y al final asesina a su propio hijo.

La familia Bergua del sexto radioteatro (Cap. XII) se deteriora con rapidez después del sangriento ataque (quince puñaladas) contra don Sebastián Bergua, perpetrado por uno de los inquilinos de su pensión, un agente viajero con "nombre de profeta y apellido de pescado" (257), Ezequiel Delfín. Después del apuñalamiento, y frustrado en sus intentos de violar a la Sra. Margarita Bergua, Ezequiel es internado en un manicomio. Veinte años más tarde, huye de la institución con la idea de matar a los Bergua, no sin antes haber asesinado a un empleado y a un paciente del manicomio.

En la séptima radionovela (Cap. XIV), un cura, el Reverendo Padre don Seferino Huanca Leyva, frustrado por el hambre y el crimen que agobian su parroquia, predica la prostitución y el robo entre sus feligreses, así como la masturbación entre los religiosos para facilitar el cumplimiento del voto de castidad. Este relato culmina con un incendio provocado por el cura Seferino, en el que mueren todos los habitantes del barrio de Mendocita en el que tiene lugar la acción.

El octavo serial (Cap. XVI) elabora el amor frustrado entre Joaquín Hinostroza Bellmont, un árbitro de fútbol, y Sarita Huanca Salaverría (personaje del tercer serial), una especie de marimacho quien, por haber sufrido un trauma sexual (incesto) cuando joven, no puede aceptar sus propuestas matrimoniales. La tensión psicológica causa el deterioro físico y mental del árbitro, quien inesperadamente muere asesinado por el negro calato de la segunda radionovela, quien a su vez encuentra un fin brutal al ser abaleado doce veces por la policía.

En el noveno (Cap. XVIII), un cantante de música popular, Crisanto Maravillas, es consumido por un amor imposible por Fátima, una bella monja, quien resulta ser la hija de los hermanos incestuosos del primer serial. Al término de este último radiodrama ocurre una hecatombe, un repentino terremoto en el que mueren sin excepción todos los personajes.

De los argumentos tremendistas de los radioteatros que acabo de resumir, es fácil deducir que su característica más saliente se relaciona con los incidentes excesivamente desaforados que traicionan la obsesiva predilección de Camacho por la violencia y las aberraciones sexuales. Sus tramas se apartan de la temática heroica y sentimental tradicional de los folletines, que corresponde también a la de las historias populares.[8] Josefina Puga asevera que lo más distintivo del género popular es el impacto emocional. Según ella, los problemas del "orden del corazón" guían la acción (3).[9]

En *La tía Julia*, las tramas radioteatrales departen del modo sentimental usual debido al uso de la violencia y a la desproporción de tragedias inesperadas tales como asesinatos, violaciones, incendios y terremotos. Las anécdotas prefiguran la personalidad insólita de Camacho. Desde el primer serial, que se asemeja a una novelita rosa[10]

---

[8] Sodré sostiene que la industria cultural de este siglo –teatro, cine, discos, TV y literatura *best seller*– ha retomado la temática folletinesca, adaptándola al lenguaje actual para acrecentar su verosimilitud (24).

[9] Yolanda Le Gallo sostiene que el serial "es una instancia de elaboración y de difusión de un saber (o de varios saberes) referentes esencialmente a las relaciones intersubjetivas entre hombres y mujeres en el marco de la vida cotidiana" (74).

[10] Andrés Amorós explica que las novelas rosa se distinguen por el sentimentalismo ya que están dedicadas a un público femenino. El tema de estas novelas se centra en el amor entre un hombre y una mujer, quienes se enamoran "locamente". Interviene en este amor un tercer elemento (masculino o femenino) que completa la posibilidad del triángulo amoroso o desempeña el papel perverso. Se llama "el malo" o "la mala". Desde un punto de vista estructural este tercer personaje desempeña un papel absolutamente necesario en la trama (16-17). Analizo detalladamente la relación de este radioteatro con la novela rosa en el capítulo IV.

por tratarse de una historia de amor sentimental, el elemento de la violencia, moral en este caso, irrumpe con fuerza. En esta historia, el sentimiento amoroso de los bellos amantes está manchado por elementos incestuosos. En el segundo radiodrama la violencia de un homicidio injustificable es la única solución plausible para que unos personajes, que para colmo representan la justicia por ser policías, decidan deshacerse del negro anónimo con quien no pueden comunicarse. La violencia –violación sexual, autocastración, parricidio, filicidio y homicidio– continúa en todos los radioteatros, con la rareza de que los daños van agravándose hasta hacerse cada vez más severos e injuriosos. En los tres últimos seriales se mueren todos los personajes. El séptimo culmina con un incendio. En el octavo, añadiendo a la violencia del asesinato del árbitro Hinostroza y del negro que lo mata, la multitud se venga de la policía, castrando primero al sargento Jaime Concha y luego ahorcándolo. Camacho, morbosamente, parece deleitarse presentando los detalles sangrientos de este incidente, en el que mueren el sargento Lituma (protagonista del Cap. IV) por suicidio, y otros miles de personas que tratan de escapar de la Plaza de Acho mueren pisoteadas en medio de gases lacrimógenos y balazos de la policía:

> ... [Lituma] utilizó la última bala que le quedaba para, lobo de mar que acompaña su barco al fondo del océano, volarse los sesos y acabar (viril ya que no exitosamente) su biografía. Apenas vieron perecer a su jefe, la moral de los guardias se descalabró, olvidaron la disciplina, el espíritu de cuerpo, el amor a la institución, y sólo pensaron en quitarse los uniformes, disimularse dentro de las ropas civiles que arrancaban a los muertos y escapar. Varios lo consiguieron. Pero no Jaime Concha, a quien los sobrevivientes, después de castrar, ahorcaron con su propio correaje de cuero en el travesaño del toril. Allí quedó el sano lector de Pato Donalds, el diligente centurión, columpiándose bajo el cielo de Lima, que, ¿queriendo ponerse a tono con lo sucedido?, se había encrespado de nubes y comenzaba a llorar su garúa de invierno... (358).

En la novena radionovela se llega al paroxismo cuando se mata a todos los personajes en un terremoto. "Los fieles allí congregados [en el convento] por la música y la religión morían como moscas. A los aplausos había sucedido un coro de ayes, alaridos y aullidos" (399-400), informa el narrador. El Apocalipsis de este serial, en realidad, representa un intento vano por parte del autor de los seriales de comenzar de nuevo, ya que los personajes, lugares y tramas se le han ido mezclando inextricablemente en la mente, de tal manera, que ha perdido todo control sobre ellos.[11] Irónicamente, en el texto principal, a Javier, el íntimo amigo de Marito, el final del radioteatro le parece un golpe genial del autor: "Un tipo capaz de matar a todos los personajes de una historia, de un terremoto, es digno de respeto" (319).

Los seriales –radiados o televisados– denominados *soap operas*[12] o simplemente *soaps* en la cultura estadounidense, se han escrito siempre con el único propósito de entretener y atraer a un grupo especial del público consumidor: el femenino. Según Allen, las *soaps* tienen una razón de ser económica. Por un lado, se ofrecen gratis y, a cambio de la programación gratuita, el público se convierte en mercancía, vendiéndose a los publicistas en lotes de mil (45). Por otro lado, las *soaps* representan la solución perfecta para el problema de los anuncios diurnos, que buscaban atraer al mayor número de consumidores de ciertos productos (10). Este público era predominantemente femenino, ya que se estimaba que la responsabilidad de las

---

[11] Estas confusiones tempranas anuncian el eventual colapso nervioso de Camacho. En el epílogo se explica que fue internado en un manicomio.

[12] El término *soap* se refiere a la preponderancia de avisos comerciales de jabón emitidos durante la radiación de los primeros seriales en los Estados Unidos. Grandes compañías como Colgate, Palmolive y Procter & Gamble solían anunciar sus productos durante estas emisiones radiales, que entretenían a las amas de casa mientras realizaban sus labores domésticas (Muriel Cantor y Suzanne Pingree, 37). Robert Allen explica que el término *soap opera* probablemente se originó en la prensa del espectáculo hacia finales de los años treinta. Para 1939, los términos *soap opera* y *washboard weeper* fueron adoptados por la prensa para referirse a cualquier serial dramático diurno (8-9).

mujeres se limitaba al trabajo en su propio hogar.[13] Allen sostiene
que las corporaciones deseaban atraer al público femenino –de 18 a
49 años– con el fin de llenar las horas del día con programación que
generara ganancias (128).[14]

Muriel Cantor y Suzanne Pingree aseveran que desde el primer
serial radiado nacionalmente en EE.UU., los temas del amor romántico, las relaciones sociales/familiares y los problemas personales
fueron los preferidos. Estas características han quedado vigentes en
los seriales posteriores (80). Pero en las ficciones de Camacho, a excepción de la primera que presenta un amor romántico, si bien incestuoso, los temas amorosos están ausentes o se presentan de manera
inusual, generalmente conectados con algún tipo de desviación sexual.
Se representan en forma de violaciones (Caps. VI y XII), incestos (II
y XVI), amores sacrílegos (XIV y XVIII) y por un marimacho (XVI).
En la segunda radionovela el amor no aparece en ninguna forma: la
mujer es una ausencia y el protagonista soltero sólo se interesa por
ejercer su profesión de policía.

Los amoríos depravados y la violencia manifiestos en los
radioteatros parecen ser producto de la ideología enajenada del autor de los mismos, quien también posee un fuerte sentimiento misó-

---

[13] Allen explica que "el confinamiento económico e ideológico en sus hogares de la mayor parte de las mujeres
reforzó la idea de dos esferas sociales separadas y definidas por el género, el mundo masculino de afuera y el
hogareño, hacia el que las mujeres debían orientar sus talentos, energías y deseos" (135; *the economic and ideological
confinement of most women to their homes reinforced the notion, already deeply ingrained in American culture, of two separate social
spheres defined by sex: the 'outside world', which was the province of the male provider, and the home, toward which women were
expected to orient their talents, energies and desires*).

[14] Lizabeth Paravisini asevera que la popularidad de los radiodramas en los Estados Unidos disminuyó algo durante
la Segunda Guerra Mundial, cuando las mujeres norteamericanas se integraron al cuerpo laboral para contribuir
a las necesidades de la guerra, y que más tarde los radiodramas fueron reemplazados por las versiones televisadas.
En Latinoamérica no ocurrió ningún cambio social que contribuyera a disminuir la popularidad de los radiodramas,
que continuaron floreciendo aun después de la introducción de los dramas televisados. Añade que esto explica
por qué la forma narrativa tradicional del serial radiado figura prominentemente en las novelas latinoamericanas
y por qué esta forma no ha tenido una influencia mayor en la ficción norteamericana (97-98). Los anuncios de las
telenovelas actuales fácilmente dejan ver que los programas continúan dirigiéndose a las mujeres. En junio de
2005, pude observar los anuncios de cuatro telenovelas transmitidas en el Perú: "Gata salvaje", "Prisionera",
"Bonanza" y "Apuesta por un amor". Predominaban los clásicos detergentes así como productos alimenticios
(café, arroz, leche, galletas, bebidas, etc.), medicamentos para curar dolores de cabeza y musculares y para resfríos,
y productos de cuidado personal (champú, colonias, pastas dentales, tintes para el cabello, etc.).

gino, que no le permite concebir, ni siquiera imaginativamente, la posibilidad de una historia de amor "normal". Las mujeres de sus creaciones no son las jóvenes típicas –hermosas, castas, humildes y con espíritu de sacrificio– que usualmente suscitan la admiración masculina y por quienes el galán siempre lucha (Ferreras, 258). Son más bien mujeres feas, tentadoras, pecaminosas y, a veces, con traumas sexuales. Se asemejan a la propia esposa de Camacho, una prostituta argentina.[15] Es claro que la bella joven de la primera radionovela, Elianita, a pesar de su belleza y de su ascendencia aristocrática, no posee la cualidad de castidad ni de principios morales ya que sucumbe a su amor por su hermano. La aparente misoginia del autor implícito se insinúa aún más abiertamente a partir del tercer serial (Cap. VI), en el que uno de los personajes principales del incidente "amoroso" narrado –el estupro– se distingue por su precocidad sexual. El juez encargado de fallar en el caso de violación, duda de la culpabilidad del acusado. Le parece que la supuesta víctima era "un espécimen auténticamente original" (138) ya que, por su actitud seductora, parecía representar más edad de la que tenía:

> ¿Sarita Huanca Salaverría era una niña? Sin duda, a juzgar por su edad cronológica, y por su cuerpecito en el que tímidamente se insinuaban las turgencias de la femineidad, y por las trenzas que recogían sus cabellos y por la falda y la blusa escolares que vestía. Pero, en cambio, en su manera de moverse, tan gatuna, y de pararse, apartando las piernas, quebrando la cadera, echando atrás los hombros y colocando las manitas con desenvoltura invitadora en la cintura y, sobre todo, en su manera de mirar, con esos ojos profanos y aterciopelados, y de morderse el labio inferior con unos dientecillos de ratón, Sarita Huanca Salaverría parecía tener una experiencia dilatada, una sabiduría de siglos (138-39).

---

[15] Este dato se descubre en el epílogo de *La tía Julia*.

La Dra. Lucía Acémila (Cap. X) tampoco es nada admirable, a pesar de su respetable profesión de psicoterapeuta. Según el narrador, es conocida como "hechicera, satanista, corruptora de corrompidos, alienada y otras vilezas" (217). También se nota la aversión del escribidor hacia las mujeres en su descripción de la Srta. Rosa Bergua (Cap. XII), quien se asemeja más a un "bulto" que a un ser humano. A pesar de su "perfumado nombre de Rosa" (252), explica el narrador, a la edad de cuarenta años ya "se ha entumecido, torcido, achicado, y, sumergida en esas túnicas antiafrodisíacas que acostumbraba llevar y en esos capuchones que ocultan su pelo y su frente, más parece un bulto andante que una mujer" (254). La apariencia de la madre de Rosa, la señora Margarita Bergua, no es menos repugnante. Margarita es "(como su nombre en diminutivo parecía indicar) una mujer muy renacuaja, delgadita, con más arrugas que una pasa, y que curiosamente huele a gato (ya que no hay gatos en la pensión)" (252). Ni la madre del Reverendo Padre don Seferino Huanca Leyva (Cap. XIV), la Negra Teresita, se salva de las caracterizaciones misóginas chocantes. Esta "jacarandosa lavandera" fue estuprada en un callejón y cuando descubrió que estaba encinta, "y como ya tenía ocho hijos, carecía de marido y era improbable que con tantas crías algún hombre la llevara al altar" (293), recurrió a los servicios de una abortera. Desafortunadamente para Teresita, "el feto del estupro, con terquedad que hacía presagiar lo que sería su carácter, se negó a desprenderse de la placenta materna, y allí siguió, enroscado como un tornillo, creciendo y formándose..." (293). La Negra Teresita tampoco se distingue ni por sus caritativos sentimientos ni por sus responsabilidades maternales. Su filosofía de la crianza estaba inspirada, explica el narrador,

> ... en Esparta o Darwin y consistía en hacer saber a sus hijos que, si tenían interés en continuar en esta jungla, tenían que aprender a recibir y dar mordiscos, y que eso de tomar leche y comer era asunto que les concernía plenamente desde los tres años de edad, porque,

lavando ropa diez horas al día y repartiéndola por todo Lima otras ocho horas, sólo lograban subsistir ella y las crías que no habían cumplido la edad mínima para bailar con su propio pañuelo (294).

El narrador, basándose en uno de sus demonios –la profesión cuestionable de su propia esposa– sugiere enérgicamente que todas las mujeres poseen inclinación innata para seducir al hombre. Relata que, ni por respeto a la Iglesia, el Reverendo Padre Seferino se había librado de las malas influencias femeninas. El cura se había mantenido "puro" hasta que llegó a su barrio una mujer, bajo el pretexto de hacer labor social, pero que terminó llevando a cabo la misma labor tentadora de Eva, la primera mujer bíblica. Esta nueva "ayudante", "en verdad era, ¿mujer al fin y al cabo?, meretriz" (308). Puso en práctica su "programa de colaboración" viniéndose a vivir a la casa del cura, sólo para tentarlo a la lujuria:

> ... en un camastro separado de él por una ridícula cortinilla que para colmo era traslúcida. En las noches, a la luz de un velón, la tentadora, con el pretexto de que así dormía mejor y conservaba el organismo sano, hacía ejercicios. ¿Pero, se podía llamar gimnasia sueca a esa danza de harén miliunanochesco que, en el sitio, bamboleando las caderas, estremeciendo los hombros, agitando las piernas y revolando los brazos, realizaba la vasca, y que percibía, a través de la cortinilla iluminada por los reflejos del velón como un desquiciador espectáculo de sombras chinescas, el jadeante eclesiástico? Y, más tarde, ya silenciadas por el sueño las gentes de Mendocita, Mayte Unzátegui tenía la insolencia de inquirir con voz meliflua, al escuchar los crujidos del camastro vecino: "¿Está usted desvelado, padrecito?" (308-09).

La misoginia que se refleja consistentemente en sus obras es explicada por el propio Camacho con razones que resultan cómicas por lo absurdas:

> ¿Cree usted que sería posible hacer lo que hago [escribir radionovelas] si las mujeres se tragaran mi energía? –me amonestó con asco en la

voz–. ¿Cree que se pueden producir hijos e historias al mismo tiempo? ¿Que uno puede inventar, imaginar, si vive bajo la amenaza de la sífilis? La mujer y el arte son excluyentes, mi amigo. En cada vagina está enterrado un artista (193).

También jocosas son sus opiniones rígidas sobre toda actividad sexual, que él parangona siempre (en sus radioteatros) con la promiscuidad en ambos sexos. Su "endemoniada" esposa lo motiva a repeler toda actividad sexual. Al señor Bergua (Cap. XII) le parece, por ejemplo, que "Lima era un antro de un millón de pecadores y todos ellos, sin una miserable excepción, querían cometer estupro con la inspirada ayacuchana [su propia hija]" (253). A esta misma ayacuchana, Rosa Bergua, le ocurrieron cosas increíbles relacionadas con el instinto sexual masculino:

> ... el profesor de música se había lanzado sobre ella bufando y pretendido consumar el pecado sobre un colchón de partituras, el portero del Conservatorio le había consultado obscenamente "¿quisieras ser mi meretriz?", dos compañeros la habían invitado al baño para que los viera hacer pipí, el policía de la esquina al que preguntó una dirección confundiéndola con alguien la había querido ordeñar y en el ómnibus, el conductor, al cobrarle el pasaje le había pellizcado el pezón (253-54).

Además de patentizar opiniones misóginas e ideas extrañas que equiparaban la actividad sexual con la promiscuidad, los radioteatros del escribidor carecen también de los ambientes familiares en que generalmente se desarrolla la trama doméstica o romántica y en los que las relaciones familiares tienen primacía sobre cualquier otra actividad (Cantor y Pingree, 20; Ferreras, 27). Esta ausencia de valores familiares resulta de la total incapacidad de los héroes para integrarse en ningún grupo social. Los protagonistas se distinguen más bien por su patético aislamiento. No tienen ningún tipo de interacción ni con familiares ni con amigos. Prefieren vivir separados del mundo porque lo perciben "malvado", o porque se dan cuenta de sus deficiencias físicas, mentales y socioeconómicas.

Otro demonio camachiano —su propia enajenación— inspira la soledad de sus personajes. La historia de Ezequiel Delfín (Cap. XII) capta logradamente la condición de aislamiento. Este joven inquilino de la pensión de los Bergua causa pesar y curiosidad entre los dueños y habitantes de la pensión, quienes cuestionan por qué "siendo tan joven, estaba siempre solo, por qué jamás iba a una fiesta, a un cine, por qué no se reía, por qué suspiraba tanto con la mirada perdida en el vacío" (259). También les preocupa que Ezequiel permanezca encerrado en su cuarto "¿rezando su *Biblia* o dedicado a la meditación?" (259) cuando no está trabajando. Parece tener una patología mental. A pesar de su juventud, muestra un sufrimiento intenso, mediante copiosas lágrimas en momentos inesperados y accesos de terror nocturnos que le obligan "a permanecer hasta el amanecer encogido y desvelado, sudando frío, pensando en aparecidos, y compadeciéndose a sí mismo de su soledad" (260).

El aislamiento de los personajes transparenta la personalidad funesta del escribidor. A Marito le parece que éste vive ensimismado y que existe en un mundo singular apartado de todo, el de las "alturas artísticas" (162). A Camacho, "los temas terrenales le importaban un comino" (162), observa Marito, el único amigo del escriba. La descripción, casi deshumanizada, que el narrador hace de él, no sólo subraya su enajenación sino que lo equipara notablemente con los personajes creados por Pedro mismo:

> Hablaba demasiado en serio y me di cuenta que apenas parecía notar que yo seguía allí; era de esos hombres que no admiten interlocutores sino oyentes. Como la primera vez, me sorprendió la absoluta falta de humor que había en él, pese a las sonrisas de muñeco —labios que se levantan, frente que se arruga, dientes que asoman— con que aderezaba su monólogo. Todo lo decía con una solemnidad extrema, lo que, sumado a su perfecta dicción, a su físico, a su ropaje

extravagante y a sus ademanes teatrales, le daba un aire terriblemente insólito (57).

Jacques Soubeyroux ha calificado a Camacho de "héroe introvertido" que vive en la soledad, "rehuyendo la presencia de los demás, pero que es también incapaz de asumir su existencia auténtica y trata sin cesar de escapar de ella hacia el mundo de las posibilidades: la imaginación, la literatura" ("El narrador" 396). O sea que Camacho, como sus personajes, es un ser incompleto que vive sólo de su fantasía y no se integra a la sociedad.

El escribidor boliviano plasma en sus ficciones sus opiniones deformadas del mundo. Esta rareza ideológica impide el desarrollo del dualismo héroe/villano (por ejemplo Supermán *vis-à-vis* Lex Luther) característico del mundo arquetípico maniqueísta de los seriales, en los que se espera que existan dos elementos confrontados bien delineados (Ferreras, 270). Camacho subvierte el modelo pues todos sus personajes son o malos o chiflados. Incluso se modifica la figura del "bribón" típico, que generalmente es de mayor edad que el héroe, goza de una sólida posición social, carece de atractivo físico y además posee antivalores como la cobardía, la avaricia, la hipocresía, etc. (Ferreras, 258). J. R. Ewing, el patriarca de su familia, del serial norteamericano "Dallas", ilustra perfectamente al antihéroe típico. Por su riqueza, J. R. podría ser idealizado por algunos, pero es un malvado.

Ni el antihéroe ni el héroe son palpables o reconocibles en la mayoría de los seriales de *La tía Julia*. El héroe camachiano no es el héroe clásico, que posee virtud, valor y sabiduría práctica y que persigue ideales muy altos en beneficio de la sociedad. Se asemeja más al héroe moderno, que ya no se distingue por sus atributos morales positivos sino que su importancia se relaciona más bien con "un aspecto fáctico y fácilmente cuantificable de la obra literaria cual es la relevancia que le otorga el autor a cada uno de sus personajes y por tanto el papel que acaban desempeñando en ella a los ojos del lector" (José Luis Escribano, 370-71).[16] Varios críticos (Cigman, 169; Giraud, 11; Bromberg, 2) han indicado que la determinante del héroe ficticio es la manera en que la sociedad ha afectado al escritor, de modo que los héroes serían productos de un conflicto interno del mismo. En términos vargasllosianos, los demonios serían los determinantes. Es fácil detectar que los superhombres o *"freaks* discursivos" (Mudrovcic, 124) camachianos poseen muchas de las características (o demonios) de su creador. Son débiles, viejos, defectuosos, feos, pobres y humillados. Son además fanáticos (Camacho es un *workaholic*), que actúan guiados por alguna pasión desenfrenada, como si estuvieran poseídos por algún demonio. Nunca reflexionan o deliberan. En su aventura "heroica", nunca luchan contra nadie específico para reivindicar a una tercera persona, ni tampoco confrontan barreras identificables, sino que más bien parece que batallaran contra el mundo, para superar un poderoso pesar interno. El método que tanto Camacho como sus personajes utilizan para salvar este "obstáculo" es el ejercicio obsesivo de una "notable" ocupación u oficio al que se dedican en cuerpo y alma. Para ello presumen de la importancia de la profesión que ejercen. Se consideran seres "escogidos", a veces hasta por designio divino, para realizar una labor que ellos consideran de vital importancia, pero que en realidad es extravagante. Don Federico Téllez Unzátegui (Cap. VIII) realiza una "cruzada", mas no contra herejes o infieles de la fe, sino contra "todas" las ratas del Perú. La misión de Lucho Abril Marroquín (Cap. X) es la de torturar niños para curarse del trauma emocional causado por su accidente automovilístico. Abril realizaba puntualmente los ejercicios "teóricos" que consistían en reflexionar diariamente sobre las calamidades que causaban los niños a la humanidad:

---

[16] "Protagonista", "personaje principal" y "coprotagonista" son sinónimos de héroe moderno, según Josseline Bidard (119).

... [Abril] encontró que se les podía achacar también muchos destrozos. A diferencia de cualquier animal, tardaban demasiado en valerse por sí mismos, ¡y cuántos estragos resultaban de esa tara! Todo lo rompían, carátula artística o florero de cristal de roca, traían abajo las cortinas que quemándose los ojos había cosido la dueña de casa, y sin el menor embarazo aposentaban sus manos embarradas de caca en el almidonado mantel o la mantilla de encaje comprada con privación y amor. Sin contar que solían meter sus dedos en los enchufes y provocar cortocircuitos o electrocutarse estúpidamente con lo que eso significaba para la familia: cajoncito blanco, nicho, velorio, aviso en *El Comercio*, ropas de luto, duelo (223-24).

Sus ejercicios "prácticos" no eran menos extravagantes, y lindaban con el sadismo:

Decapitó las muñecas con que, en los parques, las niñeras las entretenían, arrebató chupetes, tofis, caramelos que estaban a punto de llevarse a la boca y los pisoteó o echó a los perros, fue a merodear por circos, matinales y teatros de títeres y, hasta que se le entumecieron los dedos, jaló trenzas y orejas, pellizcó bracitos, piernas, potitos, y, por supuesto, usó de la secular estratagema de sacarles la lengua y hacerles muecas, y, hasta la afonía y la ronquera les habló del Cuco, del Lobo Feroz, del Policía, del Esqueleto, de la Bruja, del Vampiro, y demás personajes creados por la imaginación adulta para asustarlos (226-27).

W. C. Fields no condenaría sino que hasta respetaría a Abril, pues este cómico norteamericano solía decir que cualquier persona que odiara a los niños y a los perros no podría ser tan mala.

El sargento Lituma (Cap. X) es un policía de la Guardia Civil que tiene un concepto idealizado de su posición dentro de la sociedad. Se considera "héroe", cuando, en efecto, la ocupación de policía dentro de la sociedad peruana no sólo es mal remunerada económicamente sino que además es despreciada por la población. Un colega le dice: "A usted le gustaría que todos fuéramos héroes –dijo de pronto el Chato–. Que nos sacáramos el alma para defender a estas basuras –señaló hacia el Callao, hacia Lima, hacia el mundo–. ¿Acaso nos lo agradecen? ¿No ha oído lo que nos gritan en la calle? ¿Acaso alguien nos respeta? La gente nos desprecia, mi sargento" (80). Pero ese comentario no afecta a Lituma porque él, como Camacho, actúa por convicción, "no se sacaba la mugre para que la gente lo respetase o lo quisiera. 'A mí la gente me importa un pito', pensó" (80). Aún más, Lituma orgullosamente respondería a cualquiera a quien sorprendiera su comportamiento: "soy hincha de la Guardia Civil" (81). Sin embargo, el respeto exagerado por su profesión es precisamente lo que le impide cuestionar la orden de asesinato que le da su superior y que le convierte así en homicida, subvirtiendo así otro detalle de los folletines, que preservan los valores morales vigentes en la sociedad.[17] Mas en los radioteatros camachianos los actos inmorales constituyen la norma de comportamiento de unos personajes que comienzan mal y van decayendo cada vez más.

El Padre Seferino Huanca (Cap. XIV) también lleva a cabo un proyecto condenable. Este personaje defendía la masturbación entre los clérigos con el argumento de que el pecado estaba en el placer que ofrece la carne de mujer, "o (más perversamente) la carne ajena, pero ¿por qué había de estarlo en el humilde, solitario e improductivo desahogo que ofrecen, ayuntados, la fantasía y los dedos?" (298). El extravagante "demonio" que provoca esta historia es el hábito onanista del boliviano. Veremos más adelante que Camacho solía masturbarse con frecuencia, aun durante la grabación de los radioteatros. Esta práctica personal es la que aparentemente lo motiva a crear a un personaje que justifique el onanismo, bajo un pretexto altamente idealizado, como lo es el respetar los votos religiosos de castidad.

---

[17] En los folletines están vedadas las relaciones sexuales premaritales o extramaritales, la bigamia, los hijos ilegítimos, el aborto, el incesto, la violación, la drogadicción, los asesinatos, etc. Cantor y Pingree reconocen que la literatura folletinesca puede haber sido excitante, pero que el tono general era puritano. Por ello, todo aquél que quebranta las normas sociales es necesariamente castigado (79). Asimismo, Le Gallo se refiere al serial como "un discurso de valorización de lo debido, logrado principalmente a través de una división moralista rígida, articulada en torno a lo bueno vs. lo malo" (79).

Siguiendo con el estudio de la falta de valores cristianos en el radioteatro del Padre Seferino, es fácil advertir otras inmoralidades. La misoginia del Padre, que refleja también la de Camacho, le había hecho concluir que puesto que todas las mujeres devendrían prostitutas, lo mejor sería ayudarlas a ejercer esa profesión con talento. Con ese fin organiza una escuela en la que se enseñaban talleres apropiados para dicha actividad: "cómo pintarrajearse labios y mejillas y párpados sin necesidad de comprar maquillaje en las boticas, cómo fabricar con algodón almohadillas y aun papel periódico, pechos, caderas y nalgas postizas..." (303). El Padre se asemeja risiblemente, es decir de manera paródica, a un personaje de la novela *Las 120 jornadas de Sodoma o la escuela del libertinaje* (1785) de Donatien Alphonse Francois, el Marqués de Sade, quien también abre una escuela para enseñar el oficio más antiguo del mundo. Al igual que el Padre Seferino, el maestro de la escuela de la anécdota del Marqués de Sade también era célibe. Debido a la pobreza y a la necesidad de tener que robar para comer, el Padre también inaugura una "Escuela de Oficios" para enseñar a niños y a jóvenes a robar y hasta iniciarse en el tráfico de drogas:

> Allí se enseñaba a arrancar prendas al escape, a pie o en bicicleta, a escalar muros y a desvidriar silenciosamente las ventanas de las casas, a hacer la cirugía plástica de cualquier objeto que cambiara abruptamente de dueño y la forma de salir de los varios calabozos de Lima sin autorización del comisario. Hasta la fabricación de chavetas y –¿murmuraciones de la envidia?– la destilación de pasta de pichicata [coca] se aprendía en esa Escuela (305-06).

A través de las ideas descabelladas del cura, se advierte una fuerte crítica de la situación social en este relato del barrio de Mendocita, "un muladar" (293) en el que se practicaban la especialidades "proletarias" como "el robo por efracción o escalamiento, prostitución, chavetería, estafa al menudeo, tráfico de pichicata y cafichazgo"[18] (299). No obstante la cuestionable perversión de los valores cristianos que representan estas escuelas, el Padre Seferino realiza una función social digna de admiración al establecer programas de salubridad y profilaxis sexual para las prostitutas y un parvulario para los niños de su barriada. Aunque las tácticas que emplea para llevar a cabo su proyecto sean extravagantes –por ejemplo, para atraer a los niños a la escuela los premiaba con "estampitas", que en realidad eran "imágenes desvestidas de mujeres que era difícil confundir con vírgenes" (303)– el hecho es que el Padre Seferino se preocupa por mejorar la situación de Mendocita, un lugar que, como muchos del Perú, no tiene posibilidad ni esperanza de mejoría, ya que las instituciones gubernamentales, por lo general, han ignorado sus serios problemas socioeconómicos.

En un sentido cómico, el Padre Seferino se parece a otro personaje literario, Robin Hood, héroe de una serie de leyendas inglesas. Robin Hood fue un rebelde que junto con sus cómplices robaba y mataba a los ricos de un régimen feudal corrupto para ayudar a los oprimidos, desquitándose así de los opresores. El cura sería un Robin Hood urbano, que realiza su labor no en el campo, como el héroe medieval, sino en un barrio marginado de la capital peruana. También se le podría ver como un bandido del Oeste, por ejemplo, como un Billy the Kid o un Jesse James, quienes, según John G. Cawelti, fueron transformados en figuras de rebelión romántica obligadas a una vida criminal por terratenientes opresivos, capturando a magnates del ferrocarril y a políticos deshonestos y angurrientos (57).[19] El Padre Seferino no vino al mundo como niño privilegiado. Más bien,

---

[18] La palabra "pichicata" significa "droga", y "cafichazgo" se refiere al oficio de vivir de las mujeres.
[19] Cawelti afirma además que otras leyendas similares posteriores surgieron acerca de ladrones de banco, secuestradores y criminales de los años veinte y treinta: John Dillinger, Bonnie y Clyde, y particularmente Pretty Boy Floyd. Esta imagen romántica del crimen también se puede observar en *El padrino* de Mario Puzo, cuando el protagonista Michael Corleone justifica la vida criminal de su padre en términos de una visión de la sociedad que recuerda la defensa del bandolero decimonónico (57).

fue "producto del estupro" y su madre trató de abortarlo. Al nacer, entonces, ya tenía grandes desventajas. Su situación refleja graves desigualdades y falta de estándares en la sociedad peruana, estructurada de acuerdo a rígidas jerarquías y en la que sólo se premia a los poderosos y privilegiados. Para personas como Camacho y sus héroes es fútil luchar en contra de un código político-social fosilizado. Al hacerlo, se presentan como quijotes atávicos. La inferencia que se debe sacar es que la sociedad les veda a todos la oportunidad de convertirse en héroes clásicos.

Crisanto Maravillas (Cap. XVIII) piensa que ha sido señalado tal vez por Dios para realizar su "misión" de compositor de canciones populares. Según indica el narrador por medio de una pregunta retórica, su oficio es "un quehacer designado ¿por el soplo de Dios?" (388). Es idéntico a su creador Pedro Camacho, quien cree que su trabajo es indispensable nada menos que para que el mundo siga sobreviviendo. Cuando Marito le sugiere que se tome unas vacaciones, Camacho se espanta y le asegura que es imposible, porque: "Si paro el mundo se vendría abajo" (291). Su afirmación es cierta a un nivel personal, porque si dejara de escribir, su mundo interior se desmoronaría totalmente. Marito advierte que vivir era escribir para Camacho, que "no parecía perder su tiempo, su energía, en la amistad ni en nada que lo distrajera de 'su arte', es decir de su trabajo o vicio, esa urgencia que barría hombres, cosas, apetitos" (156). Pero en la realidad Camacho es un *everyman* de condición social baja, que vive aniquilado por su medio. Tal vez el imaginarse "artista" y el trabajar como enajenado constituyen la única opción para superar su *modus vivendi* vulgar y su nulidad social. Por eso sus personajes, como él, son incapaces de hacer ningún compromiso emocional sustancial. Se sienten solos y enajenados y tratan de llenar su vacío existencial exclusivamente por medio de fantasías descabelladas.

La compulsión laboral de Camacho sugiere el desorden de su personalidad. Su comportamiento traiciona su mal ajuste porque revela manías irrazonables como son el trabajar sobre cien horas semanales, incluyendo sábados y domingos, y el vivir aislado del resto del mundo, sin amigos o relaciones sociales fuera del ámbito del trabajo. Su dedicación exagerada a la escritura y a la producción de los guiones radioteatrales insinúa que Camacho es un neurótico, cuya perturbación mental se manifiesta en un comportamiento obsesivo-compulsivo. Según J. Coleman, J. Butcher y R. Carson, todo el mundo puede experimentar pensamientos obsesivos o compulsivos en situaciones de extrema presión, pero dicho comportamiento se torna patológico cuando los pensamientos y acciones persisten al punto de interferir con la vida cotidiana (215). El individuo neurótico compulsivo, prosiguen estos críticos, al ser confrontado por un mundo que percibe como extremadamente peligroso, intenta mantener alguna semblanza de orden y control, convirtiéndose indebidamente en metódico y meticuloso. Así, un patrón de comportamiento rígido ayuda a prevenir que algo salga mal y proporciona cierta seguridad (Coleman, et al, 217). Pero si el menor detalle altera el orden impuesto por el neurótico compulsivo, toda su estructura de defensa peligra y el individuo siente extrema ansiedad (Coleman, et al, 218). De estas observaciones clínicas se deduce que las acciones compulsivas de Camacho cumplen el propósito de protegerlo de las amenazas externas (aunque sean imaginarias), ya que al ocupar casi todo su tiempo en una única actividad –la creación literaria– se siente en control de su vida. Es por esto que una vez que los personajes de sus radioteatros comienzan a mezclarse en su mente y a independizarse de él, como ocurre (aunque no de manera cómica) en el drama *Seis personajes en busca de un autor* (1921) de Luigi Pirandello, Camacho siente su falta de dominio sobre ellos y sufre el colapso nervioso que requiere su hospitalización en un manicomio, igual a lo que ocurrió con Ezequiel Delfín, uno de sus protagonistas "literarios". Lejos de sentir lástima por Camacho a causa de las confusiones presentes en sus guiones, los radioescuchas (que ignoran la condición mental de Camacho) se regocijan al ver traspasados los singulares rasgos de su personalidad a sus personajes ficticios. A Javier, el amigo de Marito, el escribidor le parece un tipo "genial".

La plasmación del físico de Camacho en sus propios héroes parodia tanto a él mismo como a sus radiodramas. En éstos, los personajes generalmente son definidos "de una vez para siempre, y a ser posible por medio de una frase o de una serie de frases, que pueden ser tomadas y retomadas, cada vez que el personaje entra en acción" (Ferreras, 249). En las novelitas rosa de Corín Tellado,[20] el joven rubio de ojos azules tiene una novia joven, bonita, de pelo castaño, etc. Así, Camacho describe a sus personajes por medio de fórmulas similares, pero su descripción se opone a la figura idealizada del héroe joven, apuesto, valiente, leal y justiciero, que sigue dominando los folletines (Sodré, 24). Los héroes del escribidor son hombres "maduros" como él, pero que él dice están en "la flor de la edad", la cincuentena, y su atractivo físico y moral radica en su "frente ancha, nariz aguileña, rectitud y bondad en el espíritu" (29, 77, 127, 167, 216, 254, 308, 350, 397).[21] Esta descripción estereotipada de los protagonistas de Camacho (que, como se verá más adelante es la suya propia) es igual en todos los radioteatros, aunque sufre una grotesca variación en la última radionovela, lo que la hace aún más inusitada y cómica. Crisanto Maravillas es un cincuentón que se distinguía (notar mi subrayado) por su "frente penetrante, nariz ancha, mirada aguileña, rectitud y bondad en el espíritu" (397). Esta divertida alteración en la descripción es resultado de la confusión que sufre Camacho debido a su deterioro mental. La apostura física de Crisanto, según

---

20 Corín Tellado es la autora que disfruta, en España y en Latinoamérica, de la máxima popularidad dentro del género rosa. Según datos de los años sesenta, las cifras de venta de sus libros eran monumentales. Publicaba una novela cada semana y una fotonovela cada quince días. Cada uno de estos dos géneros publicaba tiradas de unos cien mil ejemplares (Amorós, 12).

21 Berta López Morales afirma que el cliché en *La tía Julia* "sirve para caracterizar a los personajes desde el punto de vista fraseológico y psicológico, y para proclamar la ruptura con algunas tradiciones estéticas ya superadas en la posición del artista de hoy —en particular— del escritor, que se opone al escribidor, que representará el automatismo, la falta de compromiso con su tiempo y sociedad y, en última instancia, la enajenación del hombre medio, incapaz de crear y recibir una auténtica cultura que lo libere de su mediocridad" (1017-18).

Camacho, "reproducía su belleza moral" (397). Lo insólito de esta aseveración es que el atributo de belleza física que Camacho le asigna a este galán cincuentón, que además tiene un nombre celestial de Cristo Santo Maravilloso, no coincide en lo más mínimo con el resto de sus señas físicas. Crisanto es una especie de pelele que al nacer pesó menos de un kilo y de niño "sus piernecitas eran tan reducidas" que todo el mundo pensó que no caminaría más. Hasta su madre se horrorizó al verlo y temió que su hijo fuese: "¿una larva de homínido, un feto triste?" (382). Además, como su creador Camacho, Crisanto era "pequeñito hasta las lindes del enanismo, flaco como una escoba, con la piel achocolatada de su padre y los pelos lacios de su madre" (383). El niño había sobrevivido de milagro y aprendido a andar como "títere" pese a sus piernecitas ridículas: "Sin ninguna elegancia, desde luego, más bien como un títere, que articula el peso en tres movimientos —alzar la pierna, doblar la rodilla, bajar el pie— y con tanta lentitud que, quienes iban a su lado tenían la sensación de estar siguiendo la procesión cuando se embotella en las calles angostas" (382). Camacho comparte con Maravillas la estatura baja y la apariencia de marioneta. Varguitas lo describe casi igual que a Crisanto:

> Era un ser pequeñito y menudo, en el límite mismo del hombre de baja estatura y el enano, con una nariz grande y unos ojos extraordinariamente vivos, en los que bullía algo excesivo... Podía tener cualquier edad entre treinta y cincuenta años, y lucía una aceitosa cabellera negra que le llegaba a los hombros. Su postura, sus movimientos, su expresión parecían el desmentido mismo de lo espontáneo y natural, hacían pensar inmediatamente en el muñeco articulado, en los hilos del títere (24).

Camacho y Crisanto son asimismo "artistas". Según el narrador, Crisanto mostró desde los doce años una inclinación de "poeta inspiradísimo e ínclito compositor" (386), que muy pronto se advirtió se trataba de un "sobresaliente don" (387). En el texto se reproduce una de sus "grandes" composiciones, que por su simplicidad y monótona repetición, se puede leer como una parodia de las poesías populares:

¿Cómo?
Con amor, con amor, con amor.
¿Qué haces?
Llevo una flor, una flor, una flor.
¿Dónde?
En el ojal, en el ojal, en el ojal.
¿A quién?
A María Portal, María Portal, María Portal (388).

Por su parte, las grandes obras de arte de Camacho consisten en radiodramas que trastocan la fórmula para presentar héroes y aventuras ridículos. Tanto Maravillas como Camacho se han convertido en leyendas, pero su fama no les quita la humildad. El cantante desdeña su gloria con "indiferencia de cisne" (389). Camacho responde a los comentarios sobre su excepcional popularidad declarando: "Los artistas no trabajamos por la gloria, sino por amor al hombre" (66). Joseph Chrzanowski explica que el desdoblamiento de Camacho en sus melodramas se atiene a la dualidad expuesta entre el *yo real* y el *yo idealizado*. Crisanto Maravillas sería por lo tanto la proyección más notable del yo real físico de su creador ("Consideraciones" 25).[22] Pero también representa su yo idealizado, si bien éste se manifiesta paródicamente en *La tía Julia*.

Es debido a las similitudes entre estos dos personajes que Crisanto, más que ningún otro héroe radionovelesco, se puede con-

---

[22] En cuanto al *yo real interior* de Camacho, continúa Chrzanowski, dos personajes especialmente padecen la enajenación que se asocia con él: Federico Téllez Unzátegui 'un ser estricto y sin amigos de costumbres aparte' y el triste y solitario Ezequiel Delfín. Desde el punto de vista del *yo idealizado* numerosos personajes testimonian la presencia de Camacho: la armonía de proporciones físicas ("frente ancha..."), las dotes de cuerpo sano y fuerte, o de una habilidad atlética extraordinaria, la superioridad moral, profesional o personal de sus personajes puede interpretarse como ideal suyo ("Consideraciones" 25-27).

siderar una especie de álter ego de Camacho. Es posible trazar un paralelo entre el dúo Crisanto-Camacho y la proyección de Vargas Llosa en su personaje Marito, cuya semejanza se hace aún más verosímil por tener ambos el mismo nombre.[23]

Una posible explicación de que el escriba Pedro se basara en sus propios rasgos para reproducir a su héroe ideal se relaciona tal vez con un deseo subconsciente de superar o enmascarar su falta de atractivo y su alienación, al menos en sus fantasías literarias. La imaginación le proporciona un escape a su vida mediocre. En el texto principal que narra la vida cotidiana de Marito, una de las preocupaciones mayores de Camacho era el deterioro físico que conlleva la vejez. Marito lo había escuchado presumir sobre la perfección representada por los cincuenta años del hombre: "La edad del apogeo cerebral y de la fuerza sensual, decía, de la experiencia digerida. La edad en que se era más deseado por las mujeres y más temido por los hombres" (73), y de ello había deducido que le preocupaba la senectud. En sus personajes, Camacho devela sus demonios al proyectarse a sí mismo ("frente ancha, nariz aguileña, etc."), no como es sino como le gustaría ser, mediante los elegantes epítetos mencionados anteriormente. Esto le permite sobrepasar sus limitaciones imaginándose que él también es un héroe apuesto que controla situaciones difíciles. Pero lo risible de sus caracterizaciones es que un personaje cincuentón generalmente no se utiliza como "héroe". Aparte de ese epíteto, sus galanes son además feos, enanos, chiflados y sádicos, es decir, nada "heroicos".

El discurso de los seriales de Camacho también parodia el de su modelo "correcto": los seriales radiofónicos dirigidos al público masa. Los radioteatros camachianos están narrados en un lenguaje estereotipado y de elegancia cómica. Uno de los aspectos humorísticos de

---

[23]   Esta coincidencia sugiere además una parodia de sí mismo, por parte de Vargas Llosa, ya que es él quien sostiene que los "demonios" personales del escritor motivan la creación literaria. Este asunto será investigado en detalle en el capítulo VII dedicado a la autoparodia.

los radiodramas es el uso de un lenguaje pretenciosamente altisonante. Por ejemplo, al principio del primer serial, Camacho describe el ambiente limeño idealizándolo, valiéndose de un lenguaje empalagosamente sentimental, cargado de una adjetivación dirigida a producir una sensación de perfección en el ambiente:

> Era una de esas soleadas mañanas de la primavera limeña, en que los geranios amanecen más arrebatados, las rosas más fragantes y las buganvilias más crespas.... Vio, a través de los visillos el sol dorando el césped del cuidado jardín que encarcelaba vallas de crotos, la limpieza del cielo, la alegría de las flores, y sintió esa sensación bienhechora que dan ocho horas de sueño reparador y la conciencia tranquila (29).

En la literatura radioteatral extratextual, las descripciones ambientales sirven, las más de las veces, para enmarcar la acción, o bien para sugerir una personalidad o un estado de ánimo (Ferreras, 253). Pero esta descripción ambiental de pureza, belleza y paz no concuerda para nada con la trasgresión moral del episodio al que corresponde: el incesto de los hermanos Quinteros. Por eso, podría decirse que en este primer serial el boliviano utiliza el vocabulario romántico e idealizado para disfrazar lo dislocado de su argumento, al tiempo que demuestra su propia sofisticación exagerando el lenguaje de las fórmulas literarias convencionales que él bien conoce. El intento de Camacho por "esconder" la violencia de sus argumentos, se desvanece en los radioteatros posteriores, en los que se evidencia cada vez más patentemente su deterioro psíquico. El serial de los Bergua (Cap. XII) empieza con una descripción de suciedad y miseria que contrasta con la arriba mencionada elegante riqueza, y que sugiere, por su decadencia y por la presencia de las ratas, que podría tratarse de la pensión en la que habita el propio Camacho:

> En el centro polvoriento de la ciudad, al mediar el jirón Ica, hay una vieja casa de balcones y celosías cuyas paredes maculadas por el tiempo y los incultos transeúntes (manos sentimentales que graban

flechas y corazones y rasgan nombres de mujer, dedos avie-
sos que esculpen sexos y palabrotas) dejan ver todavía, como
a lo lejos, celajes de la que fuera pintura original, ese color
que en la Colonia adornaba mansiones aristocráticas: el azul
añil. La construcción, ¿antigua residencia de marqueses?, es
hoy una endeble fábrica reparchada que resiste de milagro, no
ya los temblores, incluso los moderados vientos limeños y
hasta la discretísima garúa. Corroída de arriba abajo por las
polillas, anidada de ratas y de musarañas, ha sido dividida y
subdividida muchas veces, patios y cuartos que la necesidad
vuelve colmenas, para albergar más y más inquilinos. Una muchedumbre de condición modesta vive entre (y puede perecer
aplastada bajo) sus frágiles tabiques y raquíticos techos (251).

Aunque Camacho parece reconocer implícitamente que los procedimientos formales —como el recargo de las descripciones— se en-
caminan en general a conmover emocionalmente al público, a él le
es imposible dominarlos al punto de ocultar su falta de cultura y su
preferencia por la violencia, que se manifiestan no sólo en los argumentos sino también en el lenguaje. Así vemos que, en contraste al
lenguaje pretenciosamente culto del primer serial, en el segundo se
introduce otro popular cuajado de interjecciones vulgares: "He dicho manos a la cabeza, miéchica" (84) "¡Te amolaste, zambo!" (84),
"Pa su macho, pa su diablo" (85), pensó el sargento Lituma. Además
de los dichos vulgares, el guionista se aprovecha también de los re-
franes populares, que bordean en la inelegancia, para colocarlos en la
boca de los personajes menos apropiados. Por ejemplo, para justificar los matrimonios rápidos (para legalizar un embarazo fuera del
matrimonio) el Reverendo Padre Seferino dice: "Un chupo tapa otro
chupo" (307).

El uso del lenguaje llamativo e inapropiado se observa también
en los epítetos cursis e inapropiados utilizados con el propósito de
denotar refinamiento. A la esposa francesa de Lucho Abril Marroquín,

el narrador la nomina: "la delicada flor de Francia" (211), "la blonda connacional de Juliette Greco" (214), "la digna émula de la doncella de Orleáns" (216) y "la dulce hija de Francia" (228). Ahora bien, debido al uso exagerado de dichos epítetos, al lenguaje chillón, y a que por lo normal el vocabulario no corresponde a los personajes o situaciones que delinea, las descripciones resultan altamente humorísticas. Estas delicadezas lingüísticas se hacen aún más cómicas al contrastarlas con los muchos epítetos vulgares, crueles y descabellados, que Camacho utiliza, por ejemplo, con el cura Seferino Huanca Leyva a quien describe como: "el hijo de la abortera doña Angélica" (296) y "el hombre del Chirimoyo" (301); o con las hijas de Téllez quienes son: "las rameras" (180) o "las precoces" (182).

Camacho también intenta demostrar su "arte" lingüístico valiéndose de símiles y metáforas poéticas. Veamos algunos ejemplos: los pensamientos de don Federico Téllez se remontaban al pasado como "mariposas revoloteando hacia llamas donde arderán sus alas..." (168); el mismo Federico avanzaba lentamente hacia sus hijos como "sumo sacerdote yendo al encuentro de la piedra de los sacrificios donde esperan el cuchillo y la vestal..." (182); Lucho Abril Marroquín se precipitó en un taxi para llegar más pronto al consultorio de su psicoterapeuta como "bola de nieve que al rodar monte abajo se vuelve aluvión..." (222). En contraste a estas comparaciones altisonantes, se sitúan las grotescas y descabelladas que subrayan el carácter sensacionalista y arrebatado de los seriales, y que chocan con las citadas anteriormente. Por ejemplo, Sarita Huanca, al oír la sugerencia del juez de que relate objetivamente los hechos de su supuesta violación, omitiendo los detalles eróticos, se puso "como un gallito de pelea al olisquear la sangre" (140); la vida de los Bergua estaba más o menos tranquila cuando sucedió algo que parecía la "bomba atómica que una madrugada desintegra ciudades japonesas" (268); la ayudante del cura de Mendocita llegó al barrio como "serpiente del paraíso que adopta las formas voluptuosas, ubérrimas, llenas de brillos lujuriantes de la hembra" (308).[24]

En el radiodrama judicial del capítulo VI, la parodia se produce al tratar Camacho de emular la jerga forense para representar la seriedad formal de un asunto grave. El parte policial trata de imitar el modelo extratextual, y por ello utiliza un lenguaje "oficial" imparcial, esforzándose por proporcionar datos detallados exactos e introducir paréntesis aclaratorios, pero incluye también descripciones y piropos vulgares, muy del gusto del "artista" boliviano, que contribuyen a la comicidad del texto:

> La menor había sido mancillada la víspera, en la casa de la vecindad de la avenida Luna Pizarro N. 12, cuarto H, por el sujeto Gumercindo Tello, inquilino de la misma casa de vecindad (cuarto J)... Este, en efecto, hacía ya ocho meses —es decir desde el día en que había venido a instalarse, como extravagante pájaro de mal agüero, en la casa de vecindad N. 12–, perseguía a Sarita Huanca, sin que los padres de ésta o los otros vecinos pudieran advertirlo, con piropos de mal gusto e insinuaciones intrépidas (como decirle: "Me gustaría exprimirte los limones de tu huerta" o "Un día de éstos te ordeñaré"). De las profecías, Gumercindo había pasado a las obras, realizando varios intentos de manoseo y beso de la púber, en el patio de la casa de vecindad N. 12 o en calles adyacentes (128-29).

Asimismo cómicas son las descripciones detalladas de las maldades de los personajes. Dichas descripciones cumplen el propósito de intensificar el tono dramático, pero también intentan acrecentar en el lector el efecto de repugnancia. Reflejan también la personalidad compulsiva del narrador de los radioteatros. Éste ofrece

---

[24] González Boixó ha observado otras instancias de parodia del lenguaje radioteatral: 1) el abuso de la adjetivación, siempre cayendo en el tópico: "las rosas más fragantes y las buganvillas más crespas" (29), "sus cabellos nevados" (29); 2) los adjetivos no usuales con fuerte sabor culto al lado de adjetivos tópicos: "Un futuro promisor..., una soleada mañana..., esa profesión itinerante..., su sangre joven y su corazón enamorado..., su flamante Volkswagen..., un frondoso eucalipto" (209); 3) las frases construidas mediante una retórica basada en tópicos: "Un resplandor azuloso se insinuaba en el cielo y de la negrura surgían, espectrales, grisáceos, aherrumbrados, populosos, los edificios del Callao" (93); "En la noche chalaca, húmeda y oscura como boca de lobo" (77) ("Subliteratura" 145).

largas listas de las faltas humanas más inverosímiles que, aunque podrían interpretarse como un intento de asegurar que el receptor forme una imagen mental completa del hecho que está narrando, reflejan más bien su preocupación singular por la violencia. Así, la mayoría de los habitantes del Puerto del Callao eran "vagos, ladrones, borrachos, pichicateros, macrós y maricas (para no mencionar a las innumerables prostitutas)" (78); y los "amigos"/pacientes de la doctora Acémila eran "una legión de esquizofrénicos, parricidas, paranoicos, incendiarios, maníaco-depresivos, onanistas, catatónicos, criminosos, místicos y tartamudos" (217). Es evidente que estas listas, en vez de promover las emociones de horror que busca el escribidor, obtienen el resultado opuesto. Parodian al autor de ellas porque más bien parecen notas de una imaginación folletinesca desbocada, que se deja ganar por efectismos fáciles, por golpes de efectos terroríficos. Así, y contrario al propósito del narrador, estas escenas que buscan promover el horror por medio del repetido uso de exageraciones extremas, sólo consiguen anular la intención primaria de horrorizar para causar hilaridad en el lector, quien las percibe como inverosímiles.

Sin embargo, también pudiera ser que el radioescucha masa se deje ganar por el discurso desaforado de Camacho. Esta posibilidad la sugiere el hecho de que aunque sus radioteatros contienen argumentos inauditos, gozan de gran popularidad entre los personajes de la acción principal de la novela. Vargas Llosa parodia así al público masa y al burgués que se dejan cautivar por estas asombrosas historias, sugiriendo su falta de sofisticación intelectual y "literaria". El narrador principal (Marito) nos informa que el público de los radioteatros de Camacho incluye a su propia familia (tíos, primos, abuelos), quienes los escuchaban porque "es una cosa más viva [que la literatura] oír hablar a los personajes, es más real" (112) o porque "eran entretenidos, tristes o fuertes, porque las distraían y hacían soñar, vivir cosas imposibles en la vida real, porque enseñaban algunas verdades o porque una tenía siempre su poquito de espíritu romántico" (113). A la tía Julia le parecían "unos dramones que parten el alma" (112). Pero el público no es sólo la familia, sus amigos y otras personas de la clase media, sino que también incluye a personalidades importantes. El embajador argentino llega, en una ocasión, a amenazar con tomar represalias contra la estación de radio si los dueños no obligaban al boliviano a cesar de insultar abiertamente a sus compatriotas.[25] Irónicamente, después de escuchar algunos episodios para constatar la validez de las querellas de los argentinos, el embajador queda tan fascinado por las invenciones de Camacho que olvida su resentimiento y se convierte en asiduo oyente. Este incidente es un buen ejemplo de la ironía con que se representa el efecto casi hipnótico que los radioteatros producen entre los receptores, quienes parecen identificarse con los héroes inauditos de Camacho, no importa lo descabellado de sus acciones, porque viven y sueñan a través de ellos, como suelen hacerlo los asiduos a los folletines. Indudablemente, los entretienen y los ayudan a escapar de sus vidas rutinarias y de sus problemas habituales. Pero también les brindan la oportunidad de sentirse "informados" para poder comentarlos, si se presentara la ocasión. Aunque en un principio los dueños de la estación recibieron llamadas de protesta del público quejándose de los

---

[25] Especialmente cómicos para el lector hispanoamericano son los ataques contra los argentinos inscritos en los radioteatros. La antiargentinidad de Camacho parodia la suspicacia de muchos sudamericanos hacia estos vecinos, a quienes se distingue por su comportamiento arrogante. De ahí la popularísima broma de que los argentinos se suicidan arrojándose de su ego. Pero es preciso recordar que, consciente o inconscientemente, los insulta debido a que su mujer, de nacionalidad argentina, es prostituta. El boliviano sugería, por ejemplo, que "la proverbial hombría de los porteños era un mito pues casi todos practicaban la homosexualidad" (155), y en otro serial les acusaba de "que en las familias bonaerenses, tan gregarias, se sacrificaban por hambre a las bocas inútiles –ancianos y enfermos– para aligerar el presupuesto" (155). Pero la fobia hacia los argentinos no se limita a los seriales, sino que en la acción principal Camacho obliga a los dueños a despedir a todos los actores argentinos, bajo la amenaza de renunciar a su trabajo. Y a Marito le aconseja: "¿Se ha topado usted en la vida con argentinos? Cuando vea uno, cámbiese de vereda, porque la argentinidad como el sarampión, es contagiosa" (66). En la novela, el sentimiento antiargentino trae consecuencias indeseables para Camacho, quien debido a las calumnias de sus seriales, es confrontado y atacado por unos argentinos quienes le gritan: "¿Así que somos mataniños, no, Camacho de porquería? ¿Te has creído, atorrante, que en este país no hay nadie que pueda enseñarte a guardar respetos?" (244). Y añaden: "¿Y los piojos? ¿Con qué la golosina de las porteñas son los bichos que les sacan del pelo a sus hijos, grandísimo hijo de puta? ¿Me voy a quedar con los brazos cruzados mientras puteas a mi madre?" (244).

héroes cincuentones, el hecho es que Camacho continúa representándose a sí mismo en sus héroes maduros y el público llega a aceptarlos porque obviamente goza de los argumentos.

Un detalle humorístico para el lector, pero que desconocen los personajes receptores de estas historias, es que los héroes de los radioteatros también son representados (en la grabación de los mismos) por actores nada jóvenes ni heroicos. En realidad son viejos, feos y vulgares, casi grotescos, sin semejanza alguna a la visión idealizada que los radioescuchas tienen de ellos. La idealización de los "héroes" se limita, claro está, a los radioescuchas, ya que Vargas Llosa hace patente al lector de su novela la "realidad" de esos actores, parodiándolos, y mofándose también de la técnica de la radiación de los seriales. El héroe/actor principal es Pedro Camacho de quien ya conocemos su figura diminuta. La heroína/actriz de los radioteatros es Josefina Sánchez, quien tenía "una bellísima voz de terciopelo" y por ello hacía pensar al público en una mujer joven y hermosa. Pero en persona es también una cincuentona, orejona, bigotuda y varicosa que causa repugnancia con su apariencia, igual que los héroes radioteatrales de Camacho:

> Era una mujer a la que le habían dado esa hermosa voz para indemnizarla de algún modo por la aglomeración de equivocaciones que era su cuerpo. Resultaba imposible adivinar su edad, aunque tenía que haber dejado atrás el medio siglo. Morena, se oxigenaba los pelos, que sobresalían, amarillos paja, de un turbante granate y se le chorreaban sobre las orejas, sin llegar desgraciadamente a ocultarlas, pues eran enormes, muy abiertas y como ávidamente proyectadas sobre los ruidos del mundo. Pero lo más llamativo de ella era su papada, una bolsa de pellejos que caía sobre sus blusas multicolores. Tenía un bozo espeso que hubiera podido llamarse bigote y cultivaba la atroz costumbre de sobárselo al hablar. Se fajaba las piernas con unas medias elásticas de futbolista, porque sufría de várices (281).

El encargado de los efectos especiales parece un mendigo, quien además "tenía los pelos de puercoespín lucientes, como si se hubiese echado brillantina" (282). Sus instrumentos de trabajo son objetos domésticos (un tablón, una puerta, un lavador lleno de agua, papel platino, etc.). Este "artista", al terminar cada grabación, "parecía haber corrido la Maratón olímpica y jadeaba, tenía ojeras y sudaba como un caballo" (124). Estas grotescas descripciones "a lo Camacho" parodian tanto al narrador Varguitas como al autor Mario Vargas Llosa, pues se dan en la parte seria y culta de la novela.[26]

Los rasgos irrisorios que se atribuyen tanto a los personajes de las radionovelas como a los personajes/actores de las mismas, representan la degradación fundamental de su caracterización. Pero, además, hacen pensar que su situación no es totalmente ajena a la de los seres humanos en general, ya que todos tenemos algún tipo de anormalidad física y momentos grotescos en determinadas situaciones de nuestras vidas.

Las técnicas de actuación utilizadas por el propio Pedro Camacho eran también tan insólitas como los contenidos de sus radioteatros. Una de sus "proezas artísticas" consistía en masturbarse antes de interpretar un diálogo de amor, con el propósito de elicitar más pasión, ya que el acto de masturbación "debilitaba la voz y provocaba un jadeo muy romántico" (118).[27] El comportamiento de los actores durante toda la *mise en scène* de los seriales también se contrapone a la idea que el radioescucha promedio tendría sobre semejante actividad. Marito explica que antes de la llegada del boliviano, los actores solían emitir los seriales en un ambiente de jolgorio y total despreocupación, en la que se hacían morisquetas o gestos obscenos (125). No obstante sus comentarios burlones, a Marito le impresiona la nueva atmósfera sagrada en que se llevan a cabo las emisiones de

---

[26] En el capítulo sobre autoparodia se estudiará cómo la parodia de Camacho se extiende a Vargas Llosa mismo.
[27] De este demonio camachiano proviene que el cura Severino (Cap. XIV) promueva la masturbación.

Camacho. Cada una iba precedida de una arenga pronunciada por el "artista" Pedro sobre las profundidades estéticas y filosóficas, en la que las palabras "arte" y "artístico" abundaban. A Marito le llama la atención especialmente el fervor con que Camacho profería estas palabras y aún más impactante para él era el efecto que causaban en sus colaboradores, para quienes Camacho "santifica[ba] la profesión del artista" (125).[28]

Volviendo al género radioteatral como literatura de folletín, hay que subrayar que en él se esperan las soluciones heroicas y felices. Rubén Benítez explica que el autor y el lector de folletines celebran un contrato tácito que incluye un final feliz: "El lector sabe que al final de la novela triunfarán la inocencia, la virtud y la belleza. Lo único seguro es el final, como ocurre con los cuentos infantiles y las leyendas populares. El lector goza de las peripecias precisamente porque conoce el fin" (158). Aunque por lo común, las historias de los seriales Camacho no tienen un fin cerrado bien definido, ya que terminan con las preguntas retóricas típicas del final de cada episodio de los seriales, se puede especular, conociendo la idiosincrasia de Camacho y algunos de sus finales, que en sus radioteatros los héroes nunca consiguen triunfar y hasta terminan convertidos en víctimas y criminales. El exterminador de ratas muere asesinado por sus hijos, hartos de su despotismo. El testigo de Jehová se castra a sí mismo para demostrar su falta de culpa. El propagandista médico mata a su propio hijo. El cura de Mendocita incendia el local de la "misión comunitaria", matando así a todos los habitantes del barrio, etc. La moraleja que se podría extraer de estos relatos es que la dedicación

---

28 Camacho recuerda de cierta manera a Hans Christian Andersen (1805-1875). El autor danés, nacido en una clase social baja (su media hermana fue prostituta), de niño fue muy emotivo y la gente se burlaba de él por su físico –su estatura sumamente alta y por ser algo afeminado– (Camacho es sumamente bajo). Sus perturbadoras experiencias como miembro de una clase social baja y su deseo de escaparse de ella se transparentan en sus obras, a veces como fuente de traumas irresolutos (igual se ha visto en los seriales del boliviano). En "El patito feo", con el tema de autodescubrimiento, es donde más se observa el "demonio" de Andersen.

obsesiva y exclusiva a una labor descabellada, sin atender o considerar sus consecuencias en el mundo que les rodea, resulta inevitablemente en finales desgraciados. También la ausencia de un impulso que conduzca a obtener autodeterminación es propia de estos personajes, que terminan siempre vencidos, o muertos en algunos casos. Los personajes camachianos no pueden trascender su experiencia vital porque están firmemente anclados en la construcción por medio de parodias de literatura formularia. Camacho está sujetado a su servilismo al mercado (los empresarios de Radio Central y su público) y a su confusión mental. El eventual derrumbamiento de los personajes (incluido Camacho) subvierte los finales folletinescos típicos en los que el contrincante (ausente de los seriales de Camacho) es el que queda marginado y castigado. Oviedo escribe al respecto:

> ... los personajes participan en actividades obligadas y esfuerzos dramáticos que forman parte de un modelo establecido (alguien descubre una verdad o un mito, una religión o un pasatiempo y se entrega plenamente a él)... Se entregan heroicamente a su vocación hasta llegar a la locura o a la muerte. Se identifican con su vocación hasta el punto de verse destruidos y aniquilados por ella ("*La tía*" 220).

No obstante la "tragedia" de los protagonistas, los finales de los radioteatros son risibles porque el narrador los hiperboliza para concluir parodiando las preguntas típicas del final de un episodio folletinesco. Veamos solamente las de los capítulos VI y X. El argumento tercero (Cap. VI), en el que Gumercindo Tello está a punto de castrarse con un cortapapeles "Tiahuanaco" que había tomado de la mesa del secretario del juez en la sala judicial, concluye de la manera siguiente: "¿Lo haría? ¿Se privaría así, de un tajo, de su integridad? ¿Sacrificaría su cuerpo, su juventud, su honor, en pos de una demostración ético-abstracta? ¿Convertiría Gumercindo Tello el más respetable despacho judicial de Lima en ara de sacrificios? ¿Cómo terminaría ese drama forense?" (148).

Las del séptimo incidente no son menos ingeniosas. Este episodio termina en el momento en que el Padre Seferino está a punto de incendiar su barrio, despechado ante su derrota pública en un duelo con un rival evangelista:

> ¿Lo haría? ¿Lanzaría el fósforo? ¿Convertiría el Padre Seferino Huanca Leyva la noche de Mendocita en crepitante infierno? ¿Arruinaría así una vida entera consagrada a la religión y el bien común? ¿O, pisoteando la llamita que le quemaba las uñas, abriría la puerta de la casa de ladrillos para, de rodillas, implorar perdón al pastor evangelista? ¿Cómo terminaría esta parábola de la barriada?[29] (313-14).

Es preciso mencionar que en la trama principal Pedro Camacho también sufre el mismo destino desafortunado de sus personajes. Marito cuenta en el epílogo que cuando regresó al Perú después de diez años de residencia en Europa, se enteró de que Camacho había sido dado de alta del manicomio en el que había sido internado y tenía una nueva ocupación: la de "datero policial" de una revista sensacionalista. El director de la revista era Pascual, un antiguo compañero de trabajo de Marito en Radio Panamericana y es él quien le explica que a Pedro no lo contratan como redactor "porque no sabe escribir... Es un huachafo, usa palabras que nadie entiende, la negación del periodismo" (446). Para esta época, el físico de Camacho es aún más triste que cuando trabajaba en Radio Central. Marito lo describe como "un fakir, casi un espíritu" (441). Deduce además, por su vestimenta raída, que está aún más pobre que antes. Camacho llevaba: "... un overol azulino y una camisita con parches bajo un suéter grisáceo que le quedaba ajustadísimo. Lo más insólito era su calzado: unas rojizas zapatillas de basquet, tan viejas que una de ellas estaba

---

[29] Vargas Llosa ha confesado que los finales de los textos radioteatrales de *La tía Julia* fueron difíciles de escribir, tuvo que escribirlos varias veces, pero considera que los finales son su mayor logro en la escritura de *La tía Julia* (*Writer's* 118).

sujeta por un cordón amarrado alrededor de la punta, como si la suela estuviera suelta o por soltarse" (440).

Marito también se sorprende sobremanera al enterarse de que Camacho no sólo está casado, sino que lo había estado por más de veinte años con una prostituta argentina, con quien se han acostado también Pascual y el Gran Pablito, otro ex empleado de la Radio. Pascual le cuenta a Marito que la mujer de Camacho era una "argentina viejísima, gordota, con los pelos oxigenados y pintarrajeada. Canta tangos medio calata, en el Mezannine, esa boite para mendigos" (445). Una vez que el lector se entera de este dato le es posible deducir, y hasta cierto punto comprender, de dónde proceden tanto el sentimiento antifemenino como la argentinofobia de Camacho, y también puede darse cuenta de que las obsesiones de los personajes folletinescos se basaban en la experiencia personal –o demonios– de Camacho. El lector sagaz entiende entonces que la devoción al Señor de Limpias, la aversión a las ratas que le comen la comida en la pensión, así como hacia los niños, el onanismo y los remedios caseros recomendados por el boliviano –la yerbaluisa para "entonar la mente" y la leche de magnesia para curar todos los males, entre otros– representan también otras obsesiones de Camacho. Como lo dice Maïté Bernard, en la habilidad de Camacho para reproducirse en sus seriales se sitúa la característica más importante de su carácter de escritor, pero también está ahí su debilidad:

> Sus obras nos dan una visión de su vida pero no porque él lo quiere. Él se miente a sí mismo y es precisamente a través de esta mentira que nosotros podemos entenderlo. Camacho rehace su vida, la reinventa para ayudarse a soportarla. Se venga de su vida con las historias de sus radioteatros. Por ejemplo Lucho Abril Marroquín tiene derecho a pegarles a los niños, y don Federico Téllez Unzátegui ha creado una empresa de exterminación de roedores. Camacho embellece su vida (35).

Como ya he mencionado anteriormente, hacia el final de *La tía Julia*, el deterioro mental de Camacho llega a descender a un infierno dantesco tan crítico y tan confuso que se ve forzado a aniquilar a todos los personajes de sus radioteatros. En los radioteatros mismos, su estado mental se manifiesta en la mezcla, en *crescendo*, de personajes, profesiones y tramas de las diversas historias. Al principio de su degeneración Pedro sólo mezcla los nombres, pero luego pasa a confundir identidades, profesiones y lugares. En la historia del árbitro de fútbol del capítulo XVI, una de las muchas confusiones ocurre cuando se cambia el espacio súbitamente del Estadio Nacional a una plaza de toros. El ejemplo que sigue ilustra claramente la mezcla que ocurre en la mente de Camacho (aclaro las confusiones entre corchetes). En la escena que forma parte del último radioteatro (Cap. XVIII), se había congregado, desde la noche anterior, una multitud de gente para asistir al acontecimiento "efeméride de efemérides en la Ciudad de los Virreyes" (396).[30] Se trataba de un concierto que daría Crisanto Maravillas, "el bardo de Lima", en la capilla del Claustro de las Descalzas:

> Estaba allí, en primera fila, un afamado astrólogo [vendedor de medicinas], el profesor (¿Ezequiel?) Delfín [Lucho Abril] Acémila [apellido de la psicóloga, Cap. X]... Y estaba allí también, de punta en blanco, un clavel rojo en el ojal y una Sarita flamante [violada], el negro más popular [desconocido] de Lima, aquel que habiendo cruzado el Océano como polizonte en la barriga de un ¿avión? [barco], había rehecho aquí su vida [fue asesinado en el Cap. IV] (¿dedicado al cívico pasatiempo de matar ratones [ocupación de Federico Téllez, Cap. III] mediante venenos típicos de su tribu [empresa], con lo que se hizo rico?). Y, casualidades que urden el diablo o el azar, comparecían igualmente, atraídos por su común admiración al músico, el testigo de Jehová [vendedor de productos farmacéuticos] Lucho Abril

---

³⁰ En el serial de Camacho, el uso de "Ciudad de los Virreyes" parodia la frase "Ciudad de los Reyes", utilizada para referirse a la capital peruana, e insinúa también que Lima no es merecedora del título regio. Esta "equivocación" parodia además la evidente confusión mental y falta de sofisticación de Camacho.

Marroquín [Gumercindo Tello, Cap. VI], quien a raíz de la proeza que protagonizara —¿autodecapitarse, con un filudo cortapapeles, el dedo índice de la mano derecha [el pene]?– se había ganado el apodo de El Mocho...[31] (398).

Con estas mezclas, Vargas Llosa parodia no sólo la actividad escritural ultrahumana del escriba Camacho, sino que se burla también de los iletrados personajes radioescuchas de la acción principal, quienes aunque se quejan de que se les tome el pelo sustituyendo personajes de un radioteatro por los de otro y confundiéndoles los nombres (242), no dejan por ello de sintonizar los seriales. Además, hace un pastiche de los varios personajes pseudoentendidos de literatura, quienes exaltan el mérito de esta "técnica de la mezcolanza". Un radioescucha llega a explicar que Camacho está utilizando una técnica de Balzac, quien "si se entera que lo está plagiando, lo manda a la cárcel" (330). Igualmente, los dueños de Radio Central aplauden esta "innovación" literaria. Genaro-hijo le comenta a Marito lo siguiente: "Hemos vuelto a batir el récord de sintonía este mes. O sea que la ocurrencia de cabecear las historias funciona. Mi padre estaba inquieto con esos existencialismos, pero dan resultado, ahí están los surveys... Total, mientras al público le guste hay que aguantarle las excentricidades" (287).

María Eugenia Mudrovic ha hecho hincapié en la función altamente moral y pedagógica de los radioteatros y su adherencia al statu quo (124-25). Según Mudrovic, los seriales exponen la huachafería, forma estética de cursilería, "uno de los aspectos en que los peruanos hemos sido realmente creativos" (127). Soubeyroux concuerda con esta crítico en que todos los seriales de *La tía Julia* presentan un panorama social bastante conforme a la evolución de la sociedad limeña contemporánea, al mismo tiempo que subvierten el género radioteatral:

---

[31] Domingo Ynduráin advierte que cuando Camacho comienza a dar síntomas de confusión, se desarrollan con profusión las aposiciones (nominales o verbales), normalmente limitadas por pausas señaladas por comas más que por guiones; éstas pueden presentar incluso una enunciación interrogativa referida al mismo término de que dependen, al que caracterizan (154). El ejemplo que acabo de citar ilustra la observación de este crítico.

... el texto funciona sin cesar haciendo referencia a un contexto socioeconómico, cultural y moral que corresponde al código ético-social del lector potencial. El relato describe las apariencias exteriores brillantes de la vida social burguesa conformes a ese código (la ceremonia religiosa, la recepción), pero también revela las transgresiones del código... ("El narrador" 395).

Son precisamente las transgresiones del código genérico del radioteatro las que fuerzan al lector de la novela a interpretar los textos de manera que no se limite a los argumentos. El lector se ve obligado a ordenar las tergiversaciones que la mente deteriorada de Camacho le presenta, para descifrar las tramas folletinescas. Asimismo, se ve compelido a relacionar las ficciones de Camacho con lo que Marito cuenta de él en la acción principal para obtener una idea global de la biografía y los demonios que acosan al boliviano. Al hacer esto, no le queda más remedio que reflexionar sobre el proceso de la creación literaria, en especial sobre la conexión entre la ficción y la realidad empírica, ya que se le hace fácil notar que las experiencias personales de Camacho forman la base de sus radioteatros. El lector disfruta además de los "demonios" extravagantes –masturbación, enajenación, misoginia, aversión a los argentinos, etc.– que provocan los seriales del boliviano porque a todos, aunque lo ocultemos, nos gusta lo grotesco, macabro y escatológico. Es a través de Camacho y sus obras que Vargas Llosa presenta al lector, paródicamente, su propia preocupación de cómo los "demonios" afectan al escritor durante el proceso de la escritura.[32]

A otro nivel, la parodia de los radioteatros, mediante la exageración subversiva del modelo genérico, invita al lector a cuestionar el porqué de la atracción de los llamados géneros literarios populares,

---

[32] En el capítulo II señalé que Vargas Llosa ha hablado con frecuencia del tema de los "demonios" del escritor en diversos ensayos y obras teatrales. Indiqué también que en su drama *La señorita de Tacna* pone en escena esta preocupación, cuando los demonios de Belisario le impiden escribir la historia de amor de Mamaé.

que en el texto de *La tía Julia* se presentan colmados de violencia y truculencias. Las dos razones más aceptadas por los críticos respecto a la extensa popularidad de los seriales son: el escapismo y la manera en que enseñan a afrontar los problemas cotidianos, al demostrar el comportamiento de otros seres en situaciones íntimas y similares. El aspecto didáctico de los seriales ha sido señalado por Madeleine Edmonson y David Rounds, quienes explican que para muchos aficionados al género, "las telenovelas son como una clase sobre cómo desempeñarse en su vida hogareña y en su matrimonio" (189; *the soaps are a how-to-course for their domestic and marital lives*). Las entrevistas con los aficionados a las *soaps* revelan que les gustan porque "enseñan a cómo comportarse con el esposo, cómo afrontar los problemas de los hijos y cómo conseguir amor" (189; *they teach 'how to be with a husband', 'how to handle problems with children' and 'how to have romance'*). Estos dos investigadores añaden también que así como el texto escrito de una historieta cómica puede ayudar al lector principiante a aprender palabras por asociación con las figuras, los seriales, que muestran a personas comunes desenvolviéndose en su vida cotidiana y afrontando problemas diarios, pueden ayudar al público a confrontar sus propios problemas. Pero advierten también que así como la historia leída puede convertirse en un sustituto fácil de la vivida, los seriales también podrían convertirse para algunos en un sustituto de la vida real (190).[33] Philip Wander asevera que las radionovelas nos alejan de los problemas de la vida diaria y nos hacen partícipes de mundos ideales, en los que lo económico no presenta un problema y donde los valores tradicionales permanecen estáticos. Nos trans-

---

[33] Puga advierte que puede producirse un problema grave cuando la telenovela, "tomada como mera distracción, descanso, con sentido crítico se transforma en norma, en sustituto de toda experiencia intelectual, en anonadamiento de la individualidad, en conformismo" (3). Puga también nota que esta posibilidad es mayor entre las personas de clase baja, cuyo "mundo" es muy reducido y donde el apoyo familiar es débil, causando que se sientan aisladas. Las clases sociales bajas carecen de otras alternativas de contacto social proporcionadas por mejores niveles educativos y un mayor uso de otros medios de comunicación (prensa escrita, medios propios de movilización, teléfono, etc.) que podrían ayudarlos a trascender las escasas relaciones sociales territoriales, representadas por grupos tan modestos como los propios (76-77).

portan a mejores vecindarios, nos invitan a observar las vidas y las salas de médicos, psiquiatras, ejecutivos y abogados, que usualmente se presentan como profesionales honestos y trabajadores de clase alta. Agrega Wander que "en una sociedad preocupada por problemas reales, las *soaps* resucitan la novela romántica decimonónica y la pueblan de personajes que se esfuerzan por preservar el antiguo statu quo" (88; *in a society troubled with real problems, the soaps resurrect the nineteenth-century romantic novel and fill it with characters struggling to keep things the way they were*).

Vargas Llosa conoce bien el impacto de los productos literarios populares en un gran sector de la población actual. Es obvio que comprende que este producto suple necesidades vitales del público masa, cuyo único medio de escapar a la soledad y la mediocridad que les rodea es precisamente dicha literatura, que para nada propone soluciones a los problemas que predominan en la sociedad, tales como la pobreza y la violencia.[34] Vargas Llosa se vale de estos conocimientos para escribir una novela en la que parodia los productos populares, mas su utilización no tiene un carácter negativo, como sugieren dos de sus críticos. Paravisini afirma que en *La tía Julia* Vargas Llosa ilustra las diferencias de valor literario entre el arte culto y el popular, "destruyendo el mundo de la literatura popular por medio de la intensidad de sus propios trucos melodramáticos" (170; *by destroying the world of low art through the intensity of its own melodramatic devices*). Y, basándose en el epílogo aclaratorio de *La tía Julia*, Hermida-Ruiz indica que, "lejos de participar en la cultura de masas en la literatura, [Vargas Llosa] concluye delimitando fronteras y haciendo una apología del escritor más altamente modernista" (277).[35] Por el contra-

---

[34] El factor económico es de crucial importancia, porque los libros de literatura canónica son caros y sólo la élite puede comprarlos con regularidad.

[35] Entre los críticos que defienden la posmodernidad de la obra resaltan Norma Mazzei, Keith Broker, Raymond Williams y Beatriz Salem. Esta crítico estudia varios discursos característicos de la novela posmoderna que conforman *La tía Julia*: "Un discurso narrativo paródico en el que el signo es el humor, un discurso pretendidamente autobiográfico que expone lo privado a la luz pública, un discurso radiofónico... y sobre todo un metadiscurso, pues el texto cobra una dimensión autorreferencial muy marcada al reflexionar constantemente sobre la escritura y los distintos procedimientos narrativos" (233).

rio, Vargas Llosa muestra, parodiándolos, una ambivalencia regeneradora hacia los radioteatros. La cultura popular opera en *La tía Julia* al mismo nivel y sin ser excluida de la literatura canónica. Cuando Andy Warhol plasmó en un lienzo un objeto tan ordinario como una lata de sopa marca Campbell, lo elevó a "arte". Asimismo, al ocupar nada menos que la mitad de la novela y al ser intercalados equitativamente con el relato autobiográfico de Marito, Vargas Llosa ubica a los radioteatros en un pedestal. Además, como se demuestra en el capítulo VII sobre la parodia que Vargas Llosa hace de sí mismo, el plano narrativo de Marito está estructurado sobre las pautas de las convenciones del género rosa, otro producto de la cultura de masas. En *La tía Julia*, por lo tanto, los seriales populares se han convertido en una especie de medio directo que le permite a Vargas Llosa expresar su visión del mundo empírico, de la literatura, del arte popular como otra alternativa escapista a la vida verdadera, para compensar el vacío de la experiencia vital del público masa y burgués, y del arte popular como recurso válido en la vida real y en una obra artística.

Capítulo IV

LOS AMORES IMPOSIBLES: PARODIA DE LA NOVELA ROSA

La primera radionovela (Cap. II) de Pedro Camacho parodia una novela del popular género rosa no sólo porque la trama se centra en una historia sentimental, sino además porque contiene otros elementos inherentes al género, tales como melodrama, pasión, celos, sufrimiento, etc.[1] El argumento, al parodiar el sentimentalismo romántico de los melodramas rosa, desorbita las convenciones y así, el protagonista Richard de Quinteros está enamorado, pero no de una joven de su entorno sino de su hermana Elianita, y dado que el amor es mutuo y apasionadamente correspondido, ella ha quedado embarazada. La joven, para ocultar el incesto,[2] se ve obligada a casarse con uno de sus pretendientes, el Pelirrojo Antúnez. Como es de esperarse, este matrimonio, necesario para mantener "el buen nombre de la

---

[1] Las características del género rosa serán detalladas más adelante en este capítulo. Por ahora baste decir que la fórmula rosa es simple y consiste en el desarrollo de una relación amorosa entre un hombre y una mujer, que después de superar varias dificultades terminan casándose y viviendo felices "comiendo perdices", como en los cuentos de hadas.

[2] El uso del tema del incesto de manera repetida e incesante para ilustrar el tabú sexual que sanciona la aparente falta de moralidad de la sociedad burguesa de Lima, es un tema que debe haber inquietado a Vargas Llosa de manera personal. Vargas Llosa se enamoró y eventualmente se casó con su prima hermana Patricia Llosa, contra la opinión de varios miembros de su familia que consideraban dicha relación pecaminosa. Es más, ese amor "incestuoso" lo separó de su primera esposa, Julia Urquidi, su tía política.

119

familia" y ocultar "el pecado", afecta profundamente a Richard. Su pena y frustración se manifiestan con gestos y actitudes violentos que culminan con su embriaguez durante la boda de su hermana con el Pelirrojo, y con la confesión del delito a su tío, el doctor Alberto de Quinteros.

A simple vista, la saga del amor incestuoso entre Richard y Elianita finalizaría aquí al terminar el episodio. Sin embargo, la historia continúa con los mismos personajes metamorfoseados en los dos últimos radioteatros (Caps. XVI y XVIII). En éstos, el tema amoroso de la novela rosa también será central aunque, por ser los últimos, sufren en tema y estructura por el deterioro mental que para entonces aqueja a su autor. El octavo serial (Cap. XVI) trata del amor entre Joaquín Hinostroza Bellmont, un árbitro de fútbol, y Sarita Huanca Salaverría (protagonista en otro contexto del tercer serial [Cap. VII]).[3] Como el trauma del incesto entre Sarita y su hermano "Richard" (también el hermano de Elianita en el Cap. II) produce en la heroína frigidez heterosexual, la heroína no es capaz de establecer una relación amorosa con ningún hombre. Igual que Elianita, Sarita se había casado con el Pelirrojo Antúnez por conveniencia y para ocultar su embarazo incestuoso. Al enterarse el flamante esposo de que Sarita no sólo ya no era virgen sino que además tendría un hijo de otro hombre, nada menos que de su hermano Richard, la echó de su casa. Al encontrarse sola y abandonada, Sarita se vio obligada a abortar a su hijo. Debido a sus serios traumas, Joaquín se ve desairado continuamente en sus intentos de enamorarla. Estos rechazos lo inestabilizan emocionalmente de manera tal que lo llevan a convertirse en alcohólico. Al final, cientos de personajes del octavo radioteatro mueren pisoteados en un estadio, en medio de tiroteos y gases lacrimógenos

---

[3] En el tercer serial (Cap. VI), Sarita Huanca Salaverría, niña de trece años, aparece como la víctima de una violación por un Testigo de Jehová llamado Gumercindo Tello. El juez encargado del caso, duda de la inocencia de Sarita debido a su comportamiento sexualmente sugerente. Según el narrador, al juez le pareció que Sarita "parecía tener una experiencia dilatada, una sabiduría de siglos" (139).

utilizados por la policía para apaciguar al público, que se ha amotinado contra ellos por haber disparado a un negro desnudo (extrapolado del Cap. IV)[4] que intentaba atacar al árbitro. La trama del noveno y último radioteatro (Cap. XVII) gira en torno al amor sacrílego entre el cantante Crisanto Maravillas y la monja Fátima.[5] Debido a los votos religiosos de Fátima, el amor de Crisanto es imposible, mas no por ello desiste de su amor, si bien éste se desenvuelve a un nivel platónico. Esta radionovela, igual que la del Cap. XVI, termina con la aniquilación de todos los personajes en una catástrofe descomunal (un terremoto) que coincide con el colapso nervioso de Camacho, narrado en los capítulos impares.

La conexión entre estas tres historias no se limita al tema sentimental, sino que como ya he indicado, las tres comparten también los mismos personajes. Tanto Elianita (Cap. II) como Sarita (XVI) participan en la relación amorosa con un hermano "Richard" y se ven obligadas a casarse con el Pelirrojo Antúnez para esconder su incestuoso embarazo. En el Cap. XVIII se observa otra conexión con la historia del capítulo II, cuando se explica que la protagonista Fátima es la hija del amor incestuoso entre Richard y Elianita. Estas confusiones son parte de las muchas inconsistencias que pueden observarse según progresan los seriales de Camacho. En los dos últimos, especialmente, casi toda la narración está plagada de confusiones de nombres, identidades, lugares, ocupaciones, hechos y aun tramas. A estas incongruencias habría que sumar la esencial falta de concentración en el tema amoroso que estructura el género rosa que sirve de modelo al boliviano. Su desmejora mental justifica que estas últimas historias se desvíen fácilmente del argumento amoroso central. Pero, las digresiones, además de ser cualidades del carácter y

---

[4]   El negro fue hallado desnudo en el puerto del Callao. Al no saber qué hacer con él, ya que no se le entendía el idioma en que hablaba, fue asesinado por el sargento Lituma, siguiendo las órdenes de sus superiores (Cap. IV).

[5]   Fátima está conectada con el primer serial, pues es la hija del incesto entre los hermanos Richard y Elianita Quinteros.

empeoramiento mental de Camacho, parodian las características excesivamente sentimentales del género, mostrando la estampa grotesca de los héroes y los detalles morbosos que obstruyen el desarrollo de la trama, contribuyendo a crear una estructura narrativa precaria y humorística.

El enfoque de este capítulo es leer los tres radioteatros que acabo de resumir, como parodias de la novela rosa.[6] A lo largo de este apartado señalaré hasta qué punto las tergiversaciones que subvierten el género de manera cómica, son causadas por los "demonios" de Camacho. Primero, para contextualizar mi análisis, señalaré los elementos esenciales y las convenciones del género rosa.

John G. Cawelti, en su influyente libro sobre la literatura formularia, *Adventure, Mystery and Romance* (1976), identifica cuatro características principales del género rosa, y lo compara con otras formas de la ficción popular.[7] Estas características son: 1) lo fundamental de la relación amorosa, mientras que la aventura/el incidente son elementos secundarios (en la novela de suspenso/aventura, el incidente es fundamental y los elementos amorosos son secundarios o ilustrativos); 2) en los romances femeninos, la relación más importante es la que se establece entre la heroína y el héroe (en los géneros masculinos es entre el héroe y el villano); 3) la mayor parte de los romances contemporáneos tienen una protagonista, mientras que los cuentos de aventuras usualmente tienen un protagonista masculino; 4) el romance trata

---

[6] Es importante notar que el relato de Marito (capítulos impares) incluye su propio enamoramiento de su tía política Julia, que culmina felizmente en el matrimonio de ambos. Su historia sentimental cumple con los requisitos esenciales del género rosa y la examinaré como tal en una sección del capítulo VII sobre la autoparodia.

[7] Los orígenes de la novela rosa datan del siglo XVIII. *Pamela* (1740), de Samuel Richardson, ha sido acreditada como la primera novela británica impresa en EE.UU. (Tania Modleski, 15), y "la madre" de romances populares para mujeres (Modleski, 36), así como la novela que sentó las bases –convenciones, imágenes y valores– de la literatura popular femenina (Kathryn Weibel, 7). Tanto Modleski como Weibel estudian en detalle el desarrollo de la ficción romántica popular, desde la novela de Richardson hasta el presente.

de una relación especial de identificación entre el lector y el protagonista, ya sea la narración en primera o en tercera persona[8] (41).

Kay Mussell define la ficción romántica popular como una historia "sobre una relación amorosa, un noviazgo y un matrimonio" ("Romantic" 317; *about a love relationship, a courtship and a marriage*) en la que el fin básico e indispensable de la protagonista es casarse, en todos los casos, satisfactoria y felizmente ("Romantic" 317-18). Suzanna Rose ha explicado que durante el período de enamoramiento, los protagonistas deben superar una serie de dificultades diseñadas con el fin de retardar el final feliz, que consiste en compartir sus vidas para siempre (251). Los conflictos entre el héroe y la heroína pueden ser de dos tipos: internos, es decir, causados por la personalidad de los amantes –orgullo, temperamento fuerte, por ejemplo–; o externos, proporcionados por la intervención de un tercer elemento (masculino o femenino) que permite la posibilidad del triángulo amoroso y desempeña el papel perverso.[9]

La definición de Mussell de la fórmula romántica popular básica corresponde al de la historieta romántica (*series romance*) y provee un punto de partida "respecto al cual todas las historias de amor formularias pueden compararse y diferenciarse, por representar el tipo de romance más puro y sencillo" (*Fantasy* 30; *against which all other formulas of women's romance can be measured and*

---

[8] Gonzalo Navajas, basándose en *Inmaculada* (1931), una ficción rosa de Rafael Pérez y Pérez, observa que el rasgo más constitutivo del género es la desmaterialización de la realidad cotidiana, que sirve de base al mundo ficticio. La cotidianidad es transformada, privada de complejidad, embellecida y reducida "a una naturaleza idiosincrática [sic] y valedera sólo dentro de la reducida especificidad del género" ("La novela" 365).

[9] Andrés Amorós y Janice Radway hacen hincapié en la importancia estructural que "el tercero" o "el malo" o "la mala" (usando los términos de Amorós) cumplen en la novela. Amorós explica que el valor de estos personajes radica precisamente en su iniquidad (17). Según Radway, la función de los personajes "malos" es poner de relieve la fragilidad inicial de la relación entre el héroe y la heroína, inyectándola de sospecha y desconfianza para más tarde poder subrayar la unión perfecta (*Reading* 131).

differentiated, for they are the purest and simplest romance type).[10] Utilizo la fórmula del serial romántico en mi análisis de los tres seriales de Camacho, examinando primero los personajes y después el desenvolvimiento de la acción amorosa.

La caracterización del héroe ideal de la fantasía romántica popular es la de un hombre perfecto. Por lo usual, es joven, apasionado y excepcionalmente hermoso y viril. Mary Nyquist lo describe como un individuo que usualmente es de clase alta y ejerce poder sobre la protagonista. Tiene más experiencia que ella en cuestiones sexuales (por lo general ella es virgen), así como mayor poder económico (165). Refiriéndose también a los héroes, Amorós ha dicho que "parece un milagro conocerlos en medio de toda nuestra pobreza, de toda nuestra tristeza, de la mediocridad, del dinero, de los días grises, el mal humor y el cansancio de vivir. Son la flor más hermosa de una naturaleza avara de perfecciones: lo que todos hubiéramos querido ser" (16).

El inigualable atractivo físico del héroe incluye entre otros rasgos: estatura alta, musculatura y fortaleza (Amorós, 18). Radway concuerda con que el héroe se caracteriza por ser fuerte, anguloso y moreno, pero añade que su hombría extrema está balanceada por la presencia de un elemento de suavidad, que indica que detrás de su exterior se esconde un alma afectuosa y tierna. La heroína es responsable de hacer aflorar en el héroe esas cualidades sensibles de su naturaleza (*Reading* 127-29). Veamos ahora cómo Camacho caracteriza a sus héroes.

De los tres seriales, solamente el protagonista del primero, Richard (nótese el elitista nombre extranjero), coincide con la descripción idealizada del héroe arquetípico del género rosa. Richard es guapísimo,

---

[10] Los subgéneros más importantes de la novela rosa son: 1) la novela erótica, cuya preocupación central es la sexualidad; 2) la novela gótica o de suspenso, que combina el asunto amoroso con otro de misterio; 3) la novela histórica, desarrollada en un período histórico específico con personajes ficticios; y 4) la biografía romántica, basada en la vida de una protagonista verdadero (Mussell, *Fantasy* 29-30).

practica una gran variedad de deportes y tiene un cuerpo de escultura, casi "divino". Es caracterizado físicamente como un dios y con epítetos que tienen que ver con su afición deportista por correr tabla –"el rey de la tabla hawaiana" o "el tablista"–. Richard, según el narrador:

> Era el muchacho más apuesto de la tierra, un joven dios bruñido por la intemperie –hacía tabla aun en los meses más húmedos del invierno y descollaba también en el basquet, el tenis, la natación y el fulbito–, al que los deportes habían modelado un cuerpo de esos que el Negro Humilla llamaba "locura de maricones" [notar el elemento paródico]: ni gota de grasa, espaldas anchas que descendían en una tersa línea de músculos hasta la cintura de avispa y unas largas piernas duras y ágiles que habrían hecho palidecer de envidia al mejor boxeador (32).

No obstante la idealización de Richard, se nota el tono paródico con que se hace resaltar la belleza sobrehumana de los héroes de este tipo de novela. La parodia presente en su incestuoso amor por su también bella hermana, se agudiza al final de la aventura amorosa, cuando a este "Adonis" se le atribuye un comportamiento indigno e inesperado en un héroe de su "calibre". En la historia, pronto se descubre una funesta falla de carácter detrás de su linda fachada cuando el lector se entera de su relación incestuosa y se da cuenta que su desesperación es causada por celos al ver que su hermana pertenecerá a "otro". También vergonzosa e indigna de un héroe es su embriaguez durante el matrimonio de Elianita. En esta escena el bello Richard es descrito de manera no halagüeña, con "dos hilillos de baba colgando de sus labios" (50). Además, de camino a la casa de su tío, iba "llorando y ensuciándole con sus babas y mocos su terno azul y su corbata plateada" (53). Y una vez llegado a ella tiene una tanda de vómitos que asustan hasta al fox terrier del doctor Quinteros, su tío.

Igualmente parodiados son los protagonistas de las otras dos historias de amor. Es cierto que el árbitro de fútbol Joaquín Hinostroza Bellmont (Cap. XVI) era tan adinerado y de origen tan aristocrático

como gran parte de los galanes rosa.[11] Su familia, "además de adinerada, entroncaba, frondosa selva de árboles que son títulos y escu-
dos, con marquesados de España y Francia" (337). Intelectualmente,
sin embargo, era un retrasado mental que "a los ocho años no había
aprendido a sumar y del alfabeto a duras penas memorizaba las voca-
les" (338). Según el narrador: "Su inteligencia, a juzgar por las cosas
que decía, lo colocaba darwinianamente hablando, entre el
oligofrénico y el mono, y su falta de gracia, de ambiciones, de interés
por todo lo que no era esa agitada actividad de réferi, hacían de él un
ser profundamente soso" (342).

A pesar de esta temprana descripción de su carácter, no se dan
sus señas físicas sino hasta muy avanzado el relato cuando se le describe "en la flor de la edad [la cincuentena]" (350) con el mismo
cliché con que Camacho distingue a casi todos sus protagonistas:
"frente ancha, nariz aguileña, mirada penetrante, rectitud y bondad
en el espíritu" (350). Con la misma caracterización "madura", se describe a Crisanto Maravillas (Cap. XVIII), quien, además es lisiado y a
duras penas puede caminar. A las monjas del convento donde trabajaba la madre de Crisanto, éste les parece: "simple cosa, guiñapo,
medio ser, dije humano" (384).[12]

Ahora bien, los detalles sobre la edad madura y la apariencia
grotesca de los personajes responden en parte a la parodia que se
hace de su creador, Camacho, quien, según Marito, es otro cincuentón
nada atractivo. Pero en la novela es obvia la falta de verosimilitud de
las descripciones de estos héroes. Después de todo, ¿qué lector romántico aceptaría fácilmente un héroe cincuentón? El radioescucha

---

[11] La fortuna que tiene su origen en remotos antepasados, como corresponde a cualquier familia aristocrática, es
    altamente apreciada en la literatura rosa (Amorós, 25).
[12] Ver el Cap. III para una explicación minuciosa del aspecto físico grotesco de Crisanto Maravillas. En su descrip-
    ción de este "galán", el narrador no sólo altera cómicamente el epíteto que utiliza para describir a todos sus
    personajes (Maravillas tiene "frente *penetrante*, nariz *ancha*, mirada *aguileña*, rectitud y bondad en el espíritu" [397;
    cursiva mía]), sino que se esfuerza además por hacer hincapié en su deformidad física. Intensifica la parodia de
    Maravillas, el comentario irónico del narrador, quien asegura que la apostura física de Crisanto era envidiable y
    "reproducía su belleza moral" (397).

(dentro del texto) llega a aceptarlos porque goza de la truculencia de los desaforados argumentos. Y de la misma manera, el lector de *La tía Julia* también admite a estos extraordinarios protagonistas y sus desafueros como evidencia de la viveza del ingenio de Camacho, apreciando su elemento extravagante y humorístico. Es fácil reírse de héroes que, además de viejos, son feos, sosos y deformes, y que parodian a los idealizados y nada verosímiles héroes de la ficción rosa.

Las descripciones de las amadas de los "hermosos" galanes que acabamos de mencionar no son menos inauditas. Idealmente, expone Radway, las heroínas deben ser jóvenes, inteligentes e independientes, y se distinguen además por su inocencia e inexperiencia (*Reading* 126).[13] En relación al héroe, las heroínas son inferiores en casi todo sentido. Son más jóvenes, menos experimentadas, menos adineradas y pertenecen a una clase social más baja, pero lo superan en virtud (Weibel, 7). Es más, aparecen como imágenes despojadas de vida interior, como si fueran personajes de tiras cómicas, que existen sólo en relación al protagonista. Su subordinación las convierte en *the Other* ("el Otro"), explica Joanna Russ, ya que su única motivación es establecer, mantener o salvar su relación sentimental con un hombre (5-6).[14] La belleza de la heroína está inextricablemente ligada a la sexualidad: "Es señal para el héroe y para el lector que la heroína es sensual y capaz de demostrar pasión carnal pese a la represión inmadura de sus impulsos sexuales" (Radway, *Reading* 127; *It*

---

[13] La imagen femenina de cualquier tipo de literatura popular –detectivesca, ciencia-ficción, romántica– no es positiva, ya que la mujer es retratada siempre como una criatura indefensa y tonta. Las protagonistas de las novelas rosa son "botín por ganar, princesas por rescatar" (Catherine Fishburn, 367; *booty to be won, princesses to be rescued*).

[14] Para cambiar la cualidad de "el otro" de la mujer en la literatura, Russ sugiere la creación de nuevas interpretaciones que suplanten los mitos actuales, que dejan sin explorar grandes áreas de la experiencia humana tales como el trabajo, la experiencia religiosa genuina, y las vidas de una gran mayoría sin voz, en la que están incluidas las mujeres (13-19). Rita C. Hubbard ha observado un cambio positivo en la condición femenina de ser "el otro" en la ficción rosa contemporánea (específicamente las historias amorosas Harlequin). Mientras que en los años cincuenta la máxima seguridad y felicidad de la mujer se encontraba supeditada al matrimonio y la familia, en los ochenta se observa más control femenino en la relación, aceptación de la igualdad de los sexos y negociación de los términos de la relación amorosa (478-83).

is sign both to the hero and to the reader that the heroine is sensual and capable of carnal passion despite her immature repression of those urges). En la ficción rosa subyace la idea de que toda mujer, si es auténticamente femenina, aunque ignore su atractivo y carezca de experiencia, posee armas suficientes para desarmar a cualquier hombre (Amorós, 20-21; Radway, *Reading* 125). Amorós explica también que la capacidad seductora de la heroína es utilizada por dos motivos: para evitar caer en la losería, dada su aparente ingenuidad e inocencia; y para complacer a la lectora promedio con una visión idealizada de sí misma que reúna simultáneamente los atractivos de ingenuidad y seducción implícitos en las imágenes "de la virgen inocente y la vampiresa, de Margarita y la 'femme fatale'" (20-22).

Examinemos ahora "la belleza y la virtud" de las protagonistas del escribidor. La primera, Elianita, la "amada" de Richard, es una beldad análoga a su hermano. El narrador parodia en ella a la heroína ideal, describiendo a la joven con los clichés cursis que Camacho usa para conseguir un efecto que considera de elegancia y perfección:

> Era en mujer lo que Richard en hombre: una de esas bellezas que dignifican a la especie y hacen que las metáforas sobre las muchachas de dientes de perla, ojos como luceros, cabellos de trigo y cutis de melocotón luzcan mezquinas. Menuda, de cabellos oscuros y piel muy blanca, graciosa hasta en su manera de respirar, tenía una carita de líneas clásicas, unos rasgos que parecían dibujados por una miniaturista de Oriente (33-34).

Pero, como sugiere el dicho "las apariencias engañan", bajo su atractivo físico, Elianita, al igual que su hermano, esconde el grave secreto de su amor "incestuoso". Al caracterizar a Elianita de manera que suscitara pasiones volcánicas aun en su propio hermano, Vargas Llosa parodia en su personaje una regla del género rosa, la capacidad seductora de la heroína. El narrador contrasta cómicamente la supuesta "pureza" de Elianita con el esfuerzo que ésta lleva a cabo por ocultar el embarazo durante su boda. Relata el narrador que bajo la apariencia angelical que exhibe el día de su boda, cuando aparece realmente bella, "en su vaporoso vestido blanco" y cuya "carita, perfilada bajo el velo, tenía algo de extraordinariamente grácil, leve, espiritual, mientras avanzaba hacia el altar con los ojos bajos" (39), Elianita escondía, con ayuda de una ceñida faja, un vientre "que, al ser liberado del abrazo poderoso de la faja, había literalmente saltado" (39).

Dentro de la sociedad burguesa que se parodia, la pureza y elegante perfección desplegadas por Elianita durante su boda solemne e impecable, deberían servir para corroborar el concepto del matrimonio como institución fundamental para garantizar el orden social. Irónicamente, debido a la decepción de Elianita, el sacramento matrimonial se presenta como un acto sin trascendencia, privado de su significación fundacional, porque la joven se ve precisada a casarse con Antúnez sólo para ocultar su embarazo incestuoso. Vargas Llosa utiliza este recurso para criticar tanto la hipocresía de la sociedad como la de la Iglesia, que sancionan los matrimonios arreglados y rápidos para preservar el buen nombre de la familia, especialmente el de una familia adinerada. Expone así la falsedad del mundo de la oligarquía, un grupo que gracias a su fortuna se considera una casta superior y al que se le permiten privilegios especiales. También es posible leer en el incesto de este serial una metáfora dirigida a criticar la "pureza de sangre". Se ejemplifica así la tendencia a unir en matrimonio a miembros de la aristocracia que, con tal de preservar sus riquezas, prefieren contraer matrimonio entre sí, engendrando a veces hijos endebles.

Continuando el examen de las protagonistas, se nota de nuevo el atractivo físico de la segunda, Sarita Huanca Salaverría. Pero a pesar de su belleza, esta heroína es descrita con palabras populacheras, muy diferentes a las usadas para presentar a Elianita, lo que otorga un sabor popular al texto. Sarita tenía "un físico esbelto de gallita, una piel curtida por la intemperie, un cerquillo bailarín" (344). También poseía una sorprendente característica que la aleja de la prototípica idealización de la heroína rosa: era un marimacho. Su aspecto hombruno logró engañar inicialmente hasta al propio Joaquín, su eventual admirador, quien al principio se confundió, pensando erróneamente que Sarita era un "adolescente cretino, calzado con viejas zapatillas, cubierto por un *blue jeans* y una chompa rotosa" (344). Tal como se espera de un marimacho, Sarita es una heroína independiente y agresiva, pero de un modo vulgar y callejero. Muestra su amor agrediendo físicamente a su amado. No sólo le menta la madre a Joaquín cuando acaba de conocerlo, sino que también le pega después de un altercado entre ambos:

> Joaquín intentó lanzarle un puñete, que sólo dio en el aire, y al instante se vio arrojado al suelo por un cabezazo de Marimacho, quien cayó sobre él, golpeándolo con manos, pies, rodillas, codos. Allí, forcejeos gimnásticos sobre la lona que acaban pareciendo los apretones del amor, descubrió, estupefacto, erogenizado, eyaculante, que su adversario era mujer (344).

Este ataque, que podría interpretarse como disposición fogosa, asemeja a Sarita a Scarlett O'Hara, la protagonista de *Lo que el viento se llevó* (1936) de Margaret Mitchell.[15] Por su independencia y seguridad en sí misma, Sarita también aparenta ser una de las heroínas de las novelitas de amor góticas[16] que, según Radway, seducen y transfor-

---

[15] Helen Taylor arguye que Scarlett personifica el rechazo de la feminidad y que dicho rechazo es lo que atrae a Rhett Butler: "Él se da cuenta que ella no es una dama, y se identifica con ella como marginada y desviada social" (127-28; *he alone sees clearly that she is 'no lady', and identifies with her as social outcast and deviant*). Taylor agrega que *Lo que el viento se llevó* confirma la inversión de la feminidad de Scarlett, "por medio de un énfasis de repugnancia hacia su propia sexualidad y maternidad, y su ineptitud como madre de los tres hijos que tuvo a regañadientes y que debe criar" (127; *through emphasizing a repugnance towards her own sexuality and childbearing, and her inadequacy as a mother to the three children she unwillingly bears and rears*).

[16] La fórmula gótica utiliza elementos de aventura y misterio, pero subordinados a la eventual unión amorosa de los amantes. Estos elementos son empleados para crear dificultades temporales en el curso de la relación y eventualmente para aclarar la razón de la separación entre los héroes (Cawelti, 41). La novela gótica sitúa la trama en un espacio doméstico, con frecuencia una mansión en la que habita una familia numerosa. El peligro se esconde en uno de los miembros de la familia (Mussell, *Fantasy* 44).

man al héroe con sus cualidades viriles ("Utopian" 159). En efecto, Sarita atrajo a Joaquín precisamente por su autonomía y agresividad. Pero su comportamiento varonil atrevido sugiere que la mujer sólo puede entablar una relación equivalente con su pareja, y responsabilizarse de sí misma, cuando actúa violentamente y emula al hombre.

Resulta cómico imaginar que la marimacho Sarita, con su comportamiento agresivo y su vestimenta de hombre, haya logrado seducir no sólo a uno sino a dos hombres (a Joaquín y, con anterioridad, a su hermano Richard). Fue un encuentro "pugilístico" entre ella y Joaquín lo que inicialmente ocasionó la atracción amorosa de la pareja. El enamoramiento alarmó a los padres del héroe y hasta los hizo pensar en una aberración sexual tanto de parte de Sarita como de su propio hijo:

> Por su manera de vestirse, las cosas que hacía y las personas que frecuentaba, [Sarita] parecía contrariada con su condición de mujer. ¿Era eso, tal vez −vicio de originalidad, frenesí de extravagancia− lo que la hacía tan atractiva para el aristócrata? El primer día que llevó a Marimacho a la ruinosa casa de La Perla, sus padres, después que la pareja hubo partido, se miraron asqueados. El ex rico encarceló en una frase la amargura de su espíritu: "No sólo hemos creado a un estúpido, sino, también, a un pervertido sexual" (345).

El aspecto hombruno, más los rechazos continuos de Sarita, quien nunca le aceptó a Joaquín las múltiples propuestas de matrimonio, incrementan el interés del héroe por ella. Sin embargo, las consecuencias resultan negativas para él, pues se vuelve alcohólico. La razón del comportamiento varonil y del rechazo perseverante de Sarita es sensacionalista. Se trata, nada menos, de su experiencia incestuosa con su hermano "Richard": "Desde entonces [desde el incesto] había jurado no entregarse nunca más a un hombre y vivir siempre, para todos los efectos prácticos (¿salvo, ay, el de los espermatozoides?), como varón" (348).

La tercera heroína rosa que analizo en este capítulo lleva el nombre de Fátima. Se trata de un nombre apropiadamente virginal, tomado de la historia de los pastorcitos de Portugal, ya que ella es monja y gran parte de la acción se desarrolla en el claustro en que vive. El narrador la describe con adjetivos que sugieren su elegancia y origen aristocrático: "tez marfileña, ojeras azules, mentón arrogante, tobillos esbeltos" (385). Dice además que su carácter era "dulce, suave, dócil" (385), y que quienes la observan concluyen que tiene una innata inclinación piadosa: "las religiosas más entendidas decían que, pureza de mente que abuena la mirada y beatifica el aliento, se advertían en su manera de ser signos inequívocos de santidad" (385). La vida de esta joven protagonista había sido penosa: fue hallada por unas monjas, abandonada en una calle, al lado del Convento de las Descalzas, una noche fría de invierno, con un patético mensaje: "Soy hija de un amor funesto [entre los hermanos Richard y Elianita Quinteros] que desespera a una familia honorable, y no podría vivir en la sociedad sin ser una acusación contra el pecado de los autores de mis días, quienes, por tener el mismo padre y la misma madre, están impedidos de amarse, de tenerme y reconocerme" (385). La compasión de las monjas, más el bolso de dinero que encontraron junto a la niña, las motivó a encargarse de su crianza. Hasta que tomó el velo de monja, Fátima vivió en el convento, en calidad de sirvienta. Su físico y su temperamento excepcionalmente superiores sugieren que, de las tres heroínas de esta sección, Fátima es la más sincera. Ella es la única que reúne belleza y pureza en su persona, destacándose por su conducta ejemplar con su abnegación, humildad y vida sacrificada. Sus cualidades morales no parecen ser consecuencia de un esfuerzo personal, sino más bien gráciles donaciones de la providencia divina. No sorprende que su caracterización sin tacha esté asociada íntimamente a su vocación religiosa, un concepto elevado que contiene la posibilidad de que coexistan la belleza y la verdad auténticas. Lo que es sumamente risible, es que a la temprana edad de diez años ya reúna las características de seducción de la heroína, que, según Amorós, es ingenua e inocente y a la vez seductora (20-22). Fátima, entonces, es angelical pero al mismo tiempo diabólica, como lo son todas las mujeres en la idiosincrasia camachiana. Seduce a Crisanto en una ocasión en que "la pequeña acababa de baldear los corredores de lajas serranas del claustro y se disponía a regar los rosales y azucenas de la huerta" (384), llevaba ropa miserable ("un costal con agujeros") y escondía su cabello "bajo un trapo de tocuyo" (384). Esta escena en el jardín parodia nuevamente la capacidad seductora de las doncellas rosa, ya que Fátima, por todo lo dicho anteriormente, es una niña, no se le presenta de manera atractiva y tampoco demuestra debilidades morales.[17] Fátima eventualmente corresponde platónicamente con su amor a Maravillas: "había llegado, con el tiempo, en la soledad de su celda, a amar de amor sincero al aeda de los Barrios Altos" (396), pero demuestra su honradez no sucumbiendo a su inmenso cariño por él. Así evita producir perjuicio a terceros, es decir a las monjas, ya que ella supone que su amor causaría sufrimiento en las que hicieron tanto por ella y a quienes tanto les debe. En términos kantianos, Fátima se adhiere a la deontología, al rehusar a su amor por Crisanto no porque así lo desee, sino por sentirse obligada a hacerlo. Su gratitud la hace más "santa", ya que implica rehusar también a sus impulsos carnales. La orientación estoica de Fátima se opone directamente a la naturaleza irracional y apasionada de los protagonistas prototípicos de las obras del género rosa. En éstas, los sentimientos suelen conducir a enfrentamientos implacables entre personas en las que las emociones desmedidas abruman sus vidas. Las narraciones incestuosas de

---

[17] Cabe mencionar que Fátima es la segunda niña "seductora", además de Sarita Huanca Salaverría (la protagonista del Cap. VI, que seduce al testigo de Jehová). Este dato confirma la misoginia y sugiere otro "demonio" extravagante –la pederastia– de Camacho, que lo presenta como un sátiro obsesionado que fantasea sobre las niñas. La vestimenta de "costal con agujeros" de Fátima parece insinuar, además, que Camacho es un pervertido, que disfruta mirar a hurtadillas los cuerpos de las niñas.

Eliana y Sarita, más el amor sacrílego de Crisanto por Fátima, ilustran claramente este punto. El relato de Fátima sugiere que la utopía social se puede materializar sólo en la Iglesia, pero en realidad pone de relieve una fuerte crítica de dicha institución, que tiene a la niña de sirvienta y en harapos. La situación social subordinada de Fátima en el convento es análoga a la de Cenicienta en su casa, donde también estaba relegada a la posición de criada por su madrastra.[18] Como en los cuentos de niños, se puede afirmar que Fátima se presta a ser rescatada del duro y cerrado ambiente del claustro por un príncipe. La labor de rescate le corresponde a Crisanto Maravillas, su príncipe azul o *knight in shining armor*, quien, valiéndose del arma todopoderosa de su amor, podría liberarla del ambiente opresor del convento. Pero en lugar de hacerlo, el enamorado opta por vivir una romántica vida de sufrimiento, resignado a amar a Fátima de lejos, parodiando así el desinteresado amor platónico de los caballeros andantes y de la tradición del amor cortés. El narrador explica que Crisanto se desvelaba todos los días cantando baladas románticas al frente del convento donde vivía Fátima:

> Los gatos del amanecer escuchaban entonces los más sentidos arpegios jamás brotados de guitarra terrena, las más ardientes canciones de amor salidas de estro humano. Unas beatas madrugadoras que, alguna vez, lo sorprendieron así, cantando bajito y llorando frente al convento, propalaron la especie atroz de que, ebrio de vanidad, se había enamorado de la Virgen, a quien daba serenatas al despuntar el día (394).

---

[18] Según S. Rose, "los cuentos clásicos infantiles como *Rapunzel, La Cenicienta, Blancanieves* y *La bella durmiente* presentan a una joven virtuosa, aprisionada en un castillo o en una casa por una fuerza malvada (con frecuencia su familia, pero más a menudo es una vieja malvada). La joven es moralmente superior a sus captores por su obediencia, modestia o su naturaleza virgen. Así, la heroína se distingue de otras mujeres por su conformidad absoluta al ideal femenino" (252; *Classic tales like* Rapunzel, Cinderella, Snow White, *and Sleeping Beauty depict a virtuous young woman held captive in a castle or home by an evil force —often her family, but more frequently a wicked older woman—. The young woman is morally superior to her captors by virtue of her obedient, modest, or virgin nature. Thus, the heroine is distinguished from other women by her absolute conformity to the feminine ideal).

La opción de castidad añade virtud al carácter de Maravillas. Pero, a la vez sugiere otra lectura paródica del personaje, presentado como un donjuán indomable. Pudiera ser que no existiera ninguna otra candidata dispuesta a aceptar el amor de un hombre tan mal parecido como él, a pesar de que el narrador afirme que el casi inválido protagonista se había mantenido "puro" no obstante los millares de propuestas pecaminosas de las mujeres limeñas de toda edad y clase social. Estas "le hacían ojitos, regalitos, zalamerías, se insinuaban, le proponían citas o, directamente, pecados" (392). Consistente con la antiargentinidad del narrador, éste explica que las admiradoras de Crisanto se parecían a las mujeres de cierto país "que hasta en el nombre de su capital hace gala de pedantería (¿buenos vientos, buenos tiempos, aires saludables?)" (392). Dichas mujeres "tenían la costumbre de preferir a los hombres deformes, por ese estúpido prejuicio según el cual ¿son mejores, matrimonialmente hablando, que los normales?" (392). Crisanto desalentaba con buenos modos y afectadamente los avances de las solicitantes, pronunciando "una esotérica frase que producía un indescriptible desasosiego de chismes a su alrededor: 'Yo creo en la fidelidad y soy un pastorcito de Portugal'" (392), que parodia abiertamente la leyenda de la Virgen de Fátima.

Fátima no puede tomar la iniciativa de huir del convento para reunirse con su idolatrado, no sólo por su religiosidad, sino porque de acuerdo con las pautas sociales y literarias, las mujeres deben ser pasivas, especialmente en asuntos de amor.[19] La pasividad conduce a la heroína al tesoro máximo que consiste en ser amada.[20] Fátima debe

---

[19]   El entendimiento tácito de que la mujer debe ser pasiva se desprende de la opinión de que "aunque el lugar de la mujer es en la casa, no es la patrona, aun allí" (*Weibel, xiv; although a woman's place is in the home, she is not to be the master, even there*). Susana Rose propone que "el esperar pasivamente conduce inevitablemente al despertar sexual" (252-53; *waiting passively, inevitably leads to sexual awakening*).

[20]   S. Rose establece un paralelo entre los temas de la fórmula rosa y los de los cuentos de hadas. Señala que "la heroína romántica es una mujer virtuosa y poco apreciada, que espera ser reconocida y consumida por un amor. La tensión de la trama se centra exclusivamente en el drama del reconocimiento por parte del hombre de su valía, desencadenada por su naturaleza apasionada reprimida, pero no disimulada" (254; *The romantic heroine is a virtuous and unappreciated woman, waiting to be validated and consumed by love. The tension in the plot is centered exclusively on the drama of the man's dawning realization of her worth, triggered by her repressed yet unconcealable passionate nature*).

limitarse entonces a que Crisanto la rescate, después de haberse dado cuenta, claro está, de que bajo el físico poco agraciado de él se esconde un hombre excepcional, cariñoso y comprensivo. En cierto modo, esta historia recuerda otro cuento de hadas, "La bella y la bestia", en el que la bestia rapta a la heroína y la convence, con su atenta y sensible conducta, de sus grandes cualidades interiores, y como premio a la aceptación afectiva se convierte milagrosamente en un apuesto príncipe. Pero contrario al cuento, en la historia de Camacho no ocurre nada: no hay rescate ni transformación física del héroe.

Las aventuras y las dificultades de estos tres seriales son tan grotescas como los protagonistas y están diseñados para posponer el final feliz, que por lo usual es representado por el matrimonio perfecto y armonioso de los amantes. El impedimento principal en los tres radiodramas "amorosos" del escribidor se relaciona con comportamientos funestos, ilegales e inmorales. Ya mencioné que la religiosidad de Fátima le impide expresar su "amor" por ningún hombre. Además, existe una prohibición: "la casta pareja [la monja y el cantante] no pudo intercambiar palabra desde el día en que la superiora (¿Sor Lucía Acémila?) descubrió que el bardo era un ser dotado de virilidad" (395). A lo largo de los años tuvieron la oportunidad de verse sólo a distancia y a través de una rejilla, ya que Fátima vivía recluida en un claustro. Como he señalado anteriormente, los traumas sexuales y psicológicos sufridos por Sarita Huanca y Eliana Quinteros, a causa de la relación incestuosa con su hermano, les imposibilitaba corresponder amorosamente a otros hombres. El incesto añade complicación y gravedad a las tramas folletinescas, pero también es sintomático de la predilección de Camacho por lo morboso y lo sensacionalista.[21] En la historia de Elianita, cuando el Dr.

---

[21] Tal como se explicó en el Cap. II, las obsesiones descabelladas de Camacho incluyen, además del incesto, asesinatos, violaciones y castraciones.

Quinteros escucha de Richard la grave revelación de su amor incestuoso: "Porque yo la quiero [a Elianita] como hombre y no me importa nada de nada, tío" (52), lejos de alarmarse por la gravedad de la confesión, se queda atrapado en la retórica, pensando que la frase tiene algo de hermoso: "No pestañeó siquiera, ni se agitó su corazón, cuando en el incomprensible soliloquio de su sobrino, alcanzó a entender, dos o tres veces repetida, esa frase que sin dejar de ser atroz sonaba también hermosa y hasta pura" (52). La función de este "bondadoso" tío en la acción es la de un *Deus ex machina*. Una vez enterado de la grave falta de los hermanos, propone, con una naturalidad escalofriante, una solución completamente absurda: enviar a Richard a estudiar en el extranjero para que olvide a su hermana. En ningún momento se alarma ni se detiene a ponderar la inmoralidad del acto, ni las ramificaciones que éste puede haber causado en su sobrina Elianita, en los otros familiares, o en la sociedad en general.

El otro inconveniente que dificultará para siempre la unión feliz de Elianita y Richard es la presencia de un "rival", el Pelirrojo Antúnez. Su participación en la acción crea un triángulo amoroso. Ahora bien, la caracterización del Pelirrojo es inusitada en el género rosa ya que no se atiene a la del "malo" prototípico, quien por lo general es feo, moralmente corrupto e interesado en la heroína únicamente por motivos sexuales (Amorós, 23; Radway, *Reading* 133; Ferreras, 258). Básicamente, el rival prototípico es la antítesis del héroe que, como ya se ha mencionado, es siempre bien parecido, joven, valiente y apasionado. En su estudio de las novelas rosa de Corín Tellado, Amorós observa que al rival no se le atribuye ninguna cualidad positiva, así como al héroe no se le asigna ninguna negativa. Este maniqueísmo busca claridad, sencillez y rotundidad, y evita que las lectoras "puedan (aunque sólo sea un instante) confundir al héroe refulgente con el villano asqueroso. Para eso existen, precisamente, las tintas oscuras" (Amorós, 23).

Al Pelirrojo se le conoce únicamente por su apodo, lo cual le rebaja de categoría. Se sabe que una de sus virtudes era ser "bueno como el pan" (34), pero que entre los muchachos que le habían hecho la corte a Elianita, era "el menos agraciado... el más soso y tontito" (34). Hasta su madre era fea y ordinaria, "una inglesa desgarbada que pese a vivir un cuarto del siglo en el Perú todavía confundía las preposiciones" (31). Richard se refiere a su futuro cuñado como "calzonudo" (36) y al doctor Quinteros le parece "algo caído del nido" (36). Obviamente, el Pelirrojo es feo, pero tiene una posición social relativamente alta. Su papel en el triángulo amoroso no es el del "malo", sino el del "tonto", ya que se casa perdidamente enamorado de Elianita, ignorando que ella no sólo ya no es virgen, sino que espera un hijo nada menos que de su hermano. Una aceptación del matrimonio por parte del Pelirrojo, aun conociendo los pormenores del embarazo de ella, podría ser vista, según el narrador explica al final del serial, de dos maneras contradictorias: como un acto de caballerosidad o de sentido de honor propio y ajeno (el de la familia Quinteros); o como un acto de "estupidez" de su parte, como lo sugieren las preguntas que provocan el suspenso al final de la radionovela.[22] El lector que ya comienza a percatarse de la idiosincrasia pragmática de Pedro Camacho, opta por pensar que éste interpretaría el acto honorable como una "estupidez". En la historia de Sarita (Cap. XVI), el narrador informa que la joven fue rechazada también por el Pelirrojo a causa de su relación incestuosa con su hermano. La posibilidad de que un escritor tan misógino como Camacho "redimiera" a la mujer "pecadora" no existe en el texto. Camacho no puede concebir una mujer virtuosa, a menos que sea religiosa (como Fátima), y aun así la mujer es una *femme fatale*. El boliviano llega a insinuar que todas las mujeres son pecadoras y que, por lo tanto, todas merecen ser castigadas.

---

[22] Los finales se estudian con más detalle a continuación.

Las desviaciones en la estructura narrativa de los textos de Camacho, en los que continuamente se presentan eventos periféricos al argumento central, se estudian a continuación. En el radioteatro de los hermanos Quinteros, tanto los protagonistas como el desarrollo de la relación sentimental están opacados por la presencia dominante de uno de los personajes. Se trata del doctor Alberto de Quinteros, tío de los incestuosos amantes clandestinos, cuyo nombre sugiere resonancias aristocráticas debido a la preposición "de" que precede al apellido. El doctor es una especie de "segundo padre" de los jóvenes amantes, por quienes en todo momento demuestra un genuino interés. Su dominio de la trama es tal, que su figura desplaza a las de sus sobrinos-protagonistas para convertirse en el centro de la acción, es decir, en el protagonista "cincuentón", consistentemente utilizado por Camacho para reflejarse a sí mismo. El relato empieza y termina con asuntos concernientes a la vida de Quinteros. Es obvio que la figura del médico es representativa de un "demonio" personal de Camacho. El lector sabe, por el relato de Marito, que Camacho continuamente peroraba sobre la edad más deseable del hombre: la cincuentena. De ello se deduce que le preocupaba su cercana vejez. Igualmente preocupado está su personaje Quinteros, quien practica obsesivamente la gimnasia para mantenerse joven. En una escena y mientras hacía ejercicios con soltura, Quinteros pensó que "no era tan terrible tener cincuenta años si uno los llevaba así. ¿Quién, entre los amigos de su edad, podía lucir un vientre tan liso y unos músculos tan despiertos?" (35). No obstante su dedicación a los ejercicios y su seguridad de lucir joven, Quinteros es objeto de la burla de sus compañeros del gimnasio, quienes hacen comentarios sarcásticos no sólo relacionados con su ocupación de obstetra-ginecólogo "(Pero si ahí viene la cigüeña)" (31), sino también aludiendo a su edad madura. El entrenador del gimnasio anima y ayuda al Dr. Quinteros con órdenes jocosas: "Diez minutos de warm ups para alegrar el esqueleto, Matusalén"(34), "tres series de treinta side bonds, inválidos" (36); "(¡Fuerza tatarabuelo! ¡Más rápido, cadáver!)... (¡Las momias a la tumba y las cigüeñas al zoológico!, ¡Llamen a la funeraria!, ¡Requiescat in pace, Amen!)" (37). También añade a la parodia de Quinteros el comentario despersonalizado que el narrador hace de él, cuando explica que después de hacer los ejercicios, el doctor se convirtió en "tan sólo un pulmón que recibía y expelía aire, una piel que escupía sudor y unos músculos que se esforzaban, cansaban y sufrían" (37). Estas descripciones contrastan con las que subrayan la sofisticación del doctor, amante de la música clásica y del vestido elegante, "terno azul oscuro, camisa de seda blanca y una corbata plateada" (38). El interés obsesivo de Camacho por el ilustre Quinteros, por su edad y por sus actividades en el gimnasio, sugiere que Camacho se proyecta en él, transformándose en un héroe bien parecido y que se mantiene joven, si bien vive en su personaje fantástica e indirectamente.

En el relato de Joaquín (Cap. XVI), Camacho también se aparta del argumento amoroso, con el fin de exaltar la grandeza profesional del "héroe cincuentón". Joaquín es un célebre árbitro de fútbol. Se desempeña tan maravillosamente bien en su oficio que gana por ello una fama sin límites. Este protagonista había mostrado "genuina vocación" y "genialidad" para arbitrar partidos desde una edad temprana, y se dedicó de lleno a su gran afición desde joven. A sus padres les preocupó al principio que su aristocrático hijo realizara la "mediocre función de árbitro" (34). Quedan satisfechos, sin embargo, cuando un "connotado astrólogo de la ciudad" les explicó que precisamente su "aristocracia" impelía a Joaquín a desempeñarse como árbitro: "Prefiere ser réferi a jugador porque el que arbitra un partido es el que manda. ¿Creían ustedes que en ese rectángulo verde Joaquincito hace deporte? Error, error. Ejercita un ancestral apetito de dominación, de singularidad y jerarquía, que, sin duda, le corre por las venas" (342).

Según el narrador, la ocupación de Joaquín (como la suya) era casi un "arte". Los periodistas "comparaban sus arbitrajes al manejo de una sinfonía" (349). Otro "experimentado cronista deportivo" diría del talento de Joaquín que "con él ingresaron a las canchas la justicia inflexible y la inspiración artística" (347). Pese a su "arte" para arbitrar el fútbol, Joaquín demostró una genuina falta de interés por los negocios familiares, que, unida a su incompetencia intelectual, causó el colapso económico de la familia y la ruina mental de sus padres:

> En dos años, sus actos u omisiones habían quebrado dos hilanderías, reducido al déficit la más floreciente firma del conglomerado –una constructora de caminos– y las plantaciones de pimienta de la selva habían sido carcomidas por plagas, aplastadas por avalanchas y ahogadas por inundaciones (lo que confirmó que Joaquincito era también un fúlmine [además de tarado]) (343).

Su negligencia en los negocios deja en claro la indolencia de los miembros de la "aristocrática oligarquía" que se considera situada en un plano superior, no sujeto a la responsabilidad del trabajo cotidiano. El hecho de que Joaquín no se entregue con dedicación a manejar sus empresas parece contradecir, en principio, la insistencia del texto en glorificar la aristocracia y su modo de vida, que excluye el trabajo manual a favor de la gratificación y el placer individuales como único horizonte vital. Pero, adicionalmente, parece parodiar también a los artistas genuinos, quienes como Camacho, se sumergen en su arte, desocupándose olímpicamente de cosas banales como los negocios. Cabe señalar que la historia del árbitro omite cualquier mención del grupo social opuesto al de los ricos, la abrumadora clase baja de la sociedad peruana en el momento histórico del texto (los años cincuenta).

La obsesión de Camacho por la grandeza de la profesión de árbitro de fútbol parodia también el fanatismo latinoamericano por el deporte. En el Perú, tanto como en los países vecinos, durante el campeonato mundial de fútbol la nación prácticamente se paraliza, aun cuando el equipo nacional no participe. Así, aunque el "demonio futbolístico" de Camacho podría parecer irrisorio, a un nivel más serio, representa una severa crítica de aquellos países, en los que el fútbol es usado para distraer a sus ciudadanos de los graves problemas socioeconómicos que los afectan.[23]

En la historia de Maravillas, el narrador subraya su gran habilidad y fama de "artista" de música popular.[24] Al igual que Joaquín, Crisanto demostró desde temprano su aptitud sobresaliente de "poeta inspiradísimo e ínclito compositor" (386). Desde muy niño, "en actitud reverencial, se acercaba a las guitarras, las acariciaba con cuidado para no asustarlas, pulsaba las seis cuerdas y se oían unos arpegios..." (386-87). Su repertorio musical era extenso: incluía valses criollos, marineras, polcas, tonderos, yaravíes, festejos y resbalosas, y eventualmente abarcaría canciones religiosas (para acercarse al convento a ver a su amada). El narrador cuenta que Maravillas adquirió notoriedad sobre todo por su don de compositor, y que su fama fue "destino de globo que crece y sube en pos del sol, extendiéndose como su música" (394). Es decir, su carrera fue meteórica:

A los pocos meses, sus canciones eran conocidas en Lima y en unos años estaban en la memoria y corazón del Perú. No había cumplido los veinte cuando abeles y caínes reconocían que era el compositor más querido del país. Sus valses alegraban las fiestas de los ricos, se bailaban en los ágapes de la clase media y eran el manjar de los pobres (388-89).

---

[23] En el año 1994, en el diario limeño *El Comercio*, se afirmó que Vargas Llosa estaba interesado en escribir una novela basada en la vida del futbolista Diego Armando Maradona, la antigua estrella del equipo nacional de Argentina. Esto sugiere que tal vez el "demonio" camachiano del fútbol sea compartido por Vargas Llosa.

[24] En el capítulo III, sobre la parodia de los radioteatros expliqué que de todos los héroes camachianos, Crisanto es quien más se asemeja a Camacho físicamente y que además comparte con él la profesión de "artista" de obras populares. Camacho es un exitoso escritor de radioteatros y Crisanto de música popular.

A pesar de su gran "gloria" o tal vez debido a ella, el "bardo" Crisanto lleva una vida bohemia, mientras sigue viviendo en el mismo callejón miserable en el que nació. La humilde ascendencia social y económica de Crisanto no es superada, mas no por falta de dinero, ya que su trabajo era remunerado por "las casas de discos, las radios, o [lo] que le exigían recibir los dueños cuando tocaba en una fiesta. Crisanto ofrecía esa plata a sus progenitores, y, cuando éstos murieron (tenía ya treinta años), la gastaba con sus amigos" (389). Según el narrador, el cantante "jamás quiso dejar los Barrios Altos, ni el cuarto letra H[25] del callejón donde había nacido" por fidelidad y cariño a su origen humilde y "por amor al arroyo" (389). Además de los lazos profundos que lo unen a su lugar de nacimiento, Crisanto no se muda porque no le interesa hacerlo: "La gloria y la popularidad no marearon al sencillo muchacho que recibía estos homenajes con indiferencia de cisne" (389). Su ostensible humildad bordea la excentricidad y lo sitúa, entonces, dentro de un patrón de experiencia de vida que le es altamente desfavorable desde el punto de vista económico del materialismo burgués. La parodia implícita en esta actitud subvierte la fórmula rosa en la que predominan los absolutos, siendo la posición social alta y adinerada del héroe uno de ellos (Navajas, "La novela" 368). Su bajo estado socioeconómico parodia a la vez la extravagancia de carácter de los artistas que desprecian lo material. Refleja, asimismo, al nivel de los "demonios" el estado vital de Camacho, quien vive en una pensión dilapidada, que además está invadida de ratones.

La acentuación, en estos seriales, de la caracterización física y profesional de hombres cincuentones —el Dr. Quinteros, Crisanto Maravillas, Joaquín Hinostroza— no le ofrece al lector la oportunidad de apreciar el valor o la perspectiva de la heroína. Este enfoque subvierte las conclusiones en cuanto al género rosa a las que llegan tanto

---

[25] "H" es la misma letra del cuarto donde supuestamente se violó a Sarita Huanca (Cap. VI).

Kay Mussell como Janice Radway,[26] quienes indican que toda la narrativa romántica se desarrolla desde el punto de vista femenino. De acuerdo con Mussell, "si la heroína no cuenta su historia en primera persona, el autor filtra el cuento por medio de la perspectiva de ella; cuando un autor atisba la mente del héroe, sus pensamientos siempre se centran en la heroína y en su relación amorosa más que en otros aspectos de su experiencia" (*Fantasy* 11; *if the heroine does not tell her own story in the first person, the author filters the tale through her perspective. When an author offers a glimpse into the hero's mind, his thoughts invariably center on the heroine and their relationship rather than on other aspects of his experience*). Subvierten también la biografía romántica, un subgénero de la novela rosa, que se basa en la vida de una protagonista generalmente joven y bonita (*Fantasy* 29-30). El público de Camacho no llega a conocer ni los pensamientos ni las inseguridades de la heroína en sus relaciones con los otros personajes, ni las dificultades que impiden la relación amorosa,[27] aparte de las más obvias –los votos religiosos y el incesto– de manera que nunca es posible establecer la evolución de la historia de amor. La parodia resulta de la indiferencia de Camacho por las convenciones formularias. El que Fátima sea monja y esté en un convento ya insinúa la imposibilidad de tener una relación normal con los altibajos de la gente que se enamora. Y las relaciones incestuosas tampoco se prestan para desarrollar una historia de amor convencional.

Como ya sugerí anteriormente, las continuas divagaciones que tienen lugar en torno a la acción principal de la narrativa camachiana descarrilan la historia romántica. Radway sostiene que cualquier di-

---

[26] Las mujeres que participaron en el estudio de Radway opinan que las novelas rosa escritas por hombres no son muy buenas, porque pocos hombres poseen la percepción y sensibilidad necesarias para imaginar la clase de dulzura o delicadeza esenciales para obtener una relación amorosa ideal al estilo "rosa" (*Reading* 161).

[27] Según Cawelti, tres de las inconveniencias más conocidas son: 1) la fórmula Cenicienta, es decir, la de una chica pobre que se enamora de un hombre aristócrata o rico; 2) la fórmula Pamela, en la que la heroína vence la amenaza de la pasión con el fin de establecer una relación de amor verdadera y completa; y 3) la de la mujer profesional que rehúsa el amor a favor del dinero y la fama, sólo para descubrir más tarde que basta el amor para vivir una vida satisfecha (42).

gresión que demore el desarrollo de la conexión emocional entre la pareja de amantes debilita la narrativa rosa. Opina, no obstante, que las digresiones son tolerables si no impiden que el autor dedique algo de atención a una relación "ideal", que cumpla con las convenciones del género: amantes jóvenes y apuestos, moralmente superiores, que superen los inconvenientes que se les presentan y se casen al final de la historia (*Reading* 172). Pero en los seriales de Camacho los desvíos llegan casi a truncar el progreso de la relación entre los protagonistas. El argumento amoroso está tan mal hilvanado que el lector/radioescucha se siente tentado a concluir que la trama afectiva es sólo un pretexto utilizado por Camacho para justificar la grandeza física y moral de unos héroes nada heroicos que son tan sólo proyecciones de sí mismo. De hecho, los dos últimos seriales se asemejan más a una biografía de Joaquín y de Crisanto que a historias de amor sobre dos amantes bien caracterizados, y el primer serial sobre Elianita y Richard no es casi más que un despliegue del cuerpo y del excelente entrenamiento físico del tío de los amantes. Las exageradas deficiencias de los seriales parodian la persona y biografía del escriba. Los esfuerzos del boliviano por exagerar, idealizándolas –las fisonomías y las profesiones de sus protagonistas– tienen una intención subjetiva: convencer al lector de la valía de sus héroes porque esto le permite tanto esconder su propia falta de atractivo como glorificarse a sí mismo para escapar, al menos provisoriamente, de sus taras y de su infortunada vida. Al boliviano le ocurre, al escribir y deshacerse de sus demonios, lo mismo que a su público al escuchar o leer sus seriales: las historias constituyen la fuente de catarsis de la mediocridad de sus vidas diarias.

La obstrucción del progreso de la relación afectiva en los seriales de Camacho, resalta aun más en los desconcertantes desenlaces trágicos que le proporciona. Por lo normal, las novelitas rosa concluyen con la feliz unión matrimonial de los enamorados, quienes sobreviven con éxito una serie de contratiempos que afirman su amor.

"Cuanto mayor es el impedimento en el amor de los dos amantes tanto más se afirma ese amor hasta hacerse indestructible", explica Navajas ("La novela" 375). Estos finales felices se adhieren a dos características esenciales de los géneros populares: mantener las convenciones sociales y el escapismo (Cawelti, 38). El triunfo persistente del héroe/heroína sobre los obstáculos es lo que facilita la catarsis del público. Esta superación final, característica de todas las fórmulas populares —aunque con variaciones en cuanto a la naturaleza de las oposiciones y la manera en que se conquistan— es lo que Cawelti llama "fantasía moral" (38). La de la novela rosa postula que el amor es permanente y triunfante, por lo que los amantes siempre superan las barreras y se casan (Cawelti 38-39). Ahora bien, las tres historias sentimentales de Camacho no terminan sino que quedan en suspenso conforme a la estructura fragmentada del serial. Los finales abiertos parodian las preguntas con las que concluye cada una de las entregas de los antiguos folletines, así como las de los seriales radiofónicos o televisivos que buscan picar la curiosidad del público. El primer serial termina con las graves dudas del Pelirrojo sobre el futuro de su aventura matrimonial con Elianita. Se sugiere también la posibilidad de que el joven esposo la abandone, ya que su machismo no le permitirá aceptar por esposa a una mujer que no es virgen:

> ... ¿abandonaría el Pelirrojo esa misma tarde a su temeraria esposa? ¿Lo habría hecho ya? ¿O callaría y, dando una indiscernible prueba de nobleza o estupidez, seguiría con esa niña fraudulenta que tanto había perseguido? ¿Estallaría el escándalo o un pudoroso velo de disimulación y orgullo pisoteado ocultaría para siempre esa tragedia de San Isidro? (53).

El segundo radiodrama termina con preguntas no relacionadas para nada con la historia de amor, sino que delatan el esfuerzo de Camacho por crear un desastre para poder empezar de nuevo. Se sabe en el texto, sin embargo, que Sarita fue echada de la casa por el

Pelirrojo Antúnez al enterarse del incesto y que ella nunca sucumbe a su amor por Joaquín. El último serial "rosa" –la historia de Crisanto y Fátima– concluye también con unas preguntas que establecen la destrucción final de todos los personajes: "¿Era el diablo quien se los llevaba? ¿Era el infierno el epílogo de sus amores? ¿O era Dios, que, compadecido de su azaroso padecer, los subía a los cielos? ¿Había terminado o tendría una continuación ultraterrena esta historia de sangre, canto, misticismo y fuego?" (401).

Estos finales tristemente cómicos anulan la posibilidad de reconciliar los aspectos contradictorios que en los tres seriales pudieran haber impedido la unión matrimonial, parodiando así la perfección idealista del modelo ideológico monocorde del romance feliz que provee la novela rosa. Estos finales subrayan además la imposibilidad del sueño del amor romántico, que no ocurre ni siquiera en un medio atemporal e imaginario. Así en el Cap. XVI, a Joaquín le pareció que por fin se presentaba la oportunidad de unirse con Sarita al verla correr ansiosamente hacia él en el estadio. Pero en lugar de producirse la unión –y gracias al trastorno mental de Camacho que le hace confundir las historias– Marimacho cae asesinada por el capitán Lituma (del Cap. IV), quien pensó que era una loca que quería atacar a Joaquín (convertido ahora en otro personaje, Gumercindo Bellmont). En un final paródico de la muerte romántica a lo Shakespeare o al estilo de la leyenda *Los amantes de Teruel* [28] (Juan Diego Martínez de Marcilla e Isabel de Segura), Joaquín expira casi al mismo tiempo que Sarita debido a una parálisis de corazón: "Cayó junto a Sarita y alcanzaron los dos, con el último aliento, a estrecharse y entrar así, unidos, en la noche de los amantes desgraciados (¿como ciertos Julieta y Romeo?)..." (358). Igualmente, Crisanto, el "Canario

---

[28] Los estudiosos de esta leyenda apuntan a que se parece mucho a uno de los cuentos del *Decamerón* de Giovanni Boccaccio. La leyenda de los amantes de Teruel ha sido recreada más de 20 veces en forma de poesía, novela o teatro. Una de las versiones fue escrita por Tirso de Molina. El maestro Tomás Bretón la elevó a la dignidad de ópera.

del Señor" y Fátima mueren repentinamente, uno junto al otro, en el fuego producido por un cataclismo sísmico, mientras trataban de escaparse del "antro del Señor [Capilla de las Descalzas]". En el mismo incendio perecieron todos los personajes del serial:

> Ambos, durante los siglos que duró el fuego, permanecieron indemnes, abrazándose, mientras a su alrededor, asfixiadas, pisoteadas, chamuscadas, perecían las gentes. Ya había cesado el incendio y, entre carbones y espesas nubes, los dos amantes se besaban, rodeados de mortandad. Había llegado el momento de ganar la calle. Richard, entonces, tomando de la cintura a la Madre Fátima, la arrastró hacia uno de los boquetes abiertos en los muros por la braveza del incendio. Pero apenas habían dado unos pasos los amantes, cuando –¿infamia de la tierra carnívora? ¿justicia celestial?– se abrió el suelo a sus pies. El fuego había devorado la trampa que ocultaba la cueva colonial donde Las Carmelitas guardaban los huesos de sus muertos, y allí cayeron, desbaratándose contra el osario, los hermanos ¿luciferinos? (401).

Las inesperadas y terribles muertes de los amantes de los dos últimos seriales sugieren tanto la incapacidad emotiva como la perturbación de Camacho. En ciertos tipos de historias de amor sofisticado, la acción termina con la muerte de uno o de los dos amantes, "pero siempre debe sugerir que la relación amorosa ha tenido un impacto permanente y duradero" (Cawelti,41-42; *but always in such a way as to suggest that the love relation has been of lasting and permanent impact*). Las muertes de los amantes camachianos, sin embargo, no son provocadas por ninguna sofisticación literaria ni por el deseo de subvertir las normas sociales. Al contrario, el boliviano "mata" a sus personajes debido a que sus demonios y su psiquis enferma se inmiscuyen tan vehementemente en sus historias que no puede controlarlos, causando las confusiones patentes en sus textos. No sabiendo cómo salir del atolladero argumental, Camacho se deshace de sus personajes, pero no antes de proporcionarles las muertes cursilonamente paródicas de los textos sofisticados a que se refiere Cawelti. Sólo la muerte puede liberarlos de la situación angustiosa y trágica en que viven para unirlos finalmente, como dice irónicamente el propio narrador, como a aquellos otros famosos amantes literarios: Romeo y Julieta (358).

En el epílogo de *La tía Julia*, el lector se entera de que una grave desilusión amorosa es la razón de la falta de amor en la vida de Camacho. Se explica que en su juventud el escribidor se había casado con una prostituta argentina y que, después de su colapso nervioso, se había vuelto a juntar con ella, lo que hace comprensible para el lector sus extrañas tramas. La patética experiencia con su propia esposa es traspasada al texto en su delineación de heroínas desvergonzadas y amorales. Camacho resume entonces el dictado patriarcal que divide a las mujeres en pecadoras y vírgenes. Ahora bien, en el deformado mundo camachiano las segundas no cuentan. Así, todas las mujeres, aun las vírgenes y religiosas como Fátima, esconden la semilla del pecado. En estas circunstancias, el único tipo de relación amorosa posible es la abstención sexual o la violación. En contraste a los amores imposibles de Camacho, el amor de la tía Julia y Marito, narrado en los capítulos impares, sí prospera. Los amantes se casan eventualmente después de superar varias crisis. Es cierto que después se divorcian, con lo cual se sugiere que el amor no es eterno, pero sí es posible.

El hecho de que los guiones radiales carezcan de un final feliz y que provoquen emociones negativas, motivadas por situaciones intolerables o deprimentes, tales como el incesto, el amor no correspondido, el abandono, la deshonra, la soledad, la muerte de los amantes, etc., los aleja de la experiencia femenina. La mujer goza de la fantasía utópica de las novelas rosa porque la ayudan a escapar de su mediocre rutina. Las situaciones de los seriales representan una continuidad de su propia experiencia cotidiana, con la diferencia que en la ficción los problemas se resuelven en ambientes de riqueza material, mientras que en la vida real prevalecen. Las mujeres aburridas hallan placer cuando ven representadas batallas similares a las suyas de manera grandiosa. Por lo tanto, esperan que la bella heroína supere las barreras que bloquean su trayectoria hacia una relación amorosa permanente, cariñosa y apasionada (de la que tal vez no gozan en su vida matrimonial) con un hombre atractivo, sensitivo, respetable y rico. Radway explica que "la lectura de seriales románticos complementa las vías tradicionales de gratificación emocional abiertas para las mujeres, proveyéndoles indirectamente la atención y el cuidado que no reciben suficientemente en su rutina diaria" (*Reading* 212; *Romance reading supplements the avenues traditionally open to women for emotional gratification by supplying them vicariously with the attention and nurturance they do not get enough of in the round of day-to-day existence*).[29]

Pero los seriales de Camacho no proporcionan a sus lectores o radioescuchas la experiencia vicaria de disfrutar del amor y felicidad de la heroína. El primer radioteatro, que concluye con el matrimonio de conveniencia del Pelirrojo y Elianita, sugiere, a simple vista, que el sueño romántico es una ilusión y que las mujeres deben moderar sus expectativas y contentarse con un hombre medio como el Pelirrojo.

---

[29] Radway arguye que la lectura de ficciones rosa puede ser concebida de dos formas contrarias: una, "como una actividad de protesta y deseo vehemente de reformar la falla de las instituciones patriarcales y de satisfacer las necesidades emocionales de las mujeres"; y la otra, "como una actividad que potencialmente podría desbaratar ese impulso" (*Reading* 213; *as an activity of mild protest and longing for reform necessitated by those institutions' [patriarchal] failure to satisfy the emotional needs of women; as an activity that could potentially disarm that impulse*). Nyquist concuerda con Radway cuando refuta la idea de que las mujeres que leen ficción rosa asimilan pasivamente la conciencia patriarcal. Esto ha sido demostrado por estudios feministas recientes, que evitan condenar estos productos y que se concentran en tratar de comprender las necesidades que la lectura de historias románticas populares suple en el público femenino (167). Modleski utiliza la frase "acto de desaparición" para resumir lo que es admirable y deplorable en la popularidad de la ficción rosa (especialmente las novelas Harlequin). Explica que las lectoras de estas novelas experimentan sentimientos contrarios: por un lado, sienten frustración ante lo que perciben como autotraición de la heroína que sacrifica su orgullo y su vida a favor de la ideología patriarcal; pero, por otro lado, sienten placer cuando ven cumplidas las pautas formularias. Las lectoras pueden distanciarse de la heroína gracias a que saben que se trata de una literatura formularia; así, no sufren como ella. Además, mientras haya un final feliz, no importan los sacrificios e injusticias, ya que el público que conoce las características del género los espera. "Una parte de nosotras quiere que el hombre perciba a la heroína como mascota, como una criatura adorable, en lugar de una rebelde auténtica", explica Modleski (47; *A part of us wants the man to see the heroine as a pet, adorable creature rather than as a true rebel*). Por lo tanto, concluye la investigadora, toda novela rosa puede ser vista a la vez como una protesta y como una aprobación de la condición femenina (58).

Pero tanto este radioteatro como el de Sarita Huanca hablan de un amor pecaminoso, que repudia el tabú social y científico, la ética cristiana, y subvierte el amor del género rosa, que debe ser confinado a una unión heterosexual permanente y santificada por el sacramento del matrimonio. Ninguna mujer u hombre "normal" se va a identificar con los desvergonzados protagonistas. El sexo, que es una forma estupenda de comunicación íntima que debe ser explorada sólo por dos personas que se aman intensamente y que formalizan su relación mediante el contrato matrimonial (Radway, *Reading* 74), en los folletines camachianos es monstruosamente inquietante, porque rompe toda norma de moral.

Es evidente que el público de los relatos rosa de Camacho es forzado a identificarse con heroínas extrañas –Sarita y Elianita– que cometen incesto. Sarita es una "pervertida" sexual y carece de cualidades femeninas (es un marimacho). En el tercer radioteatro (Cap. VI), tal como se señaló anteriormente, el juez encargado de fallar el supuesto caso de violación, duda de la culpabilidad del presunto violador, debido al comportamiento sexualmente sugerente de Sarita, una niña de trece años en aquél entonces. Aun si el lector llegase a simpatizar con ella, el texto no ofrece la deseada transformación de la heroína en un personaje más románticamente femenino y sensitivo, ni sugiere su eventual aceptación del amor de Joaquín. Según Radway, si la historia de una heroína provoca sentimientos demasiado intensos, "...tales como ira contra los hombres, miedo a la violación o violencia, preocupación sobre la sexualidad femenina, o inquietud sobre la necesidad de vivir con hombres insulsos, el romance será desechado como fracaso o juzgado negativamente" (*Reading* 184; ... *such as anger at men, fear of rape or violence, worry about female sexuality, or worry about the need to live with an unexciting man, that romance will be discarded as a failure or judged very poor*). Joaquín (a pesar de sus continuos esfuerzos) no consigue mitigar los temores de Sarita y no se convierte, por lo tanto, en el "protector"[30] que ella necesita, dada la vulnerabilidad emocional de Sarita. Como "mentor", debió despertar su deseo, y eventualmente enseñarle a aceptar su vulnerabilidad y dependencia. Pero el marimacho Sarita no es virgen ni tampoco se somete, ni siquiera simbólicamente al poder patriarcal. La historia de Sarita rechaza implícitamente el concepto "rosa" de que el amor potente de un hombre puede igualarse al cuidado maternal, que presta seguridad y ternura. Cabe notar que la madre es figura ausente en la vida de las protagonistas. Fátima fue abandonada por sus padres. El tío de Elianita suplanta la presencia maternal. Los padres de Sarita, observó el Juez, parecían casamenteros interesados en deshacerse de su mercancía. La misoginia de Camacho es el demonio que motiva la ausencia de la madre, parodiando así la misoginia extendida en la sociedad peruana, donde la mujer es percibida como seductora, pecadora o marimacho, y donde los hombres las tratan como objetos para obtener placer. Las mujeres camachianas, además, carecen de vida interior. En ese sentido, se parecen al personaje La Chunga, del drama del mismo nombre, quien es caracterizada y usada por los personajes hombres (los Inconquistables) de acuerdo a sus necesidades, para satisfacerse sexualmente a sí mismos y para excusar sus fracasos.

Navajas asevera que la literatura rosa constituye el único canon literario que conoce un segmento amplio del público y que negar la validez de dicho canon sería cuestión de negar el único acceso a la literatura de un gran número de lectores. Lo rosa cumple una función esencial en individuos que necesitan reconciliar las fuerzas contradictorias de la vida humana y diseñar una configuración armónica

---

[30] Según Nyquist, en la literatura popular romántica el héroe hace el papel de "mentor", debido en parte a que la heroína usualmente no tiene madre (o al menos no aparece en el texto) y además carece de otras relaciones sociales significativas. La función protectora del héroe suplanta la ausencia maternal, y por tratarse de un miembro del sexo opuesto, la relación se carga de elementos eróticos, especialmente cuando es integrada con gestos que se asocian con la protección y cariño maternales, tales como el tomarla en sus brazos, desvestirla cuando está dormida, acariciarle la cabeza, etc. (163-64).

del mundo. En el caso de lo rosa, esa configuración es, para Navajas, una forma trivializada del impulso de armonización ("La novela" 380-81). Contrario a lo que han señalado algunos críticos, la intercalación de la ficción rosa en *La tía Julia* subraya que Vargas Llosa es consciente de la importancia de este tipo de literatura en la vida cotidiana. Al incluirla en su propia obra, el novelista peruano no sólo enriquece su texto sino que también hace un comentario autorreflexivo. Pone al descubierto los mecanismos empleados en toda producción literaria. En el caso de la novela rosa, la parodia afirma la presencia de los géneros populares, pero lo que en realidad se parodia son la sociedad peruana y la Iglesia, y la falta de protección maternal. Las novelas rosa mismas son parodias del comportamiento de la gente en la vida cotidiana. Los personajes son parodiados subrayando de manera grotesca su aspecto físico no idealizado, su edad, sus ocupaciones triviales, su indiferencia hacia la moralidad, y su comportamiento irresponsable y aun extraño. La estructura narrativa que sirve de ejemplo no falla porque es una parodia del modelo, incluso si se tienen en consideración las múltiples digresiones que subrayan detalles grotescos del físico o de la profesión de los héroes, en vez de hacer hincapié en la acción romántica. Estas desviaciones resultan cómicas por ser provocadas por unas fuerzas poderosas, más allá del control del autor, los "demonios" de Camacho, quien vive sus aventuras amorosas convirtiéndose a su vez en parodia del escritor. El impulso camachiano de inscribirse en su obra se manifiesta en la singular estructuración de sus textos y parodia la teoría vargasllosiana de los demonios. Pero la proyección de Camacho resulta tragicómica porque expone predominantemente unos demonios esencialmente morbosos que no sólo reflejan su deterioro mental sino que nunca logra encauzarlos de un modo adecuado, valiéndose con eficacia de formas establecidas que le permitieran profundizar en los temas que trata tan a la ligera. Marito, por el contrario, sí orienta a sus demonios y se convierte en un escritor de renombre.

Los demonios de Vargas Llosa son revestidos (como el *striptease* invertido) hasta poder crear ficciones convincentes y duraderas. La intención principal de Vargas Llosa es utilizar la parodia como medio directo para criticar las hipocresías de la sociedad peruana y de la Iglesia. Como autor, su comentario procede de su propia condición como peruano. Por eso, las obras camachianas critican la misoginia, la marcada división entre los géneros y los tabúes de la sociedad occidental, predominantes en el Perú.

Capítulo V

EL DETECTIVE ATRAPADO: PARODIA SOCIAL COMO NOVELA DE DETECTIVES

El segundo radioteatro (Cap. IV) de Camacho es el único que en *La tía Julia* adopta la forma de la historia policial.[1] Desde el principio del relato, a partir de la aparición del sargento Lituma,[2] un policía que cumplía su ronda nocturna en el puerto del Callao, se fija la identidad genérica de esta historia. La ubicación en la comisaría y la presencia de otros policías también favorecen la lectura del serial dentro del género detectivesco. Pronto nos enteramos que el sargento Lituma escuchó unos ruidos en un almacén y en su investigación descubrió a un individuo de raza negra de aspecto grotesco, quien además estaba completamente desnudo. Con el descubrimiento del negro en el almacén constatamos que nos hallamos ciertamente ante

---

[1] Amelia S. Simpson sostiene que "la ficción detectivesca siempre ha sido considerada como uno de los productos principales de la literatura popular. Es consumida por millones de personas en todo el mundo, pero también es tema de estudio, especialmente para los investigadores interesados en la narrativa formularia y sus bases ideológicas" (9; *Detective fiction has long been regarded as a staple of popular literature. Consumed by millions worldwide, it is also the subject of serious study by scholars, especially those interested in formulaic narrative systems and in popular culture and its ideological underpinnings*).

[2] El Sargento Lituma aparece desde el inicio de la carrera literaria de Mario Vargas Llosa. Es personaje secundario en el cuento "El visitante", que forma parte de la colección *Los jefes* (1959). Siete años después, en 1955, Lituma retorna como uno de los protagonistas de *La casa verde*. En *La tía Julia y el escribidor* es un héroe radioteatral. Luego de una breve incursión en *Historia de Mayta*, Lituma coprotagoniza en 1986 dos obras: el drama *La Chunga* y la novela policíaca *¿Quién mató a Palomino Molero?* Por último, es el personaje principal de la novela que lleva su nombre: *Lituma en los Andes*.

155

una obra sobre un posible delito y muy probablemente sobre el proceso de su elucidación posterior. En efecto, el sargento Lituma procede a esposar al sospechoso y lo lleva a la comisaría para procesar su arresto "por invadir la propiedad privada y por andar con los mellicitos al aire" (84). El negro es encarcelado mientras se averiguan los detalles del delito, pero la investigación policial, primitiva por cierto, no descubre nada, ni la procedencia del negro ni el idioma que habla. Al no hallar ningún quebrantamiento de ley y no saber qué hacer con el sospechoso, la superioridad ordena al sargento Lituma que lo asesine para así poder cerrar el caso.

En este serial, es fácil notar que los tres elementos básicos correspondientes a todo relato policial —el detective, el criminal y la investigación— se representan de manera ridículamente grotesca. Los detectives son simplistas e irracionales y se comportan de manera infantil. El criminal tiene una apariencia desvalida y se distingue por su docilidad. Peor aún, como está muerto de hambre, el comer parece ser su mayor y único interés. Además, como no ha ocurrido ningún delito, las acciones llevadas a cabo para aclararlo son escasas y elementales en extremo. De hecho, las indagaciones tienen lugar en la mente de los investigadores más que en la práctica. Los policías no se molestan en buscar pistas en el lugar del crimen, ni tampoco llevan a cabo los obligados procesos interrogatorios que podrían ayudarlos a resolver el misterio. Debido a estas transgresiones de las normas genéricas, la segunda historia de Camacho funciona como un comentario cómico del género detectivesco y en mi estudio será leído como una parodia de ciertas convenciones y problemas sociales a los que se alude dentro de un contexto policial. Para contextualizar mi explicación, primero haré una breve introducción del desarrollo de la novela policíaca en América Latina, y luego señalaré sus características más sobresalientes.

El género policial escrito por hispanoamericanos nació y se desarrolló en medio de una cantidad masiva de novelas y cuentos policiales de autores europeos y norteamericanos traducidos al español (Antonio Planells, 148). No obstante el predominio de lo extranjero, el género fue cultivado con asiduidad por escritores hispanos, principalmente en naciones como Chile, México y Argentina.[3] Estos tres países tenían el requerimiento esencial para la expansión del género: grandes áreas metropolitanas en las que existía un alto nivel de alfabetización e intelectualidad de los lectores, además de disponibilidad de tiempo libre para la lectura (Planells, 150; Donald A. Yates, xii).[4] Inicialmente, según Amelia Simpson, "la ficción detectivesca latinoamericana siguió la tradición extranjera y por eso lleva la marca de otras realidades culturales e históricas" (10; *detective literature developed in Latin America as an imported form that bears the imprint of other cultural and historical realities*). Muchos escritores se adaptaron a la circunstancia forastera del género usando pseudónimos ingleses y ubicando la acción en lugares que simularan las grandes ciudades de Nueva York, Los Ángeles, San Francisco y Chicago, entre otras (Simpson, 16; Jorge B. Rivera, *Relato* 15, 24). Tanto la cantidad como la naturaleza de los textos detectivescos escritos por latinoamericanos fueron determinadas, en parte, por el prejuicio del lector promedio, que estaba acostumbrado a las formas gringas. Este acondicionamiento se reflejó en las casas editoriales, que se mostraban reacias a publicar ficción detectivesca de autores nativos, debido a la incertidumbre de su comercialización (Simpson, 19). Yates afirma que dichas consideraciones comerciales "prescribían que los autores hispanoamericanos

---

[3]   En Chile apareció el primer detective literario hispanoamericano, "Román Calvo, el Sherlock Holmes chileno", de Alberto Edwards (Planells, 148). El escritor Antonio Helú es el responsable del desarrollo del relato detectivesco en México. Comenzó a escribir historias a principios de 1920. En 1925 publicó "Pepe Vargas al teléfono" y en 1946 la original colección de cuentos sobre el detective Máximo Roldán, titulada *La obligación de asesinar* (Planells, 149). En Argentina se publica en 1940 la primera novela policíaca hispanoamericana: *Con la guadaña al hombro* de Diego Keltiber, seudónimo de Abel Mateo (Planells, 151).

[4]   Yates explica que la literatura policial es esencialmente una ficción en prosa "lujosa", porque se dirige a un lector sofisticado urbano: "Como tradicionalmente se aleja de la realidad cotidiana, no es de interés para las personas que luchan por subsistir. Es por ello que tanto en Latinoamérica como en el resto del mundo, la historia detectivesca prospera mayormente en las áreas metropolitanas" (xii; *Traditionally, it avoids direct contact with reality and therefore holds but little interest for people whose main daily concern consists of struggling with their environment to achieve a reasonable level of subsistence. Thus it is that in Spanish America, as elsewhere, the detective story prospers mainly in metropolitan areas*).

escribieran ficción policíaca similar al 'producto' angloamericano, al que se habían acostumbrado los lectores" (xiii; *dictated that the stories written by Spanish American authors resemble as much as possible the standard Anglo-American 'product' to which readers had become accostumed*).

Es paradójico que el género detectivesco latinoamericano evolucionara de la tradición extranjera, ya que existe una incompatibilidad fundamental en la yuxtaposición de la ideología del modelo foráneo, que defino más abajo, y la realidad histórico-social latinoamericana. Los principios democráticos de la sociedad, incluyendo los del proceso judicial, que el modelo clásico defiende, son incongruentes con los de las naciones latinoamericanas, en las que por lo común han existido gobiernos represivos y diferentes percepciones sobre la administración de la justicia (Simpson, 19-21). En muchos países latinoamericanos, a un sospechoso se le considera culpable hasta ser hallado inocente y no a la inversa, como debería ser. Rivera señala que basta con pensar:

> ... en una sociedad con otros *modus operandi* policiales, en la que los "detectives" privados son prácticamente inexistentes, en la que no se emplea el juicio por jurados, ni el sistema de investigación previa, ni se conocen prácticas del derecho angloamericano que son, muchas veces, la base de excelentes intrigas policíacas (*Relato 23*).

En términos generales, la ficción policial se puede definir como una narrativa "que debe tener por tema un asunto criminal, en el que se le asigna un papel importante a un detective, o a un personaje que actúa como tal" (Simpson, 10; *constructed around the solving of a crime problem, in which a detective, or a figure who carries out the functions of a detective is assigned a primary role*). José A. Portuondo explica que el conflicto primordial debe girar en torno a "un delincuente cuya existencia tiene que ser recreada, partiendo de los datos que un investigador extrae del contexto histórico y social en que se desarrollaron los hechos" (13). Añade este investigador que el hallazgo eventual

158

del delincuente restaura la armonía social rota por el delito, "ya sea porque su castigo satisface una deuda legal o porque el simple descubrimiento de la verdad y la explicación de los hechos devuelve su equilibrio racional al vivir colectivo alterado por el hecho inexplicado" (13). Dentro de este esquema básico se encuentran variantes que siguen el patrón formulario de dos modelos principales: el clásico, llamado en inglés *whodunit* o *puzzle-novel*, y en español, novela de enigma o relato-problema;[5] y el de la serie negra o novela dura, denominado *hard-boiled* en inglés (Simpson, 10).[6]

El patrón clásico empieza con un crimen misterioso, que se investiga y se resuelve siempre al final del relato (Simpson, 10).[7] "Enigma interesante, estructura bien gobernada, economía de recursos, pistas congruentes, explicación clara y convincente, adecuada dosis de tipismo o exotismo y muy poco más" son ingredientes suficientes "para retener la atención del lector a lo largo de un centenar y medio de páginas y asegurarse, de paso, su lealtad consumidora", explica Rivera (*Relato* 29). El patrón clásico es una representación alegórica del código de Hammurabi, sexto rey semita de Babilonia (¿1730-1685? a. de J. C.), que predicaba la estabilidad y continuidad del statu quo: "Proporciona un punto de vista tranquilizador de la sociedad,

---

5   Los orígenes del modelo detectivesco clásico se remontan a Edgar Allan Poe: "la trama, centrada en un crimen, utilizaba el método deductivo en la investigación. Su detective Auguste Dupin –hombre de intelecto superior, sagaz y de raciocinio infalible, de buena familia e independiente económicamente– sirvió de ejemplo en la ficción detectivesca clásica. Aunque se inició en los Estados Unidos, el modelo clásico se cultivó más asiduamente en el Reino Unido" (Simpson 10; *Poe's crime-solving plot, his focus on the deductive method as the principle of investigation and his creation of the detective Dupin –a man of superior intellect, shrewd and infallible reasoning, 'good' family, and independent means– set the example for the classic type of detective fiction. Although initiated in the United States, the classic model has been most widely cultivated in Great Britain*). Las historias detectivescas "El triple robo de Bellamore" y "El otro crimen" del uruguayo Horacio Quiroga se escribieron en honor a Poe y su investigador Dupin.

6   El modelo inicial del investigador *hard-boiled* fue Race Williams de Carroll John Daly. Este personaje se definió "por su dureza moral y física" frente a la violencia del crimen organizado. Continental Op, ideado por Dashiell Hammett a partir del relato *House Dick* (1923), fue otro famoso investigador de la seria negra (Javier Coma, 21).

7   Boileau-Narcejac explica que en toda novela policial existe una relación oculta entre el misterio y la investigación: "el misterio confiere a la investigación una extraña y maravillosa eficacia, en tanto que al mismo tiempo se opone una oscuridad particularmente terrible. El misterio y la investigación se generan mutuamente: el primero cobra valor gracias a la segunda y viceversa; en el fondo no son más que dos aspectos complementarios y relacionados dialécticamente de una misma ficción" (14).

por medio de la secuencia mecánica crimen-solución" (Simpson, 11; *It provides a reassuring view of society in the mechanistic crime-to-solution sequence*).[8]

La novela dura empieza en los Estados Unidos en los años veinte, como reacción contra la visión excesivamente irrealista de la sociedad que el modelo clásico mostraba y como producto de las nuevas circunstancias sociohistóricas norteamericanas.[9] En Latinoamérica, recién hacia la segunda mitad de la década del 50, el cultivo de la ficción detectivesca tradicional también cedió paso al denominado "género negro". Hoy día ésta es la tendencia del género detectivesco hispanoamericano, que constituye "el reflejo de una época colmada de violencia, promiscuidad, discordias y decadencia moral" (Planells, 157). Como la moral es ambigua en el mundo hispano, y lo bueno no triunfa sobre lo malo, la ficción detectivesca se basa en trucos intelectuales y utiliza a autoridades corruptas como personajes.

El modelo de la serie negra básicamente se atiene al modelo clásico, pero se diferencia en varios aspectos: 1) contiene más acción que enredos; 2) la violencia y el sexo son menos censurados; 3) se introduce el tema del crimen organizado; y 4) predomina una visión cínica de la sociedad (Simpson, 12). John G. Cawelti considera que el modelo "negro" es la antítesis del relato-problema, "en el que el detective siempre demuestra que la corrupción es específica y aislada, en lugar de generalizada y endémica en la sociedad en que se desarrolla la historia" (147; *where the detective always shows that the corruption is isolated and specific rather than general and endemic to the social world of the story*).

---

[8]   Coma asevera que "la ficción policial heredó la costumbre europea, preferentemente británica, del itinerario deductivo en la resolución de un enigma; en el fondo, se trataba de la defensa de las propiedades y de la vida de la clase alta en un ambiente de refinados personajes, distinguidas mansiones y pulcros comportamientos" (20). Para Portuondo, la narrativa detectivesca "constituye una defensa de la legalidad burguesa vulnerada por el crimen", ya que lo corrigen siempre "dentro de las normas legales vigentes para la defensa de la sociedad burguesa haciendo que los conceptos de legalidad y de justicia coincidan plenamente" (8).

[9]   Ricardo Piglia sostiene que las circunstancias sociohistóricas que contribuyeron a la creación del nuevo género detectivesco en los Estados Unidos fueron las siguientes: la caída de la bolsa, las huelgas, el desempleo, la prohibición de la fabricación y venta de bebidas alcohólicas, el gangsterismo político, la guerra contra el contrabando de bebidas alcohólicas y la corrupción (Simpson, 12).

La ideología de la serie negra varía considerablemente de ficción a ficción, en contraste con la del modelo clásico, en el que predominaba la ideología dominante de la sociedad, ya que siempre se restauraba el statu quo al resolverse el crimen (Simpson, 12).[10] Javier Coma subraya la falsedad de una novela negra "que se alza propugnando la caza cruel del delincuente, la servidumbre a la doctrina política de las clases dominantes, y la adopción de medidas inequívocamente fascistas por presuntos justicieros públicos y privados" (16). Simpson arguye que, aun cuando algunos críticos aseveran que el relato negro es conservador —porque creen que el radicalismo de la tradición dura es nostálgico— el hecho es que los autores del relato negro, aunque echen de menos la sociedad ordenada y tradicional, presentan una sociedad caótica y fragmentada (14).

Es preciso notar que las definiciones de la literatura detectivesca varían de acuerdo al grado de desviación del canon básico de los dos modelos principales: el clásico y el de la serie negra. De éstos, el primero es el punto de referencia para cualquier discusión del género, ya que el de la serie dura se desarrolló como reacción al primero (Simpson, 14). Por ello, estudio la forma paródica del texto "detectivesco" de Camacho, basándome en la fórmula policíaca postulada por Edgar Allan Poe, el inventor del modelo clásico. Cawelti ha estudiado detenidamente los cuatro aspectos principales que definen el modelo detectivesco clásico, propuestos por Poe en sus cuentos "Los asesinatos de la calle Morgue" y "La carta robada": 1) intriga; 2) línea de acción; 3) personajes, y 4) trasfondo (80).[11]

---

[10] "La ideología conservadora y aristocrática del modelo clásico, que presenta el acto criminal como una aberración en una sociedad básicamente estable y segura, contrasta nítidamente con el antielitismo de la novela dura que muestra desconfianza hacia las instituciones y presenta el crimen como algo omnipresente" (Simpson, 12; *The conservative, aristocratic ideology of the classic model that presents the individual criminal act as an aberration in a basically stable, secure society contrasts sharply to the antielitism of the hard-boiled model with its distrust of institutions and its view of crime as all-pervasive*).

[11] Estudio en conjunto la línea de acción y los personajes —ingredientes 2 y 3 del patrón clásico— debido a su patente imbricación en el serial de Camacho.

La intriga, el primer elemento, usualmente es bastante simple. Se centra en un crimen por resolver, cuya única función es provocar la investigación que ayude a aclararlo. El enigma puede centrarse en la identidad y motivos del criminal o en conseguir la evidencia que pruebe su culpabilidad. El crimen es significativo en la medida que genere actividad investigadora y tenga la potencialidad de engendrar ramificaciones complejas (Cawelti, 81). Ya he establecido que en la historia de Camacho el hallazgo del negro desnudo provoca la investigación. Es decir, encuentran al "criminal" antes de enterarse si ha ocurrido algún crimen.

En la línea de acción, el segundo ingrediente esencial de la fórmula clásica, Cawelti identifica seis fases: 1) la introducción del detective; 2) el crimen y las pistas; 3) la investigación; 4) el anuncio de la solución; 5) la explicación de la solución; y 6) el desenlace. Explica que estas etapas no siempre aparecen en forma consecutiva y que, a veces, dos o más pueden ser combinadas en una (81-82). En la explicación de los personajes –la tercera condición principal del modelo clásico– Cawelti señala que la relación entre el detective y los otros personajes (víctima, criminal y cualquier otra persona conectada con el crimen) debe ser de distanciamiento, para asegurar que el detective siempre ocupe el lugar primordial de la historia (Cawelti, 94).

El relato de Camacho empieza como cualquier historia policíaca, con la introducción del detective –el sargento Lituma– a través de una descripción que subraya su habilidad detectivesca, sus cualidades morales superiores, así como su gran valentía. Según el narrador, el sargento había demostrado su competencia y valor en las innumerables y peligrosas tareas realizadas en el ejercicio de su profesión, que le habían ganado el respeto de toda la Guardia Civil:

> ... había servido en las Comisarías más sacrificadas sin quejarse y su cuerpo conservaba algunas cicatrices de sus batallas contra el crimen. Las cárceles del Perú hervían de malhechores a los que había

162

calzado las esposas. Había sido citado como ejemplo en órdenes del día, alabado en discursos oficiales, y, por dos veces, condecorado: pero esas glorias no habían alterado su modestia, tan grande como su valentía y honradez. Hacía un año que servía en la Cuarta Comisaría del Callao y llevaba ya tres meses encargado de la más dura obligación que el destino puede deparar a un sargento en el puerto: la ronda nocturna (77).

Esta lista inicial de atributos deseables hace de Lituma un personaje serio y admirable, sugiriendo que es un experto en asuntos policiales. Su descripción concuerda además con la del detective del relato clásico, que se utiliza para establecer "la competencia del héroe y darle al lector la confianza de que, no importa cuán graves sean los peligros y los obstáculos, el héroe siempre saldrá vencedor" (Cawelti, 82; *the hero's special competence and give the reader confidence that, however great the obstacles and dangers, the hero will be capable of overcoming them*).

Irónicamente, la aparente elección de un detective "valiente" y "eficaz", como Lituma, transparenta la clave paródica del texto. Generalmente se espera que el investigador sea "intelectual" y que posea un raciocinio y una capacidad de deducción superiores. Los famosos detectives Sherlock Holmes de Conan Doyle, Auguste Dupin de Poe, o Robert Ironside (representado por Raymond Burr) y Columbo (Peter Faulk) de las series de televisión más contemporáneas constituyen figuras ideales del detective clásico. Pero el narrador de este serial no sólo no le otorga a Lituma un intelecto superior, sino que relata sus métodos indagatorios de una manera cómica, que contrastan con el ánimo y la gloria que se le confiere. Al principio de la historia, cuando el sargento Lituma —quien no se distingue por su físico atractivo— escuchó los ruidos sospechosos en el depósito del Terminal Marítimo, "casi" se asustó: "Sólo casi, pensó, porque tú no has sentido miedo ni sentirás, tú no sabes cómo se come eso, Lituma" (81). Después de descartar la idea inicial de que el ruido podría haber sido causado por una rata o un gato, Lituma sospechó que podría tratarse de un ladrón y decidió investigar por su cuenta, sin buscar refuerzos: "no necesitaba a nadie, se bastaba y se sobraba. Si eran varios, peor para ellos y mejor para él" (82). No obstante su demostrado valor, Lituma procede de manera irrisoria. Entra al almacén torpemente: "a cuatro patas y gateando, ágil a pesar de sus años" (83) y para engañar al "ladrón" gritó, como si se dirigiera a otras personas: "Rodéeme este almacén con sus hombres, cabo. Si alguno trata de escapar, fuego a discreción. ¡Rápido, muchachos!" (83). Para que su mentira fuese más convincente y para asustar más al supuesto delincuente, Lituma actuó teatralmente (como cuando Camacho graba los seriales), corriendo de un lado a otro para producir sonidos que simularan la presencia de varias personas: "Y, para que fuera más creíble, dio unas carreritas de un lado a otro, zapateando fuerte. Luego pegó la cara al tabique del depósito y gritó a voz en cuello: —Se amolaron, les salió mal. Están rodeados. Vayan saliendo por donde entraron, uno tras otro. ¡Treinta segundos para que lo hagan por las buenas!" (83). Su actuación más parece tomada de un juego de niños que de un acto policial serio y hasta el propio sargento se encoleriza consigo mismo: "Estás hecho un payaso, Lituma", pensó (83). Pero a pesar de su grotesca actuación, Lituma muestra un tipo de astucia que más parece viveza criolla que el intelectualismo de los grandes detectives Holmes, Dupin, Ironside y Columbo.

Cawelti señala que una característica clave del detective del relato-problema es su objetividad con relación al crimen que trata de esclarecer. Este alejamiento se logra por medio de la narración en tercera persona, que no sólo no distrae al lector, sino que evita que penetre en el proceso mental del detective, imposibilitándole así participar en el proceso de deducción que podría permitirle resolver el crimen prematuramente (83).[12] En el relato de Camacho, también hay un narrador en tercera persona, pero curiosamente y como se ha

---

[12] El escritor también utiliza la técnica de no revelar los pensamientos del detective por otras razones: 1) para presentar una solución dramática y un clímax sorpresivo; 2) para manipular las simpatías y antipatías del lector por los varios sospechosos; y 3) para evitar la identificación entre el lector y el detective (Cawelti, 84).

visto, la narración contradice una norma del género policial al atisbar en la mente del detective, lo que, según Cawelti, no debe ocurrir (83). Entonces, al hacerlo, Camacho, el escritor de este *whodunit*, evidencia una estructura textual risiblemente deficiente, que pone en peligro la inteligencia del detective y la necesaria demora de la solución del enigma. Hay que aclarar, sin embargo, que la revelación de las opiniones de Lituma respecto al crimen no ilumina al lector. Es fácil observar que sus deducciones son extremadamente simples y que se limitan a tratar de justificar la "locura" del delincuente: "Sí, pensó el sargento, es un loco" (87); y más tarde, "¿Se habría escapado del manicomio? Pero el Larco Herrera [hospital psiquiátrico] estaba tan lejos que algún guardia o patrullero lo habría visto o arrestado" (92). En otra ocasión, el narrador devela los pensamientos de Lituma con el único pretexto de detenerse a proveer datos morbosos, que tampoco contribuyen a aclarar el enigma de su presencia en el almacén: "¿Y esas cicatrices? ¿Se las habrían hecho a cuchillo? Miéchica, eso sí que dolería, como quemarse a fuego lento. Que a uno le vayan haciendo heridita tras heridita hasta embadurnarle la cara de rayas, carambolas" (92). Estos burdos razonamientos del sargento-investigador no concuerdan para nada con los del detective ideal, un personaje brillante "...que parece tener casi un poder mágico para poner al descubierto los secretos más profundos" (Cawelti, 94; ... *who appears to have an almost magical power to expose and lay bare the deepest secrets*).

Además de Lituma, en este segundo serial aparecen otros policías que se ocupan del caso. También a ellos se les presenta paródicamente. Para empezar, ya sus nombres y apodos, extravagantemente cómicos, los rebajan de categoría: "Mocos" Camacho, "Manzanita" Arévalo, "Chato" Soldevilla, "Choclo" Román y "Manitas" Rodríguez. Además, se les describe como filisteos grotescamente infantiles que harían dudar a cualquier lector sobre su capacidad para resolver lógicamente ningún asunto. El encargado de la Comisaría y "superior" de Lituma, el teniente Jaime Concha, tenía predilección por las historietas cómicas ilustradas y pasaba el tiempo leyendo el Pato Donald, Supermán y Mandrake. Su nivel intelectual se limita al de los chistes, que utiliza para resolver enigmas policiales. Con orgullo le comunica a Lituma que la lectura de una historieta cómica le ha revelado un dato importante sobre el negro: "Ya sé a quién se parece —sonrió feliz, mostrando a Lituma el alto de revistas multicolores—. A los negros de las historias de Tarzán, a los del África" (90). La puerilidad de los guardias Mocos y Manzanita se hace patente en su hábito de pasar el tiempo en la comisaría jugando a las damas chinas (87). Al guardia Manitas Rodríguez, Lituma "le sorprendió jugando a la rayuela, solito, en la oscuridad. Saltaba muy serio de cajón en cajón, en un pie, en dos..." (91). Otros policías, igualmente irresponsables, pasan el tiempo visitando bares y prostíbulos en lugar de cuidar el orden. En su búsqueda del Choclo Román, Lituma pensó que estaría "en el Happy Land, o en el Blue Star, o en cualquiera de los barcitos y prostíbulos de marineros... en esa callecita que los chalacos lengualargas llamaban la calle del chancro" (81). Oculta tras la parodia de los detectives, subyace una fuerte crítica de la policía peruana, institución que, por percibirse como incompetente, cínica y corrupta, provoca desconfianza entre los ciudadanos.

El segundo elemento principal de la línea de acción: el crimen, que en esta historia se presenta inmediatamente después de la introducción del detective, es el que estudio a continuación. El que un crimen sea efectivo, explica Cawelti, depende de dos factores que mantienen una relación paradójica entre sí: "Primero, el crimen debe estar rodeado de pistas tangibles que revelen la existencia de un agente responsable por él y, segundo, debe parecer insoluble" (84-85; *First, the crime must be surrounded by a number of tangible clues that make it absolutely clear that some agency is responsible for it, and, second, it must appear to be insoluble*). El tratamiento del crimen en la historia de Camacho se presenta de manera cómica por su falta de verosimilitud. Tenemos a un sospechoso, el negro calato a quien Lituma descubrió en el almacén, pero no sabemos que haya cometido ningún crimen. Tampoco se proveen claves que ayuden a poner la situación en claro. Es más, sin hacer ninguna pesquisa policial, y provocado por su propio racismo, Lituma de inmediato reconoce al negro como criminal. En su mente, el negro es culpable a menos que logre probar su inocencia. En ningún momento el sargento reflexiona sobre la posibilidad de que el negro pudiera ser la víctima, que en el género policial, aunque sea el personaje de menos interés, según Cawelti, es el motivo de la actividad indagatoria (91). Así, en el texto camachiano, en la formulación inicial del problema, la identidad del criminal es el negro. Pero, para el lector, el crimen y el criminal son dudosos, así como lo es también la posibilidad de que existan pistas que ayuden a resolver algo que no ha ocurrido. El narrador cuenta que Lituma llevó al negro a la comisaría por estar desnudo, pero que ni los mismos policías sabían qué hacer con él: "¿Hago el parte por robo, por invasión de propiedad, por conducta inmoral o por las tres cosas?" (88), pregunta el propio sargento a su superior. La raza negra del sospechoso basta para que la sociedad peruana lo tilde de criminal inmediatamente. Marvin Lewis (1984) nota que la representación vargasllosiana negativa de los personajes africanos constituye un reflejo de las percepciones racistas negativas en el Perú actual. Por ser diferente y de otra cultura, el supuesto delincuente (el negro) provoca comentarios negativos estereotipados entre los detectives. En el texto, es un pobre diablo a quien no se le asigna ni nombre propio, aunque lo tenga en su país y en su propia lengua. Simplemente es "el negro" y "el zambo" o a veces "el fantoche" (86), "el calato" (92) o "el cutato" (93). Sin embargo, a este sospechoso casi insignificante, se le confiere una prominencia textual destacada en lo que respecta a su aspecto físico. Camacho se deleita en reiterar detalles morbosos, que aluden a la indiferencia del negro por no llevar ropa, sin tener en consideración que en muchas tribus de negros o de indios lo natural es andar desnudo. En los ojos de la cultura occidental, sin embargo, son percibidos como bárbaros y primitivos. Cuando el sargento Lituma encontró al negro se sobresaltó por su aspecto miserable y asustadizo y le llamó la atención que no se inmutara por estar desnudo: "Estaba calato, sí, tal como lo habían parido: ni zapatos ni calzoncillos, ni camiseta, ni nada. Y no parecía tener vergüenza ni darse cuenta siquiera que estaba calato, porque no se tapaba sus cochinadas que le baileteaban alegremente a la luz de la linterna" (84). También Lituma observa que la piel del negro era muy oscura y que estaba excesivamente delgado, aludiendo así a una realidad extratextual –la desnutrición predominante, sobre todo en la población infantil, en el Perú y en varios otros países latinoamericanos y africanos en vías de desarrollo–: "... tan flaco que en la penumbra Lituma distinguía las costillas hinchando el pellejo y esos canudos que eran sus piernas, pero tenía un vientre grandote que se le rebalsaba sobre el pubis, y Lituma se acordó inmediatamente de las esqueléticas criaturas de las barriadas, con panzas infladas por los parásitos" (84-85). El narrador intensifica las descripciones descarnadas del patético personaje y deforma la estampa del negro, revelando así su discriminación racial. Opina que todos los negros son feos e inferiores, y que se asemejan más a los animales que a los seres humanos. Nos informa que el "zambo" tenía "cicatrices que le veteaban los hombros, los brazos, la espalda" (85) (que podría habérselas hecho adrede para parecer más atractivo); además, "bajo la mata de pelo pasa apelmazado, esos ojos sobrecogidos, esas cicatrices horribles, esa enorme jeta de la que sobresalía un único largo y afilado diente–, volvió a lanzar ese híbrido, incomprensible, inhumano alarido..." (85); y para redondear la desagradable figura del negro asegura que "tenía un olor indefinible, a alquitrán, acetona, pis y gato" (86) (resultado tal vez de haber estado abandonado en la bodega de un barco o en el depósito) y que "hacía ruidos con la boca, un murmullo indescifrable, un ronroneo, un bisbiseo, algo que parecía tener que ver más con pájaros, insectos o fieras que con hombres" (86) (que tal vez sean palabras en su propio idioma, que el detective no entiende). Cuando los policías de la comisaría lo ven por primera vez se preguntan si ese "espantapájaros" es "hombre, animal o cosa" (87). La insistencia descriptiva en el patetismo del supuesto criminal puede leerse como un problema de enfoque estructural porque, según Cawelti, si el escritor "se interesa demasiado en su motivación y en su carácter, arriesga el surgimiento de una complejidad emocional y temática que podría subvertir las normas del género (92; ... *becomes too interested in his motives and character, he risks the emergence of an emotional and thematic complexity that could break up the formula*), pero en este radioteatro tiene mucho que ver con el racismo y también con que los policías se dan cuenta de que tal vez no es un criminal sino una víctima, pero deciden eventualmente ignorar este hecho. Creo, sin embargo, que el negro no llega a atraer la simpatía del lector, porque su aspecto físico patético le deshumaniza, convirtiéndolo en un objeto que ni siquiera puede comunicarse con los otros personajes, porque ni le entienden ni hacen el esfuerzo por entenderle.

Por otro lado, la figura del inocuo negro no coincide en absoluto con la del "malo", que define al criminal (Cawelti, 92). Las descripciones de las escenas grotescas en torno a este "delincuente" subrayan no su maldad, sino el gran hambre que lo agobia. Por lo normal, le gustaba masticar como moledora los panes duros de la despensa de la comisaría (98) y en cierta ocasión se precipitó sobre un sándwich a medio comer (89). La docilidad es otra característica asociada con este "peligroso" individuo. Nunca intenta huir. Hasta cuando lo llevan al basural para asesinarlo, Lituma nota su falta de animosidad: "Lo veía, un segundo, cruzando el macilento cono de luz de algún farol y siempre estaba igual: moviendo las mandíbulas con seriedad y caminando al ritmo de ellos, sin el menor indicio de angustia. 'Lo único que parece importarle en el mundo es masticar', pensó Lituma" (100-01). Todos estos comentarios refuerzan la idea de que Vargas Llosa utiliza la parodia para mostrar el racismo, el abuso policial y el trato injusto que se lleva a cabo cuando una persona no responde al modelo social esperado.

Al estudiar la novela policial, Gonzalo Navajas ha notado que la minuciosidad y el detalle con que se introduce a los protagonistas sirven para caracterizarlos más claramente:

> ... son un indicio de que el texto se adhiere a la creencia de que la acumulación de pormenores definitorios de la apariencia de la persona nos da la persona misma, que el espejo de la ficción devuelve una imagen exacta y fiable de la exterioridad que representa. Cuando más hechos le agreguemos a un personaje más lo conocemos: el detalle tangible y fáctico se revela como un sustituto de la investigación más insegura del territorio indeterminado e invisible de la conciencia ("Modernismo" 223).

Podemos comprobar esta precisión detallista en la presentación de Lituma, de quien se incluyen numerosos datos biográficos, además de la ya mencionada descripción de su físico y carácter. Entre otros detalles, nos enteramos que vive en la calle Colón, que no es casado, que come en el mercado, en el puesto de doña Gualberta, y que su mejor amigo es Pedralbes. También se incluyen descripciones concienzudas de los otros detectives y del "criminal". La presentación del ambiente también se asocia con una visión representativa del mundo limeño. Los detalles se acumulan en la descripción realista de la zona urbana que el sargento Lituma recorre. Por ejemplo, Lituma encontró a un colega "en la esquina que mira al Frigorífico Nacional [almacén de carnes]" (79). En otra ocasión, Lituma describe la trayectoria que ha de seguir: "Se fijó en el itinerario: subir por la calle Carlos Concha hasta Contralmirante Mora y luego bajar la avenida hasta el cauce del Rímac y seguir con el río hasta el mar. Calculó: tres cuartos de hora para ir y volver, una hora a lo más" (99). Y se mencionan con precisión avenidas –Manco Cápac, Sáenz Peña, Argentina– y lugares, tales como la Factoría de Guadalupe, los depósitos del Terminal Marítimo, etc., que podrían hacer pensar al lector que esta información exacta va a contribuir a resolver el enigma, pero que conllevan otra intención importante: precisar el mundo limeño con la intención de criticarlo. Ahora bien, al concluir la lectura, es fácil notar que aunque esta información exacta indica que el narrador de *La tía Julia* conoce bien las opciones formales de la literatura detectivesca, la usa para parodiar el género, porque en el texto resulta inútil para resolver un crimen inexistente, pero también expone la realidad peruana, donde los abusos son perpetrados por las autoridades. Sugiere también que Camacho, quien pierde la concentración debido a su condición mental, pudiera haber tomado un proyecto de escritura demasiado difícil. Evidentemente, el narrador del serial se preocupa más por mostrar asuntos morbosos y por hacer resaltar las cualidades físicas del incapaz Lituma, del desconocido negro y de los entretenimientos infantiles de los policías, que por establecer el desarrollo del hilo detectivesco. Este énfasis del narrador se opone al de la novela policial, cuyo objetivo primordial es presentar un mundo identificable y descifrable para el lector, con el fin de poder practicar sobre él "la lógica todopoderosa de la deducción, que disuelve las ambigüedades y el misterio" (Navajas, "Modernismo" 223). Pero esta resolución no ocurre en el texto de Camacho, como veremos al estudiar el tercer elemento de la línea de acción que es la investigación.

La indagación se basa en dos componentes: el crimen y las pistas, a los que se añaden testigos, sospechosos y posibles soluciones que dan la apariencia de aclarar el misterio, pero que en realidad lo enredan hasta llegar a una dificultad casi insuperable en la que el lector se siente como si estuviese perdido en un mar de evidencia. Cuando se llega a este punto, el detective debe entrar en acción y aclarar el enigma utilizando su gran intuición y capacidad de raciocinio (Cawelti, 85).[13] La función investigadora del relato que pospone la resolución del enigma, es utilizada con el propósito de "producir el incremento del deseo en el lector en la progresión de la lectura y acelerar así su avance hacia el final de la novela" (Navajas, 224). En este texto el único crimen es el que comete la policía contra el negro cuando lo asesinan al final. ¿Quién es el negro? y ¿por qué está aquí? es el misterio que deberían tratar de aclarar los detectives. Sin embargo, en lugar de hacerlo, investigan algo que no ha ocurrido y además lo hacen rudimentariamente ya que no se ofrece ningún tipo de información que contribuya a su resolución. En primer lugar, el negro no se puede comunicar con nadie porque no habla español, el idioma de los detectives. Los jefes, actuando como debían, es decir, "responsablemente", trataron de hablar con él "en todos los idiomas: el inglés, el francés, hasta el italiano" (100) y como no entendió ninguno, porque obviamente no pertenecía al mundo de estas lenguas, concluyeron que era un salvaje africano. El impedimento lingüístico imposibilitó cualquier intento de interrogar al negro para esclarecer el "caso", que en la mente de los policías se trata de un crimen (inexistente) cometido por el negro. Tampoco hay ningún cuerpo del delito, ninguna evidencia, ningún testigo ni ningún otro sospechoso. Por lo tanto, la expectativa creada en torno a la procedencia del negro y la sugerencia de su posible implicación en un crimen, que podrían haber sido usados para intensificar el enigma que el género policial requiere, no se desarrollan en este *antiwhodunit*. El negro viene a ser un pretexto utilizado por el narrador para hacer resaltar la capacidad "superior" del protagonista Lituma, pero también es excusa para subrayar la falta de escrúpulos, la incompetencia y la inmoralidad condenable de la Policía Nacional.

---

[13] Además de proveer la solución final y aclarar el misterio, el detective exonera a aquellos personajes sospechosos, pero inocentes, con quienes el lector podría haber simpatizado (Cawelti, 86).

Puesto que la acción del relato-enigma del cuento policial se centra en la investigación del misterio, el anuncio calmado del detective (cuarto elemento) de que ya ha encontrado la solución es un momento climático que se presenta por lo general de forma dramática. Cuando la solución se anuncia, lo que parecía caótico y confuso se revela como claro y lógico (Cawelti, 87).[14] Asimismo, la explicación (quinto elemento) es importante porque el detective analiza en detalle el razonamiento que le llevó a la solución y revela por qué fue cometido el crimen (Cawelti, 87-88). Ahora bien, estos dos elementos, el anuncio y la explicación del crimen (que ocurren simultáneamente en el texto de Camacho), no se presentan convincentemente. El enigma simplemente no se resuelve. En ningún momento se ofrece una respuesta razonable a las múltiples interrogantes que el descubrimiento del negro generó. No hay indicios de que el sargento Lituma hiciera una investigación del almacén en que encontró al negro ni que interrogara a la gente que vivía por allí con el fin de encontrar alguna pista. Lituma se limita a hacerse varias preguntas a sí mismo —si el negro se habría escapado del manicomio; cómo se habría hecho las heridas; de dónde procedería— y a comentar el caso con sus amigos. "Soluciona" el caso cuando su amigo Pedralbes, después de escuchar el cuento del negro, le responde con una explicación que más parece el esquema de un cuento exótico de aventuras, que una solución plausible al misterio: "Es un salvaje del África que vino de polizonte en un barco. Hizo el viaje escondido y al llegar al Callao se descolgó de nochecita al agua y se metió al Perú de contrabando" (95). Esta "solución" improbable contribuye a que la duda y la inseguridad sigan operando indefinidamente en el relato, alejándolo de la lógica racional característica del género detectivesco, y

---

[14] "Las novelas policíacas concluyen de modo esclarecedor. Procuran una solución abierta, sólida, inequívoca. El texto queda clausurado y, con él, la incertidumbre precedente" (Navajas, 228).

subraya la ineptitud e incompetencia de la Guardia Civil,[15] que opta por matar al negro, en una parodia abierta de la incompetencia de los policías.

Navajas asevera que el género policial se orienta esencialmente a clarificar lo oscuro y a restituir coherentemente el orden: "Por esa razón, es posible identificar una historia principal que predomina sobre otras historias y elementos secundarios. Un propósito jerárquico determina la forma" ("Modernismo" 226). Este mismo crítico añade que la forma detectivesca debe depender de la razón "de manera esencial y asentar sobre ella el desarrollo y desenlace satisfactorio de la acción. Por encima del instinto y la violencia del criminal prevalecen categorías universales de naturaleza racional" ("Modernismo" 227). La narrativa de Camacho no comparte la complicidad con la razón de la que habla Navajas. Por el contrario, el mundo que presenta se caracteriza por la irracionalidad y con frecuencia por la ignorancia. Ya se ha mencionado que los policías son filisteos que actúan de modo irresponsable y nada profesional. El que la ocupación primordial de un adulto sea leer historias cómicas ilustradas y jugar a las damas chinas y a la rayuela, descuidando sus responsabilidades, muestran un comportamiento no sólo cínico sino infantil. Más escandaloso aún es su comportamiento hacia el negro. Ninguna persona racional asesina a otra por no saber qué hacer con ella.

El lector perspicaz de *La tía Julia* se da cuenta que la falta de lógica racional se debe a que en todas las obras de Camacho se inmiscuye un elemento poderoso e incontrolable: sus demonios. Indudablemente, el racismo con la injusticia social implícita en él es el "demonio" vargasllosiano que motiva esta historia. El hecho de que el "criminal" sea negro, aun cuando no haya cometido ningún cri-

---

[15] Por su ocupación de guardia civil se puede deducir que Lituma forma parte de una clase social marginada, ya que en el Perú los guardias son mal remunerados y despreciados. Hasta una prostituta se avergonzaría de ser vista en la compañía de uno. Meche, un personaje de *Lituma en los Andes*, le advierte a su protector Carreño: "Si alguna vez te viera vestido de guardia civil me moriría de vergüenza" (158).

men, es suficiente para asignarle culpa. A Lituma no se le ocurre pensar ni por un segundo que el negro podría ser una víctima; su idiosincrasia racista le impele a asumir algo que no es racional. Otros demonios camachianos son los causantes de que el escribidor se aleje del argumento central, que inició con convicción. Pronto aparece entreverado con una multiplicidad de tramas divergentes o escasamente relacionadas con la línea narrativa principal. Así, la historia del misterioso negro llega a hacerse marginal, y queda opacada por las amplias secciones del texto dedicadas al recuento de otros sucesos, claves para comprender el texto y la praxis literaria de Camacho: la biografía del sargento Lituma representa la obsesión de Camacho por los protagonistas cincuentones con "rectitud de carácter"; la insistencia en mostrar detalladamente los grotescos rasgos físicos del negro demuestran el gusto camachiano por lo morboso y su prejuicio racial; y la descripción de los entretenimientos de los policías sirven para poner de relieve la ineptitud de esta institución. El núcleo del texto se aleja de la investigación en torno al asesinato hasta tal punto que la investigación se disipa y llega virtualmente a extinguirse. Esta pérdida de focalización desobedece terminantemente un rasgo determinante del género detectivesco, en el que se encuadra este serial, a la vez que parodia al autor del serial.[16]

En la novela de detectives, el desenlace es obviamente la sección final de la línea de acción y consiste en la captura y confesión del criminal (Cawelti, 90). Al final del relato camachiano, la ruptura de las leyes del juego detectivesco se evidencia aún más claramente, ya que a este punto final es cuando se comete el verdadero crimen. El

---

[16] En *¿Quién mató a Palomino Molero?*, cuya trama se centra en el cruento asesinato de un joven avionero, Palomino Molero, Vargas Llosa también subvierte las normas genéricas a través de una estilización paródica. Crea el suspenso con dos historias que no se relacionan para nada con el crimen: primero, la fantasía amorosa del teniente Silva por una gorda cuarentona, y segundo, la supuesta historia de amor entre la víctima y su amada Alicia Mindreau, hija de un Coronel de la Fuerza Aérea. En vez de investigar el caso, seguir pistas, entrevistar testigos, usar la lógica, el detective, también llamado Lituma, va supliendo la falta de datos y secretos con divagaciones amorosas que le permiten superar su condición baja, igual que lo que les ocurre a los Inconquistables (incluido Lituma) en el drama *La Chunga*.

sargento Lituma asesina al negro fríamente, sin intentar siquiera cuestionar la moralidad del acto. Este desenlace no se nos dice sino que lo adivinamos, ya que el texto no define un final cerrado por tratarse de un serial que, como todos, termina con interrogaciones al final para cautivar al público. Deducimos el desenlace del comentario revelador que Lituma le hace al otro policía, sobre su adhesión ciega a las órdenes de sus superiores:

> —Se me ocurre una cosa, mi sargento —a Arévalo le chocaban los dientes como si estuviera helándose—. Dejémoslo que se escape. Diremos que lo matamos y, en fin, cualquier cuento para explicar la desaparición del cadáver...
> Lituma había sacado su pistola y estaba quitándole el seguro. —¿Te atreves a proponerme que desobedezca las órdenes de los superiores y que encima les mienta? —resonó, trémula, la voz del sargento. Su mano derecha apuntaba el caño del arma hacia la sien del negro (103).

Al imponer un giro inesperado a una estructura racional y a un planteo que generalmente atrae por ser matemático, Vargas Llosa juega con la característica más esencial del desenlace detectivesco. Este desenlace imprevisto subraya la apoteosis del fracaso de la razón, la compasión y la justicia: el guardián del orden, Lituma, es el criminal. Como resultado de este homicidio, el sargento se transforma en el reverso o la contrapartida del detective clásico quien lucha por la justicia, subrayando nuevamente el narrador la inmoralidad y la incompetencia policial, cometidas muchas veces para favorecer a los ricos y poderosos. En este texto, el "cazador" Lituma es, irónicamente, "atrapado" por un sistema social corrupto, ya que en lugar de rebelarse contra sus superiores, el guardia escoge actuar en complicidad con ellos, insinuando el mundo al revés del carnaval. Cualesquiera sean sus motivos —cobardía, falta de carácter, falta de valores— el hecho es que Lituma se adhiere sin reservas a los principios corruptos de su medio. Su actuación apunta hacia la resignación fatalista ante la corrupción del sistema social vigente, pero más aún, al llevar a cabo

176

un acto injusto e inmoral, Lituma se hace cómplice de los impudentes que creen en la necesidad de cometer ciertos crímenes para esconder otros, como la injusticia, la inmoralidad, la falta de competencia profesional, la pereza, y la corrupción de los poderosos. En cierto grado, Lituma es representado en el texto como la figura de un tipo de detective contemporáneo sugerida por Planells, que "suele tomar la ley en sus propias manos y, en su afán de aniquilar al delincuente, el perseguidor se transforma gradualmente en el perseguido, el detective termina siendo una grotesca variante del criminal" (158). De la moraleja implícita en esta radionovela, se puede deducir que Vargas Llosa afirma su actitud antagonista e irreverente hacia las autoridades y el sistema social que representan.[17]

Examino ahora el último aspecto del relato-problema. El trasfondo de la historia de detectives clásica ocurre en un espacio cerrado con varios fines: 1) perfilar a los sospechosos y las pistas; 2) crear suspenso; 3) abstraer la historia de la complejidad y confusión del mundo de afuera; y 4) evitar tener que tratar problemas de injusticia social. Puede tener lugar en un cuarto en medio de la ciudad, una casa aislada en el campo, etc. (Cawelti, 97). Por el contrario, en este serial, el trasfondo es abierto, urbano y de una pobreza miserable. Se desarrolla en un medio primitivo y marginado, regido por la corrupción, en el que abundan prostitutas y criminales. El texto, en todo momento, hace hincapié en la miseria del ambiente: los pasajes en los que se alude a la desintegración y el desamparo del medio son numerosos, como ocurre en la siguiente descripción de la barriada de Puerto Nuevo en El Callao:

---

[17] Cabe mencionar que, además de compartir el mismo detective –Lituma–, el serial de Camacho que analizo en este capítulo y ¿Quién mató a Palomino Molero? comparten en la trama los elementos de espanto, violencia y abuso del poder que contienen. Estos componentes en realidad forman la base de los valores de la sociedad peruana en que se desarrolla la intriga. Catherine R. Perricone asevera que en ¿Quién mató a Palomino Molero?, Vargas Llosa nuevamente ha manifestado una fuerte crítica de la sociedad latinoamericana y añade que al preguntarse "¿Quién mató a Palomino Molero?", Vargas Llosa ha preguntado inadvertidamente *Quis custodiet ipsos custodes? [Who will guard the guards?]"* (236). Se refiere aquí Perricone al hecho de que las personas que tienen el poder, los militares y los policías en este caso, están al margen de la justicia. En este sentido, esta novela sigue la línea filosófica esbozada originalmente en el relato detectivesco de Camacho.

Puerto Nuevo era el terror de los guardias y detectives del Callao porque en su laberinto de casuchas de tablones, latas, calaminas y adobes, sólo una ínfima parte de sus pobladores se ganaban el pan como portuarios o pescadores. La mayoría eran vagos, ladrones, borrachos, pichicateros, macrós y maricas (para no mencionar a las innumerables prostitutas) que con cualquier pretexto se agarraban a chavetazos y, a veces, tiros. Esa barriada sin agua ni desagüe, sin luz y sin pavimentar, se había teñido no pocas veces con sangre de agentes de la ley (78).

Del ambiente abrumador, Vargas Llosa escoge representar a personajes que son testimonio del embrutecimiento y corrupción del medio en que viven y que, desafortunadamente, representan la justicia. El mundo depravado e ineficiente de los policías refleja la brutalidad ambiental por medio del uso de un lenguaje vulgar, grosero y sin gracia, y por medio de los actos policiales, carentes de moralidad (pereza, indiferencia al trabajo, visitas a los bares y prostíbulos), que se exponen en el texto. La descripción de Puerto Nuevo que se acaba de mencionar, sirve para exponer la brutal diferencia de clases que existe en la sociedad peruana. La miserable descripción de la barriada contrasta con la descripción de lujo del primer serial (Cap. II), el de los incestuosos hermanitos Quinteros, quienes viven en una residencia elegante en el codiciado barrio de San Isidro.

Navajas explica que el lenguaje de la novela policíaca "requiere la transparencia, la rápida inmediatez comunicativa, sin desviaciones o rodeos figurativos. Debe quedar tan próximo al mensaje como sea posible" ("Modernismo" 228). Por un lado, el lenguaje coloquial del texto del escribidor se adhiere a este concepto del lenguaje y así facilita la comprensión de la intriga. Pero, por otro y en ocasiones, se nota el alejamiento de la transparencia verbal, sobre todo en los diálogos disparatados entre los policías y el sospechoso. Los llamo disparatados porque el negro ni siquiera habla castellano, sino que habla en una lengua, que por ser ajena a la de los policías, les hace pensar que el negro emite sonidos raros. Estos diálogos en realidad son monólogos, ya que el negro no participa en ellos:

–Es el hombre más flaco que he visto en mi vida –dijo Mocos, mirando los huesos del calato–. Y el más feo. Dios mío, qué crespos tiene. Y qué patas.

–Sácanos de la curiosidad –dijo el teniente–. Cuéntanos tu vida, negrito (88).

–¿Eres de los que se hacen los locos? –se interesó el teniente–. Estamos viejos para que nos metan el dedo a la boca. Cuéntanos quién eres, de dónde sales, quién era tu mamá.

–O te devolvemos el habla a soplamocos –añadió Manzanita–. A cantar como un canario, zambito (88-89).

–Se muere de frío –dijo Manzanita–. Le chocan los dientes como maracas.

–Las muelas –lo corrigió Mocos, examinándolo como una hormiga, muy de cerca–. ¿No ves que no tiene sino un diente, este colmillo de elefante? Pucha, qué tipo: parece una pesadilla (89).

Estos tres ejemplos de "comunicación" entre los policías y el sospechoso, en los que, por desconocer la lengua, no participa el negro para nada, muestran que Vargas Llosa trastoca otra característica esencial del género policial: la calidad comunicativa del lenguaje. Al mismo tiempo, subrayan la estrechez mental de los detectives, quienes son incapaces de imaginarse que el negro pueda hablar otro idioma más allá de los pocos que ellos conocen.[18]

No hay duda que este radioteatro presenta una fuerte crítica del racismo e injusticia sociales. Dicha crítica, implícita en todo el serial, se puede observar en varios pasajes, pero se acentúa al final, cuando Lituma lleva al negro a los basurales de las orillas del Rímac para

[18] La inhabilidad de los policías para comunicarse se evidencia aun con los mismos compatriotas. En *Lituma en los Andes,* el protagonista, también llamado sargento Lituma, investiga las desapariciones de tres individuos de la comunidad de Naccos, un pueblo remoto en la sierra peruana. La investigación le revela una visión extraña del mundo: los Naccos insisten en que las desapariciones son obra de los espíritus tutelares de la cordillera andina que, para aplacar su ira, demandan no sólo los sacrificios humanos sino también el canibalismo. En ese ambiente, aunque se trata de su mismo país, Lituma se siente extranjero. A veces ni entiende el idioma de los Naccos. Aunque en esta obra Lituma es donde mejor se desempeña profesionalmente como detective, su sentido de alienación lo obliga a alejarse de la perspectiva objetiva y a aceptar las convicciones sobrenaturales de los serranos. Al igual que en el serial de Camacho, Vargas Llosa lo emplea para mostrar realidades alternativas y la violencia en el Perú.

asesinarlo y donde, al mismo tiempo que los camiones de la Baja Policía descargan la basura, aparece un gentío para buscar algunas ganancias y su comida del día: "... una muchedumbre de niños, hombres, viejos y mujeres comenzaban a escarbar las inmundicias en busca de objetos de valor, y a disputar a las aves marinas, a los gallinazos, a los perros vagabundos los restos comestibles perdidos entre las basuras" (102). Otra instancia de crítica al sistema social ocurre cuando Manzanita le sugiere a Lituma que deje huir al negro ya que éste se las arreglaría para sobrevivir de alguna manera, como muchos de los vagabundos de la capital: "Que sea otro vagabundo, de los muchos que hay en Lima. Uno más, uno menos, qué más da" (101).

En este texto policial no se sugiere ninguna posibilidad de superación ni de reconstrucción del sistema injusto y corrupto que determina el desenlace desalentador de la historia. Frente a la degradación del medio, los intentos del sargento Lituma por interpretar el misterio de acuerdo a los parámetros de racionalidad establecidos por la novela de detectives clásica fracasan de modo irremisible. Se pregunta uno si Lituma y los otros policías siquiera conocen los parámetros y también, si los conocen, si están dispuestos a regirse por ellos como profesionales del crimen. El propio sargento acaba siendo absorbido por la injusticia general viéndose forzado a implementar un homicidio que nunca será investigado. Ni siquiera se sugiere que en algún momento será expulsado de una carrera policial que le ofrecía seguridad sino que, por el contrario, se le premiará por cumplir ciegamente con su deber: "La superioridad no se equivoca nunca" (97), piensa Lituma. Además, el teniente le había explicado ya al sargento que de hecho era un honor el ser escogido para llevar a cabo el homicidio: "—La superioridad sabe muy bien que se trata de un trabajo difícil y por eso te lo confía —dijo el teniente—. Deberías sentirte orgulloso de que te hayan elegido entre los centenares de guardias que hay en Lima" (97).

Lituma racionaliza su acción, convenciéndose a sí mismo de que matar al negro es la mejor decisión, porque de todas maneras se moriría de hambre, como muchos otros ciudadanos peruanos:

—Ya lo oíste al teniente –replicó Lituma–. La Guardia Civil no puede auspiciar el delito. Y si a éste lo dejas suelto en plaza no tendría más remedio que robar. O se moriría como un perro. En realidad, le estamos haciendo un favor. Un tiro es un segundo. Eso es preferible a irse muriendo de poquitos, de hambre, de frío, de soledad, de tristeza (101).

Es evidente que en este serial de *La tía Julia*, Vargas Llosa subraya y profundiza la relativa riqueza del relato popular a través de la alteración de los códigos del género detectivesco. El tratamiento paródico que elige Vargas Llosa en este radioteatro le permite ubicarse frente a los productos del circuito masivo de una manera nueva, brindándonos un texto que de alguna forma los rebasa, porque permite que el lector reflexione, desde el nivel de lo paródico, sobre temas sociales urgentes como la violencia, la moral, el poder y la corrupción del sistema social representado, y sobre la fragilidad de nociones humanísticas elevadas –la razón, la compasión y la justicia– a las que trata de aferrarse el ser humano.[19] La ironía implícita en la parodia sirve para brindar al lector la posibilidad de reflexionar sobre asuntos "serios" de una manera sutil.

Al subvertir los trucos de la construcción literaria, el texto de Camacho no rechaza absolutamente la convención básica del relato-problema (el desciframiento de un enigma según una clave verosímil) porque, aunque la pesquisa policial se basa en un "crimen" inexistente, los otros ingredientes del radioteatro –los policías, el "criminal"– apuntan hacia el género policíaco. Por ello, esta historia tam-

---

[19] "Al igual que la lírica o la dramaturgia, la narrativa policial puede llegar a expresar una visión revolucionaria, socialista, de la realidad", explica Portuondo (8).

poco defrauda las expectativas del público que disfruta de un "relato policial", a pesar de su falta de conformidad a los cánones, o tal vez sea debido a ella.

Capítulo VI

EL CABALLERO ANDANTE: PARODIA DE LOS LIBROS DE CABALLERÍA

A lo largo de su carrera literaria Vargas Llosa ha demostrado gran entusiasmo por la literatura caballeresca, tanto en sus estudios críticos como en sus ficciones. De sobra conocido es su libro *García Márquez: Historia de un deicidio* en el que examina la influencia de la tradición literaria de caballería sobre la narrativa de Gabriel García Márquez. Delator de su interés también lo es su ensayo "Martorell y el 'elemento añadido' en *Tirant lo Blanc*", que constituye el prefacio al texto *El combate imaginario: Las cartas de batalla de Joanot Martorell*. No sorprende por tanto que haya optado por experimentar formalmente una vez más con este género en uno de los seriales de *La tía Julia y el escribidor*. En efecto, la cuarta radionovela (Cap. VIII) coloca en primer plano temas y actitudes tomados de los libros de caballería. El héroe de este relato, don Federico Téllez Unzátegui, es un hombre valiente que, inspirado por una traumática experiencia infantil, decide modelar su vida sobre valores idealizadamente heroicos. Dicha experiencia fue la siguiente: un día, mientras dormía plácidamente en una hamaca, a orillas de un río en la región de la selva peruana llamada Tingo María, fue despertado por una invasión de ratas que le mordían el pie. Federico había quedado encargado de cuidar a su hermana recién nacida, pero debido al agobiante calor decidió dormir fuera de la casa, dejando a la pequeña sola dentro, durmiendo en su cuna. Federico se levantó rápido al sentir los mordiscos de las ratas y, con la ayuda de unos peones, consiguió ahuyentarlas con "antorchas, garrotes y patadas" (169). Pero, desgraciadamente, su hermanita no escapó de los salvajes animales, y murió convertida en el "plato fuerte del festín" (169). Este horrible y grotesco incidente, que le mereció varios azotes de castigo, propinados por su padre, despertó a Federico de su niñez y le inspiró su empresa de "ayudar" a otros a vencer al "enemigo".

Ahora bien, además de la obvia parodia de un argumento que imita las convenciones caballerescas, rebajándolas a niveles que provocan la risa, también la descripción física del caballero, es decir, del héroe, tanto como sus aventuras, sus amores, y otros elementos de la ficción caballeresca representados en esta historia, son inscritos burlonamente por Vargas Llosa. Asimismo, tal como se ha demostrado en los capítulos anteriores sobre el uso de otros géneros literarios para parodiar la sociedad peruana, es evidente que Pedro Camacho también proyecta sus demonios física e ideológicamente en esta historia. Es fácil notar que el aspecto de don Federico hace pensar de inmediato en Camacho, y también que su espíritu caballeresco es una deformación del carácter de su autor, quien a su vez parece ser la parodia de un caballero, por su actitud belicosa, su concepto del "honor" y la ingeniosa noción de su propio trabajo como una "misión" de gran importancia. En esta sección, interpreto la historia de don Federico como una parodia de un exitoso hombre de negocios, que Camacho escribe valiéndose de las normas del género caballeresco. En mi estudio, analizo simultáneamente dos asuntos: en primer lugar, la apropiación paródica de las convenciones literarias del género y, en segundo, Camacho y sus "demonios" como los resortes que motivan la escritura de esta radionovela, que parodian asimismo las obsesiones de Vargas Llosa en el mundo extratextual.

Me detendré primero brevemente en establecer la extensa y demostrada afición de Vargas Llosa por la ficción caballeresca.

El entusiasmo del novelista peruano por los libros de caballería data desde mediados de los años cincuenta, cuando estudiaba literatura en la Universidad Nacional Mayor de San Marcos en Lima. Su "espíritu de contradicción", confiesa el autor, lo impulsó a verificar en la biblioteca si los prejuicios de sus profesores contra las novelas de caballería, cuyo estudio se "liquidaba" en una clase, eran justos ("El último" 12). Para sorpresa suya, no sólo disfrutó inmensamente de la lectura de *Tirant lo Blanc* (1490) de Joanot Martorell, sino que esta obra lo convirtió en un lector empedernido de dichas novelas, aun cuando era difícil encontrar ediciones asequibles. Además, cuando las había, la letra microscópica de los libros de la Biblioteca de Autores Españoles y el papel transparente de los de la Aguilar, "amenazaban con dejar ciego al heroico lector" ("El último" 12). Después de esas lecturas, que juzgó fascinantes, el autor concluyó que una gran injusticia recaía sobre la gran originalidad del género literario caballeresco. Un género, explica Vargas Llosa, que a pesar de estar asociado a la literatura culta contenía en sí los gérmenes de la literatura popular:

> ... que produjo no sólo una literatura de consumo, para los apetitos convencionales de un público hambriento de acción, amores impolutos y sucesos maravillosos, sino auténticas obras de creación, que sentaron las bases de una narrativa de la que eran deudoras cosas tan disímiles como la novela romántica, el folletín de aventuras decimonónico y hasta los westerns cinematográficos ("El último" 12).

Su descubrimiento de las novelas de caballería también lo impulsó a estudiarlas concienzudamente y desde una perspectiva de crítica literaria. En especial importantes son sus ensayos dedicados al análisis de *Tirant lo Blanc*.[1] Rafael Mérida afirma que fue precisamente Vargas Llosa quien impulsó la difusión masiva de *Tirant lo Blanc* hacia un público "que en el mejor de los casos había oído hablar vagamente de ella [la novela de Martorell] en olvidados libros de texto" (56).

La noción de la realidad en el género caballeresco es lo que más llamó la atención de Vargas Llosa. Se trata de una realidad –amplia, completa, compleja– que reúne lo real objetivo y lo real imaginario en una indivisible, en la que convivían, "hombres de carne y hueso y seres de la fantasía y del sueño, personajes históricos y criaturas del mito, la razón y la sinrazón, lo posible y lo imposible" (*García Márquez* 177). Por eso, a Vargas Llosa le parece que el concepto de "irrealidad" atribuido a la novela de caballería es errado. Para él, la realidad representada en *El Caballero Cifar*, el *Amadís de Gaula* y *Tirant lo Blanc* es más completa que la de la literatura hispana posterior al *Quijote*, que se reconocía como "realista".[2]

Para Vargas Llosa, el concepto de realidad total característico del género caballeresco coincide con el de la narrativa de su propia generación, que también recoge la realidad objetiva y la imaginativamente subjetiva, en especial la literatura escrita en lengua española, cuya deuda con los libros de caballería es mayor debido a la popularidad, la variedad y la riqueza que este género llegó a tener en España (*García Márquez* 176-77). En el ensayo que hemos venido citando, *Gabriel García Márquez: Historia de un deicidio*, Vargas Llosa explica que *Cien años de soledad* (1967) es una obra que presenta "una

---

[1] Ver: Mario Vargas Llosa, "Martorell y el 'elemento añadido' en *Tirant lo Blanc*". Prefacio a Martín de Riquer y Mario Vargas Llosa. *El combate imaginario: Las cartas de batalla de Joanot Martorell*; "Carta de batalla por *Tirant lo Blanc*". Prefacio a Joanot Martorell, *Tirant lo Blanc*.

[2] Según Vargas Llosa, la ficción española "realista" abandonó la tradición caballeresca –por razones religiosas, históricas y culturales– a favor de una literatura que reprimía lo real imaginario, sometiéndose a lo real objetivo, a tal extremo, "que muchos historiadores cuya visión llega sólo hasta el Siglo de Oro afirmaban que la novela española fue siempre rigurosamente 'realista'" (*García Márquez* 176-77).

noción de 'realismo literario' totalizador que confunde al hombre y a los fantasmas del hombre en una sola representación verbal" (177). Por ello, atribuye a esta obra de García Márquez una gran significación, ya que representó: "... un desdeñoso desaire a siglos de pudor narrativo y la resurrección inesperada, en una novela de la lengua, del ambicioso designio de los suplantadores de Dios medievales: competir con toda la realidad, incorporar a la ficción cuanto existe en la vida y en la fantasía del hombre" (177).

En este mismo estudio, el autor establece paralelos entre *Cien años de soledad* y la ficción caballeresca. Estos son: 1) la realidad amplia; 2) la sucesión de episodios; 3) el héroe caballeresco que realiza las proezas más inverosímiles; y 4) la presencia del mago (*García Márquez* 179). Similitudes semejantes se pueden establecer también entre la ficción vargasllosiana y la caballeresca. Según indica Emir Rodríguez Monegal, Vargas Llosa se ha referido a su novela, *La casa verde*, como "una novela de caballería pura" ("Madurez" 54). Este mismo crítico también ha señalado el uso de códigos de honor y de identidades escondidas como elementos compartidos por las obras vargasllosianas y las de caballería ("Madurez" 60-63). Otro estudioso de la literatura, Frank Dauster, ha explicado que todas las ficciones del peruano, como las caballerescas, que capturan y recrean grandes sectores de realidad, están impregnadas de identidades secretas, realidades dobles y proyectos gigantescos y en este sentido se asemejan a la obra de Martorell (276).[3]

El propio Vargas Llosa ha señalado que la influencia de la tradición caballeresca en la literatura europea no se limita a la Época Contemporánea sino que se advierte ya desde el siglo XIX, en literaturas tan diversas como la de Alejandro Dumas, Sir Walter Scott o Emilio

---

[3] Dauster añade que las similitudes con *Tirant lo Blanc* son evidentes especialmente en *Pantaleón y las visitadoras*, obra con la que comparte los siguientes elementos: 1) humor; 2) relación ficción/realidad; 3) estructuras organizadas entre dos polos: lo militar y lo erótico; y 4) protagonistas militares, con mentalidades militares, gobernados por un código social, teóricamente inviolable, pero a menudo transgredido (276-78).

Salgari, y se continúa en el XX en las hazañas de los populares libros sobre "el Zorro" y "el Coyote", en los folletines de aventuras, los seriales cinematográficos y los westerns (*García Márquez* 181). Mas el autor advierte también que, no obstante los elementos épicos caballerescos comunes a una gran variedad de obras contemporáneas, existe una enorme diferencia entre éstas y las ficciones caballerescas de antaño, en cuanto a la definición de lo real objetivo y lo real imaginario. Esta alteración resulta de la evolución histórica y geográfica producida por el paso del tiempo: "no sólo lo real objetivo se amplía o se reduce con el progreso de la ciencia; también lo imaginario muda al compás de esos cambios: los fantasmas son tan distintos como los hombres de una época a otra" (*García Márquez* 182). Lo mismo ocurre con la forma, ya que la escritura y la estructura de la ficción se adaptan a los cambios sufridos por la realidad empírica, para poder representarla auténticamente. Esta demostración del interés vargasllosiano por la literatura caballeresca, me lleva a explicar en mayor detalle la estructura de los libros de caballería, para poder así estudiar a continuación las convenciones del género que se emplean en *La tía Julia*.

Según Juan Luis Alborg, las novelas de caballería presentan a un héroe aristocrático –refinado y elegante– lanzándose a realizar una serie de aventuras "empujado por una exaltación individualista, quimérica y gratuita, sin finalidad ninguna más allá de su propia satisfacción o el enamorado servicio hacia su dama" (461). Estos dos móviles poderosos, el amor y el heroísmo individual, se oponían a los del caballero –El Cid, por ejemplo– de los siglos anteriores que sirvió de inspiración al mundo épico, cuyas acciones fueron motivadas por ideales positivos y elevados, tales como patria, tierra o religión (Alborg, 461). La transformación de la nobleza feudal en cortesana, ocurrida durante el último período de la Edad Media, causó el refinamiento de la aristocracia y su afición a la poesía y al ejercicio del valor personal no en batallas reales sino en justas y torneos asombrosos (Alborg, 461).[4] Estas distracciones dieron origen a un concepto más idealizado del caballero, "gustador de discreteos y cortesanías", que estaba de acuerdo con los nuevos sentimientos de aquella sociedad (Alborg, 461). Arturo Souto explica que el sentido esencialmente guerrero y bárbaro de los cantares de gesta se convirtió en caballería y en cortesanía, donde el amor cortés constituía la meta primordial de las aventuras heroicas: "La barbarie heroica de la épica se espiritualiza, se sublima, se disuelve en ternura, en rendición amorosa y en heráldica" (xi). Veamos ahora cómo es la imagen del caballero andante prototípico, el protagonista esencial de los libros de caballería, para luego analizar la manera en que Camacho caracteriza a su héroe.

Souto ha descrito al Amadís, el prototipo del caballero andante, como "un superhombre por su valor, su agilidad y su fuerza, pero sobre todas las cosas lo es por su belleza" (xiv).[5] También ha dicho que tiene un espíritu indomable, un valor ilimitado y una gran ternura. En sus propias palabras, Amadís muestra las siguientes cualidades excepcionales:

> ... es puntilloso en cuestiones de honra; leal a su rey, recto en los combates; implacable en defensa de la justicia; magnánimo con los vencidos; bastante inocente; sumamente curioso, cosa que le lleva a las más desaforadas aventuras; modesto en el vestir; profundo creyente y devoto de la Virgen María. Melancólico, sobrio en el comer, duerme poco y en lo tocante a caballerías es esencialmente andariego y un poco fatalista (xv).

---

[4] Arturo Souto explica que "la transformación del héroe épico de las antiguas gestas germánicas, francesas y castellanas en el héroe caballeresco, se debió a la lenta transformación de la sociedad feudal en cortesana, al predominio de la burguesía y de las ciudades... Y en esa metamorfosis tuvo una profunda influencia el creciente predominio social de la mujer, predominio que a su vez venía estableciéndose en estrecha relación con el culto mariano de los siglos XII y XIII" (xvii).

[5] Uno de los modelos que don Quijote imita de manera paródica es a Amadís. Y don Quijote también era cincuentón como casi todos los héroes camachianos, incluido el del serial que se analiza en esta sección.

Segundo Serrano Poncela sostiene que la juventud y perfección definen al héroe caballeresco, quien se nos ofrece siempre "en la flor de la edad, sin amagos de envejecimiento y liberado del ritmo inevitable y desconsolador de la vida" (23). También en otro ensayo crítico, Lúdovik Osterc ha explicado que el héroe de los libros de caballería se distingue por sus cualidades grandiosas. Es poseedor, señala Osterc:

> ... de una fuerza excepcional, muchas veces portentosa e inverosímil y habilísimo en el manejo de las armas, incansable en las luchas y siempre dispuesto a acometer las empresas más peligrosas. Por lo común, pelea contra el mal, es decir, contra traidores, malhechores, tiranos, infieles y paganos (26).

Ahora bien, la descripción de la fisonomía del héroe andante de Camacho, don Federico Téllez Unzátegui, subvierte humorísticamente la imagen idealizada convencional. La figura cómica de Téllez lo asemeja más al paródico caballero Don Quijote que al modelo prototípico del caballero andante. Don Federico, al igual que Don Quijote, quien también "frisaba la edad" de los cincuenta años, está "en la flor de la edad", según el narrador. Para más, su físico exhibe los rasgos no idealizados del cliché de todos los protagonistas camachianos: "frente ancha, nariz aguileña...". La parodia de la apariencia de Federico se acentúa en el texto cuando el narrador añade que su supuesto atractivo es tal, que podía "haber hecho de él un don Juan si se hubiera interesado en las mujeres" (167). Indudablemente, la imagen de Federico dista mucho de la del apuesto Amadís, quien era admirado por su belleza singular: "e su gran fermosura por maravilla era mirada" (citado por Souto, 15).

Como en casos anteriores, la descripción absurda de don Federico es provocada por uno de los "demonios" camachianos, que impele al boliviano a reflejarse en su ficción siempre en la figura del héroe. Esta insistencia resulta risible porque el texto revela, en las secciones sobre el mundo en el que vive y escribe, que Camacho no es nada atractivo y, por lo tanto, nunca sería un modelo apropiado para representar al idealizado héroe caballeresco. Amadís de Gaula, por ejemplo, es tan bello que "espanta" a quienes lo miran. En varias ocasiones el narrador del Amadís menciona que la hermosura de este caballero singular era tal, que hasta las doncellas más bellas se avergonzaban de verlo, porque era mucho más bello que ellas. No es injusto afirmar entonces que tanto la fisonomía del quijotesco cincuentón Camacho como la de su personaje Federico "espantan" como el Amadís, mas no por su excepcional belleza, sino más bien por su acentuada fealdad, que incluye un aspecto grotesco, infantil y debilucho. Camacho es descrito como una caricatura de hombre: "un ser pequeñito, en el límite mismo del hombre de baja estatura y el enano, con una nariz grande y unos ojos extraordinariamente vivos" (23).[6] Por su poca talla y constitución de poco vigor el boliviano demuestra una "total indefensión física" que no sólo le imposibilitaría vencer en ninguna "batalla" contra enemigos, gigantes o magos, sino que lo pone en ridículo en sus conflictos cotidianos con otros personajes. Y estas confrontaciones ocurren en el texto, cuando Camacho toma una actitud belicosa en momentos inesperados en los que presiente que su "honor" peligra.

En cierta ocasión se enfrenta a dos de sus compañeros de trabajo, Marito y Pascual. La raíz de la confrontación, por cierto sumamente inocua –el no querer prestarle un viejo armatoste de máquina de escribir– fue suficiente para considerarlos "enemigos" y justificar un duelo. Y así les cita cuando éstos, que apenas lo conocen, rehúsan prestarle la máquina: "Un tipo bien nacido nunca desaira un desafío a pelear. El sitio y la hora, caballeros" (25). Este duelo no se llevó a cabo, gracias a la intervención oportuna del dueño de la estación de radio. Mas en otra sección del texto novelístico Camacho sí llegó a

---

⁶ Mi capítulo tres contiene una explicación detallada de la autorrepresentación de Camacho en sus personajes.

implementar uno de sus retos en un combate contra unos churrasqueros argentinos, ofendidos por los comentarios derogatorios dirigidos contra este país en las radionovelas camachianas: "–¡A cantar tangos y a lavarse las orejas!... Si no quieren recibir un rapapolvo" (245), los increpa Pedro Camacho en cierta ocasión. Este insulto fue suficiente para provocar una pelea. Durante el altercado, a Marito le sorprende que "esa personita mínima, de físico de niño de cuarto de primaria, prometiera una paliza a dos sansones de cien kilos" que "lo levantaban como a una pluma" (245). El resultado, como era de esperarse, tuvo consecuencias negativas para Camacho. Falto de fuerza excepcional y de habilidad en el combate, Camacho termina abofeteado por uno de los contrincantes.

En cierto modo, el personaje Pedro Camacho, como su propio protagonista Federico, puede verse como una especie de parodia de caballero andante de orígenes desconocidos que se ha "desplazado" desde la lejana Bolivia hasta Lima para cumplir una importante "empresa": escribir radionovelas para deleitar al público. Berta López Morales se ha referido a Camacho como "caballero en lucha" o "personaje caballeresco" (1007). "No olvidemos", prosigue López,

> ... que la novela de caballería era a la literatura medieval como la novela rosa o las novelas de James Bond a la contemporánea; el escribidor, como el caballero andante o el agente secreto, no tiene orígenes claros: trasplantado a Lima, no tiene parientes ni familia; sin pasado, ni siquiera posee el acento de su país natal; lo precede la fama de sus hazañas (radioteatros) en Bolivia... sus historias siguen un patrón y una finalidad que él no ha elegido conscientemente; lo único cierto es que Camacho escribe así como el caballero en lucha... La cordura de Camacho se parangona a la de Don Quijote, en que el escribidor, recuperado el equilibrio, habrá olvidado que escribió radionovelas, así como Don Quijote olvida sus andanzas y la caballería (1007-08).

La primera impresión que causa el boliviano, entre quienes recién lo conocen, es la de un individuo atávico, cuya vestimenta de traje negro con corbatita de lazo lo asemeja a un personaje del siglo XIX, y cuyas acciones –estar dispuesto en todo momento a sacar la espada y a esgrimir la lanza para ahogar en sangre enemiga las afrentas a sus intereses y a su honor– lo asemejan paródicamente a los caballeros de las ficciones que, a la menor provocación, convocan a sus adversarios al campo de honor.

El origen noble de los héroes es una de las convenciones de los libros de caballería. El Amadís es de origen desconocido, pero era en realidad hijo de los amores clandestinos entre el rey Perión de Gaula con la princesa Elisena de Inglaterra. La aristocracia del héroe camachiano, don Federico, es cómicamente dudosa. Según el narrador, su madre fue una joven "por cuyas venas, como su nombre Mayte y su apellido Unzátegui voceaban, corría la azulina sangre vasca" (168). Mas es obvio que no todos los vascos son aristócratas. De hecho con ellos ocurre lo mismo que con los argentinos, a quienes la voz popular ha pintado como individuos arrogantes que se consideran superiores al resto de la humanidad. Vargas Llosa se mofa no sólo del origen pseudoaristocrático del héroe sino también de los vascos, porque en esta historia, la madre vasca de Federico, la de sangre azulina, se convierte en el hazmerreír del pueblo, cuando: "por efecto de la tragedia [la muerte de su hija comida por las ratas] contrajo un hipo crónico que le causaba arcadas, le impedía comer y despertaba la hilaridad de la gente. No volvió a pronunciar palabra: sólo gorgoritos y ronqueras" (170).

A la tragicómica situación de la pseudoaristócrata madre hay que añadir la del padre de Federico. Éste llevaba el apodo de "el Brujo", y ese sobrenombre le hace digno de la función –si bien paródicamente alterada –del mago, el personaje que invariablemente frecuenta la novela de caballería. Bien conocidos son el mago Merlín de las leyendas arturianas y Urganda la Desconocida del *Amadís* (Melquíades de *Cien años de soledad* es un paralelo contemporáneo). El padre-mago de Federico es una abierta parodia, tanto en su aspecto físico como en el psicológico. El narrador del serial le atribuye un total abandono de su aseo personal, de su familia, e incluso de la civilidad. Es por ello que vive "cerca de la Cueva de las Pavas, amancebado con tres indígenas huanuqueñas, en las que había procreado algunas criaturas montubias, de vientres esféricos" (170). Su retroceso a la barbarie culmina cuando se interna "en las laderas sicalípticas de esa montaña de ubres maternales y caderas ávidas que llaman La Bella Durmiente" (170), en la que "se construyó un refugio de hojas y de tallos, se dejó crecer los pelos y las barbas y allí se quedó años comiento hierbas y fumando unas hojas que producían mareos" (170). Si bien humorísticamente, el alejamiento de "el Brujo" recuerda el retiro de Amadís como ermitaño a la Peña Pobre, a pesar que este último lo hizo motivado no por demencia, como el padre de Federico, sino por creer que Oriana había dejado de amarlo.

Ya he mencionado que los libros de caballería relatan una serie de aventuras singulares de un héroe extraordinario. En estas aventuras el héroe vaga por el mundo solo, luchando "contra toda clase de personas o monstruos, sean gigantes, encantadores, dragones o fantasmas, por unas tierras las más veces exóticas y fabulosas o conduciendo poderosas huestes derrota ejércitos de paganos o naciones extrañas" (Osterc, 26). Pero, las aventuras heroicas llevadas a cabo por don Federico constituyen una irrisoria deformación de las hazañas caballerescas. Lejos de tratarse de algo sublime, el deambular del protagonista se inscribe en el texto en forma de una empresa de mal entendido quijotismo que, para colmo, va acompañada de innumerables actos de violencia, que lindan con el sadismo.

La razón de ser de don Federico durante los últimos cuarenta años de su vida, había sido una campaña militante que él consideraba de suma importancia: "había consagrado su existencia a una cruzada y no permitía que nada ni nadie —a no ser las indispensables horas de

194

sueño, alimentación y trato de la familia– lo distrajera de ella" (167). Pero esta obsesiva "cruzada" no estaba dirigida contra ningún pagano, gigante, dragón o mago, ni había sido provocada por un propósito elevado de salvar a la patria, defender la religión o a una dama. Tenía un objetivo pragmático nada heroico: se encaminaba a exterminar todas las ratas del Perú. En este serial de Camacho, los antagonistas del héroe son las odiosas ratas. En obvia parodia del discurso épico, Camacho nombra a estos repugnantes y peligrosos "enemigos" con epítetos tales como: "las veloces", "las grises", "los parduscos", "las hambrientas", "las inmundas", etc. La aversión de Federico hacia las ratas es evidentemente inducida por otro "demonio" personal de Camacho, quien vivía en una pensión miserable, invadida de ratones. Un día le confesó a Marito que la presencia de estos animales en su míscra residencia había llegado a extremos intolerables que requerían la urgente compra de veneno para exterminarlos, ya que últimamente competían con él hasta por la comida:

–Si se contentaran con comer bajo mi cama, no me importaría, no son niños, a los animales no les tengo fobia –me explicó, mientras olfatcaba con su nariz protuberante unos polvos amarillos que, según el bodeguero, podían matar a una vaca–. Pero estos bigotudos se comen mi sustento, cada noche mordisquean las provisiones que dejo tomando el fresco en la ventana. No hay más, debo exterminarlos (191).

Como ya se ha mencionado, fue la trágica muerte de su hermana lo que motivó a Federico, desde su niñez, a hacerse cargo de la descomunal cruzada nacional contra las ratas. Esta adversa experiencia hizo aflorar en él su innata disposición caballeresca.[7] Con un valor y madurez, que el narrador describe como propios no de un niño, sino

---

7   También Amadís mostró su ideario caballeresco a una edad muy temprana. Tenía tres años, cuando vio a Gandale llorando: "e como vio a su amo llorar, púsole las manos ante los ojos, como que gelos quería limpiar" (citado por Souto, 15) .

de un adulto acostumbrado a hacer frente a las catástrofes, Federico "juró" consagrarse a aniquilar a las "asesinas". A continuación, lleva a cabo una ceremonia en la que se consagra "caballero", parodiando las típicas ceremonias de iniciación, cuyo propósito era poner a prueba el valor del principiante, un adolescente en la mayoría de las novelas.

Serrano Poncela señala que en los relatos de iniciación: "Se atraviesa por cierto número de pruebas, se triunfa sobre las dificultades y el héroe ya está en disponibilidad de acción. Más adelante, el valor adquirirá caracteres cósmicos, y no habrá adversario capaz de contener su ímpetu" (21). Hércules, por ejemplo, el más célebre de los héroes de la mitología clásica, todavía infante en su cuna, ahogó entre sus brazos a dos serpientes. Una vez llegado a hombre, se distinguió por su gran estatura y su fuerza extraordinarias y ejecutó los doce famosos trabajos que cuenta su historia. Completó multitud de otras hazañas y triunfó en las aventuras más extraordinarias, que incluyeron la aniquilación de un centauro. Asimismo, el joven Amadís combatió contra tres fornidos adversarios a quienes venció sin esfuerzo. Pero los "monstruos mitológicos" que Federico vencerá son sólo las despreciables ratas del pueblo amazónico de Tingo María y las del resto del Perú. Su futura exitosa "batalla" antirroedora le merece, a su juicio al menos, el rito de armarse caballero, que Federico mismo implementa regando su propia sangre en la tumba de su hermana:

> Esa misma mañana, después de haber sido azotado por dejar sola a su hermana en la cabaña, el niño (hecho hombre en unas horas), arrodillándose junto al montículo que era la tumba de María, juró que, hasta el último instante, se consagraría a la aniquilación de la especie asesina. Para dar fuerza a su juramento, regó sangre de azotes sobre la tierra que cubría a la niña (171).

En este serial se subraya la acción violentamente desaforada de Federico, en un esfuerzo desesperado por aniquilar ratas. Los grandes "golpes" dados al enemigo se describen prolijamente. Aunque los métodos que don Federico usa en su cruzada son barbáricos, no por ello escapan de ser cómicos. El narrador explica que Federico, al principio, utilizó las trampas que compraba en las tiendas, pero que pronto comenzó a construirlas él mismo, con la esperanza de diseñar una que fuese totalmente eficaz. El narrador cuenta que una vez que atrapaba las ratas, Federico las ultimaba sádicamente: "A veces, algunos animalitos atrapados estaban aún vivos. Emocionado, los ultimaba a fuego lento, o hacía sufrir punzándolos, mutilándolos, reventándoles los ojos" (171). También nos informa que perfeccionó las trampas "añadiéndoles una cuchilla que cercenaba el cuerpo de la víctima de modo que no fueran jamás a quedar vivas (no para ahorrarles dolor sino para no perder tiempo en rematarlas)" (171). El deleite de Camacho por contar morbosidades se comprueba nuevamente en el exageradísimo dato adicional que revela que Federico logró construir "trampas multifamiliares, de base ancha, en las que un trinche con arabescos podía apachurrar simultáneamente al padre, la madre y cuatro crías" (172). Es obvio que estas acciones de violencia gratuita desatada serían injustificables en un verdadero caballero, que mataría por necesidad, ya fuera en defensa propia o por una causa elevada como defender a un necesitado, pero que de ninguna manera actuaría con sadismo. Sin embargo, los métodos escabrosos y sangrientos con los que Federico lleva a cabo su dislocada empresa son aceptados irreverentemente por el lector, porque ve en ellos la obsesión de Camacho por lo malsano.

Las "aventuras" del boliviano, como las de su "caballero andante", también son desaforadas en extremo y se manifiestan tanto en su vida diaria (así en los retos a duelo arriba mencionados) como en sus ficciones literarias, que como se ha visto incluyen incestos, violaciones, homicidios, aberraciones sexuales, etc. En sus ficciones, Camacho "vive" las aventuras de sus personajes, porque no sólo se inscribe a sí mismo con todas sus obsesiones en la acción y las protagoniza por la radio, sino que para escribir, se disfraza como sus personajes para consubstanciarse con ellos. Camacho escribe sus aventuras inverosímiles, ayudado por el arma de la imaginación y por su "escudero" o "Sancho", el libro *Diez mil citas literarias de los cien mejores escritores del mundo*. El autor se refiere a éste como: "Un viejo compañero de aventuras. Un amigo fiel y un buen ayudante de trabajo" (67). El "vivir" aventuras descabelladas lo asemeja aún más a Don Quijote, quien, al volverse loco como resultado de la lectura de un sinnúmero de libros de caballería, abandona su hogar para vagar por el mundo ayudando a los necesitados, y termina peleando contra rebaños de ovejas y molinos de viento.

Como todo buen caballero, a don Federico tampoco le falta la compañía de un escudero y el suyo, como era de esperarse, es absurdamente inusual. Era nada menos que el idiota del pueblo: "un jorobado de ojos estrábicos que vivía donde las Siervas de San José, para que, a cambio del sustento, recogiese en un crudo los restos de los supliciados y fuera a quemarlos detrás del Coliseo Abad o a ofrecerlos como festín a los perros, gatos, chanchos y buitres de Tingo María" (173).

Sin embargo, el idiota es sólo su primer escudero, pues con el progreso de su negocio y de la ciencia, los ayudantes del exterminador de ratas se multiplican y modernizan, transformándose en un complejo técnico comercial que se extendía por todo el Perú. Este equipo altamente especializado de trabajadores operaba como un regimiento militar. Sus operaciones son descritas con palabras que sugieren un ambiente de guerra y que causa hilaridad, por ser la verdadera batalla contra los roedores. El vocabulario "belicoso", utilizado con maestría por Camacho, cumple la función de otorgar seriedad e importancia a la campaña exterminadora. Don Federico, el líder, junto con sus soldados, los técnicos de la compañía, derrotan ejércitos "de ratas" hasta en los lugares más recónditos del territorio peruano: "en el frente de batalla —las calles, casas y campos del país— dedicados al cateo, cerco y exterminio, y recibían órdenes, asesoramiento y apoyo logístico del Estado Mayor que él [don Federico] presidía" (173). Su tarea empresarial parodia a las compañías nacionales y multinacionales –IBM, Microsoft, Wal-Mart, McDonald's– que se esfuerzan sobremanera para ganarse diferentes mercados para poder vender sus productos.

En esta misma historia se señala también otra característica del protagonista Federico que parodia al arquetipo del héroe andante: la soledad. Serrano Poncela asevera que:

> El intrépido andante se alzará por la pura virtud de su brazo y el crédito de sus hazañas hasta las púrpuras imperiales. Su forma de vida también operará envuelta en soledades y misterio: caminará solo, aparecerá y desaparecerá seguido por un fiel escudero, vivirá en las montañas, al borde de las rutas, en continuo campamento (24).

Mas, mientras el aislamiento del héroe es producto de una superioridad excepcional, el de don Federico es producto de su vida tragicómica. El aislamiento de don Federico se manifestó desde su temprana edad. La desafortunada muerte de su hermana lo convirtió en un adolescente "huraño, lacónico, al que nadie pudo ufanarse de haber hecho ni visto reír, y cuya única pasión parecía ser la de matar a los inmundos" (172). Es como un caballero andante o un monje ciegamente dedicado a su vocación. Irónicamente, por el tipo de trabajo que ejercía, repugnante para muchos, la gente lo consideraba un "apestado" y sólo se relacionaban con él a un nivel estrictamente profesional: "Lo llamaban para que les matase a las veloces [las ratas], pero jamás lo sentaban a su mesa ni le decían palabras afectuosas" (172). Su difícil empresa y el repudio continuo que recibía de otros lo convirtió "en un ser estricto y sin amigos, de costumbres aparte" (171). Es cierto que Téllez vivía rodeado de familia, su esposa e hijos, y que estaba a cargo de los empleados de su compañía, pero nadie, ni siquiera su familia inmediata conocía la razón de su campaña antirroedora: "La razón de esta quimera la ignoraban sus conocidos e incluso su esposa y sus cuatro hijos" (168). Todos estos datos confirman que la soledad de Federico no se debe a un deseo heroico de mostrar su insuperable valentía, ni de retraerse para pensar en su amor imposible, sino a una inexplicable enajenación personal, que por cierto refleja fielmente la experiencia del propio Pedro.

En el Cap. III establecí que el boliviano también vive una vida solitaria, sin amigos, dedicado exclusivamente a su trabajo, limitándose a socializar con sus colegas sólo en el mínimo necesario y siempre en relación a su oficio. Su vocación al trabajo es tan descomunal como la de su personaje Téllez. La alienación social de estos dos personajes refleja no sólo una gran falta de sensibilidad sino total indiferencia por parte de sus compañeros, quienes en todo momento se muestran desinteresados en averiguar la causa de la angustia que los agobia y aún peor, se burlan de su comportamiento extraño. En un nivel más amplio, la enajenación de Camacho y Federico es emblemática del desamparo moral y la soledad que corroe la vida individual, familiar y colectiva del hombre moderno, en todas las ciudades grandes del mundo, incluida la capital peruana.[8]

La afición por el poco comer y dormir, que identifican la espiritualidad del héroe caballeresco para quienes los placeres de la carne no existen, también se parodia en esta historia. En su afán de perfección, Federico había adoptado hábitos rigurosos que consistían en limitar sus horas de sueño y las de su familia a no más de cinco por día. Federico además medía su comida, practicando un estricto vegetarianismo. Esta "singularidad" muy sui géneris de don Federico refleja fielmente las ideas de Camacho, quien afirmaba que "para el artista la comida es vicio" (162). Vargas Llosa parodia el estoicismo de

---

[8] La soledad del continente y del hombre americano ha sido el tema predominante de otras grandes obras de la narrativa hispanoamericana, tales como *El túnel* (1948) de Ernesto Sábato, *Los pasos perdidos* (1953) de Alejo Carpentier y *Cien años de soledad* (1967) de Gabriel García Márquez, para mencionar sólo algunas de las más salientes.

estos caballeros, exagerando los pasajes que indican que Federico desechaba además todo tipo de distracción por considerarlo una mala influencia moral en el espíritu, que podría desviarlo de su sagrado deber, al igual que Camacho que se dedicaba exclusivamente a escribir. Es por medio de estas vidas excéntricas, más que ascéticas, que ambos personajes/caballeros ponen en práctica su condición de héroes acostumbrados a sufrir penurias en sus andanzas por el mundo. Pero el ascetismo de Federico también reproduce un rasgo característico de la personalidad de Camacho, que es un neurótico obsesivo-compulsivo.[9] Hay algunos comportamientos de Federico acordes con este tipo de personalidad, tales como su dedicación maniática a la aniquilación de ratas; la afloración constante a su conciencia del recuerdo de la muerte de su hermana, "día y noche, pesadilla persistente de la que extraía nuevas fuerzas, odio fresco para perseverar en ese combate que algunos consideraban estrambótico" (168); la costumbre rígida de esperar "dos minutos (tomados por reloj)" a que se calentara el carro después de encenderlo, y su obsesión mayor, que se relaciona con la idea de limitar las actividades de las mujeres de su familia (su esposa y sus hijas) para evitar que cayeran en una relación sexual, "inmoral", dada la inclinación femenina innata para "pecar". Como se deduce de esta reacción hacia el sexo femenino, sus principios morales en torno a la educación de su familia eran estrambóticos. Consistían en suprimir toda clase de distracciones que consideraba "inmorales" para el espíritu: "el cine, el baile, el teatro, la radio, y, por onerosos para el presupuesto, los restaurantes, los viajes y cualquier fantasía en el atuendo corporal y en la decoración inmueble" (176). Asimismo, para lograr que sus hijas formaran parte del cinco por ciento de mujeres virtuosas, que según él existía, Federico les prohibió toda clase de vestimenta o comportamiento que pudiese provocar "al macho":

---

[9] Para una explicación del carácter obsesivo-compulsivo de Camacho y sus personajes, véase el capítulo III.

Nunca escotes, invierno y verano medias oscuras y blusas y chompas de manga larga, jamás pintarse las uñas, los labios, los ojos ni las mejillas o peinarse con cerquillo, trenzas, cola de caballo y todo ese gremio de anzuelos para pescar al macho; no practicar deportes ni diversiones que implicaran cercanía de hombre, como ir a la playa o asistir a fiestas de cumpleaños. Las contravenciones eran castigadas siempre corporalmente (177).

Dada la opinión misógina de don Federico, es apropiado en este punto de mi estudio investigar la manera en que sus relaciones con su propia "dama" se atienen a las convenciones de los caballeros andantes. En los libros de caballería, la mujer, idealizada, es ensalzada y era a ella a quien el caballero ofrecía "la gloria de sus hazañas y rendía el tributo de su amor más fiel" (Alborg, 462). El amor caballeresco es una forma del vasallaje, en el que el caballero practica el amor cortés: "sirve a su dueña, su señora, le rinde homenaje, le debe lealtad; su relación es muy parecida al nexo feudal que guarda con su señor", sostiene Souto (xvii-xviii). En el *Amadís*, Oriana es el fin último del héroe, "el norte al que dirige todas sus empresas de caballero andante" (Souto, xvi). En esta ficción de Camacho, sin embargo, el amor caballeresco está totalmente divorciado del sentimiento amoroso típico de los libros de caballerías. En este serial, el amor no es platónico sino conyugal, lo que no es para nada ni romántico ni literario. La "doncella" de esta historia es insólita, ya que no es una doncella sino una mujer casada y además no sólo no posee la excepcional belleza de las damas prototípicas, sino que, ateniéndose a la delineación paródica del serial, su apariencia era más bien grotesca y desagradable. Estaba bastante subida de peso, por lo que recuerda a la fornida Dulcinea y, trágicamente, también a la mujer del propio Camacho, una voluminosa prostituta argentina (445). Aparte de su corpulencia, a doña Zoila Saravia Durán, la dama de Federico, "le faltaban dientes y, como a esas damitas de la región que irriga el llamado (hiperbólicamente) Río de La Plata, le sobraban rollos de carnes en la cintura y en las pantorrillas" (174). Las cualidades morales que el narrador le asigna a esta "Oriana" también son grotescamente absurdas, ya que incluyen la docilidad y la gula. La docilidad de esta "dama" de la aristocracia huanuqueña, es acentuada en el texto atribuyéndole actos de total sumisión. Doña Zoila movía la cabeza asintiendo "ganaderamente" (notar la sutil alusión no sólo a su pasividad vacuna, sino a los argentinos) ante cualquier dilema. Y en ciertas ocasiones su sumisa pasividad la llevaba hasta a bajarse la faja ella misma para que el marido le diera nalgadas cuando la pillaba comiendo más de la cuenta: "Si la pena eran veinte nalgadas, se apuraba a desabrocharse la faja y preparaba el árnica" (176). El único pecado de la amada de Federico era la gula y sólo en este respecto había sido capaz de desobedecer a su "señor" (176). Doña Zoila muestra así un comportamiento infantil, actuando como los niños que se esconden de sus padres para comer chocolates y caramelos.

No obstante sus faltas, en el momento de casarse, doña Zoila tenía las tres cualidades que su amado Federico había exigido: salud, virginidad y capacidad reproductora (174). Entre las heroínas de Camacho, la virginidad de doña Zoila la convierte en una de las pocas excepciones, ya que la mayoría de sus protagonistas han tenido experiencias y deslices amorosos antes del matrimonio. Se puede resumir que para Camacho, casi todas las mujeres son como la suya propia: gordas, feas, pecadoras y prostitutas. No es sorprendente pues que la idiosincrasia absurda y antifemenina de Federico sea, en realidad, la manifestación del demonio misógino de Pedro Camacho.

En una especie de burla de Sigmund Freud, quien afirmaba la inferioridad de la mujer por su falta de pene, el narrador relata que para Federico los seres "sin falo ni testículos visibles"(177) son seres incompletos.[10] El desinterés de don Federico por las mujeres se debe a que, en su opinión, éstas

---

[10] Tomando como base el cuerpo "incompleto" femenino, en realidad una especie de hombre mutilado, Freud afirmaba que la mujer no alcanzaba a desarrollar ni una identificación ni un superego tan fuertes como los del hombre. Supuestamente, durante el complejo de Electra (el opuesto del edípico masculino), la niña se identifica con el padre pero al descubrir que no tiene pene adquiere un complejo de castración. Para superarlo, renuncia sus pretensiones viriles identificándose con la madre, pero ofreciéndole más afecto al padre, a quien continúa envidiando por poseer el órgano masculino. Por eso ni su identidad ni su superego llegan a desarrollarse óptimamente (B. R. Hergenhahn, 33-36).

se distinguen por su falta de habilidad para realizar acciones que no tuvieran que ver con actividades de ínfima importancia como la cocina o el sexo: "simplemente, como no era un erotómano ni un voraz, ¿de qué podrían servirle personas cuyas mejores aptitudes eran la fornicación y la cocina?" (177). Además, Federico era un hombre de convicciones patriarcales atávicas, que apoyan fuertemente la idea camachiana de la naturaleza pecaminosa femenina:

> No era de esos modernistas que predican que la mujer, además de clítoris, tiene también sesos y puede trabajar de igual a igual con el varón. De otro lado, lo angustiaba la posibilidad de que su nombre rodara por el barro. ¿No repetían las estadísticas hasta la náusea que el noventa y cinco por ciento de las mujeres han sido, son o serán meretrices? (177).

No obstante sus ideas misóginas, don Federico forma un hogar para mostrar su virilidad procreando una familia y dominando sobre ella. El lector pronto descubre que la sola razón del matrimonio de don Federico, "la inapetencia marital encarnada" (174), había sido su "ratafobia". El narrador explica que el matrimonio fue una especie de "sacrificio" de Federico, motivado por el "elevado" ideal de continuar su cruzada posmortem. Es como si Federico se hubiera propuesto formar una orden de caballería en que todos se regirían por sus normas para salvar al mundo. Esto es también lo que hacen los empresarios o burgueses adinerados que casan a sus hijos con otras personas ricas para consolidar y acrecentar sus negocios y ganancias. Según el narrador, Federico se casó sólo para poner "la ciencia al servicio de la religión", con la idea de que la unión le produjese "una apretada falange de varones de su misma sangre y espíritu, a quienes desde la teta inculcaría la furia contra los asquerosos y quienes, excepcionalmente educados, continuarían, acaso allende las fronteras patrias, su misión" (174). Es revelador del carácter obsesivo y enajenado de Federico, y de su total carencia de sentimientos humanos, el hecho de que consiguiera a su doncella no enamorándose de ella y haciéndola el eje de su vida, como los caballeros andantes, sino de manera totalmente materialista, es decir, recurriendo a una agencia de matrimonios, la que "mediante una retribución algo excesiva, le suministró una esposa de veinticinco años" (174). De los cuatro hijos que procreó con su "doncella", desafortunadamente para don Federico, dos fueron mujeres. Para mala suerte también, sus dos varones –Ricardo y Federico– no heredaron "virtudes" para el trabajo: "Eran blandos, perezosos, amantes de actividades estériles (como el chicle y el fútbol) y no habían manifestado el menor entusiasmo al explicarles don Federico el futuro que les reservaba" (178). Por ello, don Federico sospecha que su cruzada antirroedora no se llevaría a cabo (después de su muerte) y quedaría inconclusa "como cierta Sinfonía célebre" (178).

En la relación entre la "hermosa" pareja –Federico y Zoila– no hubo nunca, ni siquiera inicialmente, un período de enamoramiento. En la unión de don Federico con su amada faltan las meditaciones amorosas, los sentimientos de desesperación, soledad y enajenación, así como los de desasosiego íntimo que suelen poner freno a las exaltaciones del amante caballeresco, paralizándolo en una actitud de frustración e irritación: "Harto conocidos son los extremos a los que el amor lleva a todos esos amadores: palidecen, tiemblan, se desmayan. No duermen ni comen, buscan la soledad, están fuera de sí y esperan la muerte para ser librados de las intolerables penas de amor" (Antony Van Beysterveldt, 413). Tampoco aparece siquiera el amor erótico, que frecuentemente se utiliza en la novela de caballería como contrapunto al amor casto o para presentar pasajes con tintes de sensualidad (José Amescua, 21).[11] En esta ficción "caballeresca" de

---

[11] También Serrano Poncela asevera que el "Eros" del caballero "se reparte entre el gozoso amor carnal con doncellas que dejan de serlo entre sus brazos, pagando de este modo tributo a la virilidad, y la contemplación pasiva y amorosa de la dama de sus pensamientos más o menos inaccesibles" (25).

Camacho están ausentes tanto el amor casto como el erótico. Dicha ausencia se parodia por medio del silencio desconcertante en el texto sobre la pasión del amor, aunque sí se menciona satíricamente la torpe experiencia sexual de la pareja, que logra consumar su amor sólo después de una larga demora, que no tiene nada que ver ni con los interminables discursos entre los amantes, ni con ningún otro componente platónico de la trama, sino con la falta de experiencia sexual. Por la jocosidad, vale la pena citar que "doña Zoila perdió primero la virginidad (no por vicio sino por estúpido azar y falta de entrenamiento de los novios), heterodoxa, vale decir sodomíticamente" (175).

Debido a la falta de amor, el trato entre los sexos en esta radionovela se despliega en un medio de conflicto, que contrasta con el de los ambientes cortesanos de los libros de caballería, en los que los personajes interactúan armoniosamente en un contexto amplio de relaciones de proximidad y confianza (Van Beysterveldt, 418). Don Federico, primeramente, realiza sus actos "caballerescos" dentro de una esfera típicamente patriarcal de la cual queda rigurosamente excluida la mujer, por pecaminosa y por inferior. Segundo, en sus relaciones familiares ejerce el papel de opresor, imponiendo, como ya se dijo, absurdas y rígidas reglas de comportamiento en su familia, en un intento de preservar su honor, que siempre "peligra" gracias a las alocadas ideas que tiene sobre las mujeres. Tercero, ni el amante ni la amada son partícipes de la experiencia enaltecedora del amor idealizado ni de los sentimientos conyugales.

El que don Federico termine derrotado en esta radionovela (es asesinado por su hijos en complicidad con la esposa) no sorprende al lector, ya que la mayoría de los personajes camachianos corren la misma suerte, así como también son vencidos la mayor parte de los personajes vargasllosianos. Zavalita, personaje de *Conversación en la Catedral*, por ejemplo, termina aceptando una vida mediocre. Pantaleón, cuya "misión", también cómica por cierto, consiste en establecer un servicio eficiente de prostitutas para los militares que viven en la selva, termina siendo trasladado a Puno, un lugar remoto y áspero para vivir, en el que continuará sirviendo fielmente a su patria. Igualmente, don Federico Téllez, el aniquilador de ratas, tiene un final infeliz. Mas para el lector y los radioescuchas del serial es un final divertido. Don Federico termina rodando por el suelo y siendo atacado por sus hijos y su mujer, quienes han aprendido a odiarlo por su carácter tirano y anticuado.[12] Además, la escena es observada burlonamente nada menos que por uno de sus archienemigos: un "pericote de caninos blancos" que "contempló al caído con una luz de burla en los vivaces ojos..." (184).

El final trágico de don Federico coincide con el de su creador Pedro Camacho. Irónicamente, es la escritura —su ocupación ideal— quizás la única ocupación que en su mente sea "ejemplo de cortesanía", la que destruye al boliviano. Camacho comienza por perder el control de sus personajes literarios y posteriormente sufre una severa crisis nerviosa que le merece la hospitalización en un hospital mental. Al final aparece destruido en el sentido de que no puede continuar la aventura de escribir sus seriales, ni reproducir su antiguo éxito artístico. En el epílogo, se narra que Pedro ha sido derogado profesionalmente a simple "datero policial" de una revista sensacionalista. Aún más humillante es el hecho que, debido a su mísero salario, se vea en la necesidad de ser ayudado en su manutención por su esposa prostituta. Sus antiguos compañeros comentan que Camacho "come de la putona, si no él ya estaría tuberculoso" y por eso le tiene un "agradecimiento de perro" (445).

---

[12] Según Soubeyroux, el personaje Federico Téllez, así como otros —el sargento Lituma, el juez D. Pedro Barreda y Zaldívar y la psiquiatra, la doctora Acémila—, son encarnaciones de la instancia represiva, representada también en el relato autobiográfico por el padre de Mario. Esa redistribución de papeles origina una serie de variaciones alrededor de un mismo tema: "cada radioteatro lleva así al lector... a problematizar un aspecto del código ético-social desarrollado en el relato principal, en que se fundaba la condición existencial del héroe" ("El narrador" 398).

Las tragedias patéticas de Camacho pueden ser consideradas también continuación moderna de los libros de caballería ya que, según explica Serrano Poncela, éstos han mantenido su vigencia subterránea "a través de la llamada literatura de cordel o de *colportage* (buhonería) hasta alcanzar los umbrales contemporáneos" (27). Las historias populares actuales, continúa el mismo investigador, se esfuerzan por mostrar los mismos héroes caballerescos, "vivos aún y actuales para miles de criaturas humanas ansiosas de hallar imaginarias compensaciones que endulzasen la amargura del diario vivir" (28). Hay que notar, sin embargo, que la contemporaneidad de la acción de los radioteatros camachianos establece un contraste esencial con la tónica normal de los libros de caballería. El que estudio en el presente capítulo constituye una especie de nueva novela de caballería en la que el caballero andante está quijotescamente transformado en hombre maniático, que por iniciativa propia trabaja para servir al mundo que le rodea. El panorama ideológico total de esta ficción caballeresca es abiertamente irónico. Tanto don Federico como su creador, Pedro Camacho, encarnan a anticaballeros andantes que subvierten, parodiándolo, el ideal caballeresco de la literatura canónica. Son de hecho parodias del caballero heroico, y se hacen resaltar sus limitaciones e imperfecciones. Al igual que los mundos fantásticos de la novela de caballería en los que abundan monstruos, magos y castillos, los mundos imaginarios de Camacho, aunque más actuales, son tan o más fantásticos que aquéllos, aunque se basan en cosas que ocurren en la vida real, tales como los ratones que viven en la miserable pensión de Camacho, y la manera abusiva en que los ricos crean sus imperios comerciales.

Aunque los libros de caballería gozaron de gran fama y popularidad, en su época también fueron objeto de críticas adversas por parte de filósofos, moralistas, historiadores y escritores religiosos que veían en ellas un manantial de influencias dañinas para la vida moral. Las censuras de los humanistas se basaban en tres puntos: En primer lugar, pervertían a la juventud, especialmente a las doncellas, por el énfasis que ponían en el amor y las glorias mundanas; en segundo, eran obras inverosímiles, absurdas, falsas; y tercero, su estilo era afectado (Souto, xxii). De igual modo, los seriales también gozan de gran popularidad y son igualmente criticados en la actualidad tanto por representar mundos falsos llenos de necedades, como por sancionar la ideología patriarcal que mantiene a la mujer en un estado social inferior (Josefina Puga, 3; Phillip Wander, 88). Como toda crítica contra libros, o entretenimientos apetecidos por la multitud, los ataques han sido infructuosos: los libros de caballería tanto como los radioteatros mantuvieron y mantienen su popularidad en su respectiva época. Se puede decir, entonces, que así como la difusión de la literatura caballeresca se extendió y ocupó un importante lugar en la sociedad de su tiempo, que gustaba de creaciones literarias novelescas y ligeras, buscando alimentar en ellas su fantasía y diversión, la popularidad de las radionovelas de Camacho refleja la misma circunstancia en los radio-oyentes limeños y en los lectores de *La tía Julia*. Las aventuras de los caballeros andantes entretuvieron a nuestros antepasados con el mismo entusiasmo que las *soap operas* o los seriales y otros productos de la cultura de masas —como la novela rosa y la detectivesca— constituyen la diversión de millares de personas en la actualidad.

Capítulo VII

CAMACHO C'EST MOI: AUTOPARODIA

Gran parte de la narrativa posmoderna contemporánea hace énfasis en la conciencia autorreflexiva del autor. La compleja estructura de *La tía Julia* recalca las técnicas y artificios de su escritura. En el capítulo II mencioné que el epígrafe tomado de *El grafógrafo* de Salvador Elizondo ("Escribo. Escribo que escribo....") pone de manifiesto claramente que la escritura es un acto autoconsciente.[1] Este epígrafe sugiere que *La tía Julia* se puede leer como un texto metaficticio que refleja tanto el contexto histórico cultural peruano como la tradición literaria.[2] En este segundo nivel, la novela lleva a cabo una parodia elaborada de la sociedad peruana valiéndose de diversos géneros literarios populares –radioteatros, novela rosa, novela detectivesca– y de otra tradición culta –novela de caballería– que he estudiado en los capítulos precedentes. Su complicación paródica

---

[1]   Vargas Llosa también explora el tema del proceso creativo en algunas de sus obras posteriores, que incluyen *Historia de Mayta, La señorita de Tacna, El hablador, Kathie y el hipopótamo* y *La Chunga*.

[2]   De acuerdo con Robert Alter, la conciencia literaria metaficticia ha estado presente en el género novelístico desde su inicio en el siglo XVII. La novela moderna empieza con un cuestionamiento de la verosimilitud de la palabra escrita. En *Don Quijote*, Cervantes nos convence de la realidad de don Quijote, al mismo tiempo que nos asegura su naturaleza ficticia (12). Elzbieta Sklodowska explica que aunque Robert Alter coincide con Robert Spires, Margaret Rose y Patricia Waugh en que tal autorreflexividad es indisociable de la historia del género novelístico, otros críticos –Lynda Hutcheon, Raymond Federman y Robert Scholes– basándose sobre todo en la narrativa norteamericana y reconociendo la influencia internacional de Jorge Luis Borges, ponen de relieve el hecho de que el florecimiento de este tipo de escritura se ha dado a partir de la época de los años sesenta del presente siglo (64).

se vale de la deformación hiperbólica para superar la más simple exposición que ofrecen otros paradigmas discursivos. Así, mientras que los populares radioteatros de Camacho desestabilizan las estructuras narrativas de los textos canónicos, también cumplen la función de mostrar explícitamente las técnicas de composición que Vargas Llosa utiliza en *La tía Julia*. Es precisamente al usar esta técnica paródica y metaficticia que la novela se revela como una ficción de naturaleza autorreflexiva, que se despliega como un espectáculo doblemente parodiador al parodiarse a sí mismo y al mundo extratextual. Dicho de otra manera, la intención crítica, desestabilizadora, de Vargas Llosa, construye su propia autoparodia. Al exponer sarcásticamente las convenciones literarias de otros géneros, el autor pone de manifiesto no sólo el proceso de construcción y las estructuras de dichos modelos, sino que también pone en tela de juicio su propio estilo, la estructura literaria de su propia novelística, la capacidad de la literatura para representar el entorno histórico, su dominio como autor sobre la creación literaria, y el papel del lector como descifrador del texto.

Vargas Llosa se inscribe en *La tía Julia* de manera subrepticia, encarnándose en personajes ficticios de su propia invención, proyectando segmentos de sí mismo en dos álter egos ostensibles —el narrador Marito y el escribidor Camacho—. Según Laura Giussani, el novelista peruano emplea la técnica de las *matryoskas* para esconderse dentro de sus personajes: es él quien se esconde detrás del personaje Marito, quien a su vez se oculta en Pedro Camacho, quien también se oculta en sus protagonistas "obsesionados" de los distintos radioteatros (452). Los dobles, indudablemente, son útiles como experimentos de imitación autoparódica. Por un lado, Marito o Varguitas parodia al joven y ambicioso aspirante a novelista culto que fue Vargas Llosa, empeñado en esa época en convertirse en un gran escritor, pero que por falta de experiencia se ve frustrado en sus intentos; mientras que, por el otro, Camacho parodia al más populachero es-

212

critor que Vargas Llosa lleva en sí. Esta duplicación o más bien dicha proliferación de representaciones que Giussani denomina la técnica de las *matryoskas*, es la misma que nota Rafael Correa cuando señala que "la autoconciencia de la escritura se vale de la representación en *mise en abyme* para desnivelar la diégesis narrativa" (207). Los márgenes de los dos discursos, continúa Correa, se unen en un solo núcleo semántico y la excentricidad de Camacho entra a formar parte del primer nivel de la diégesis, contaminando la historia de Varguitas y Julia (207).

Tal como ya indiqué en la introducción, en *La tía Julia*, Vargas Llosa relata de manera explícita, si bien ficticia, sus propias aventuras existenciales, utilizando un protagonista-narrador que lleva su mismo nombre y narra en primera persona.[3] Elabora con humor un episodio de su vida temprana, de los días en que siendo estudiante universitario, se enamoró de su tía política, Julia Urquidi. Intercalados en esta narración autobiográfica, se encuentran los seis cuentos que Marito escribe e intenta publicar, pero que finalmente desecha en el tacho de basura, desalentado por las críticas despiadadas de sus mejores amigos: Julia y Javier.

Al igual que Marito, también Pedro Camacho es un álter ego paródico de Vargas Llosa, pero su función es más compleja. Camacho ocupa un lugar prominente en la novela por ser el autor de los radioteatros, si bien, de hecho, la cuestión de esta autoría se resuelve únicamente con un reconocimiento de que los descabellados seriales también son obra de Vargas Llosa. Enfrentado a este dato, el lector podría preguntarse, entonces: ¿cómo es posible que un autor que se tome en serio escriba obras populares en géneros no canónicos, obras no reconocidas por la crítica debido a su trivialidad? Y no sólo que

---

[3] No es secreto que Vargas Llosa –como también he mencionado anteriormente– ha dicho que todo novelista escribe basado en sus experiencias o sobre sus demonios. *La casa verde* nació de sus recuerdos de un viaje que hizo a la selva peruana. Anteriormente, en *La ciudad y los perros*, Vargas Llosa escribe sobre su adolescencia cuando era alumno de la escuela militar Leoncio Prado. En *Conversación en La Catedral* nos remite a su juventud como estudiante universitario.

las escriba, sino que estructure toda una obra literaria alrededor de ellas. Además, por si esta infracción del canon no fuese ya lo suficientemente seria, Vargas Llosa deforma las creaciones camachianas al extremo que el lector las percibe en última instancia como obras de un enajenado mental. Todos estos hechos apuntan directamente a la autoparodia. Al ocultarse detrás de la figura de Camacho, Vargas Llosa pone al descubierto la ironía de representarse en un papel de cuentista "antiliterario".

Giussani ha afirmado que Pedro Camacho representa a Vargas Llosa de manera más fiel y verídica que Marito –quien fracasa en su intento de escribir cuentos– porque Camacho capta "las ansias espirituales del hombre y del escritor, las que se revelan a través del humor y la exageración del personaje Camacho" (452). Añade Giusanni que Vargas Llosa se vale de Camacho, cuya inminente locura lo libera de la censura y los cánones sociales, para exorcizar sus propios "demonios" (452).

Wolfgang Luchting ha señalado que al leer *La tía Julia*, los seriales eventualmente se convierten en un estorbo, tanto por su falta de persuasión como por irritar al lector con la interrupción continua de la narración autobiográfica ("Mario" 122-28). En efecto, al comenzar la lectura, los radioteatros resultan más entretenidos que la historia del narrador, pero, según avanza la novela, Marito poco a poco aprende el arte de narrar (precisamente del escribidor), mientras que Camacho se va desintegrando mentalmente. Como resultado de su crisis psicológica, Camacho pierde el control de sus creaciones, y el lector va perdiendo interés por ellas, mientras que la historia de Marito se hace más y más interesante según se afirma su maestría de las técnicas literarias, sobre todo a medida que gana control en su manera dulzona de narrar su romance con la tía Julia, apropiándose del modelo de la novelita rosa. El personaje de Julia, con los elementos sensacionalistas de estar divorciada, tener catorce años más que Marito y estar emparentada con él, le proporciona al narrador principal una historia verdaderamente folletinesca. Los amantes se reúnen de manera clandestina. La misma Julia (como señalé en mi "Introducción") llega a definir su romance como un serial de Camacho (112). Y es precisamente a partir del momento que la vida de Marito se asemeja más a una radionovela, y a una novela rosa, que el lector más se interesa por su historia. Además, desde el punto de vista estructural, la intercalación de los radioteatros de Camacho contribuye a "serializar" la narración autobiográfica, ya que las interrupciones de los radiodramas la cortan, imitando las "entregas" de las emisiones radioteatrales. Esta aparente serialización, más los elementos melodramáticos que contiene, en una historia percibida por el lector como la parte literaria "culta", constituye una obvia parodia del género autobiográfico. Sara Castro-Klarén ha llamado "autobiografía simulada" a la narración de Marito, y ha señalado tres factores que sugieren la parodia de la autobiografía: primero, la identidad doble —Marito-Camacho— del narrador; segundo, las coincidencias entre el relato autobiográfico de Marito y los seriales; y tercero, la ilusión de veracidad que produce el uso de nombres históricos en la novela (*Understanding* 155-61). Varios críticos —Roland Forgues y Jean O'Bryan-Knight, entre ellos— han aludido a las correspondencias temáticas entre la autobiografía de Varguitas y la novela rosa, pero no han estudiado las correspondencias estructurales entre éstas. En las páginas siguientes investigo la autoparodia manifiesta en *La tía Julia*, examinando y comparando los diferentes álter egos paródicos del autor peruano, los métodos y técnicas de trabajo que emplean, la calidad de sus producciones "literarias" y las coincidencias entre su ideología y la de Vargas Llosa. Para subrayar el concepto de autoparodia leo la autobiografía inscrita en *La tía Julia* como una novela rosa y examino el papel del lector —crucial en la parodia contemporánea— como co-creador del texto.

Richard Poirier y Margaret Rose han examinado el concepto de autoparodia. Ambos críticos reconocen que la parodia, al criticar otras ficciones, implica una crítica de sí misma. Poirier la ha descrito como una forma artística que se ridiculiza a sí misma, cuestionando la actividad de la creación literaria en general, al criticar otras estructuras literarias: "Propone no el mérito sino los límites de sus procedimientos, se forma en torno a sus propios disolventes, más que una estructura literaria en particular, cuestiona la empresa, la actividad misma de crear cualquier forma literaria, de otorgarle poder a una idea, con un cierto estilo"[4] (339; *It proposes not the rewards so much as the limits of its own procedures, it shapes itself around its own dissolvents, it calls into question not any particular literary structure so much as the enterprise, the activity itself of creating any literary form, of empowering an idea with a style*).

M. Rose también subraya la prominencia en la autoparodia, de la función autorreflexiva del género paródico. Asevera que el fin principal es reflexionar sobre su propio medio y que la parodia metaficticia implica una crítica de sí misma (*Parody//Metafiction* 97). Arguye M. Rose, además, que el espejo deformador del autor que se parodia a sí mismo expone también el mito de la verosimilitud del arte mimético. Así, el espejo del escritor no es análogo a la "verdad"; es, más bien, un instrumento utilizado con el propósito de descubrir la limitación del arte como imitación y representación (*Parody//Metafiction* 66). También señala esta investigadora que la autoparodia puede ser utilizada por el escritor para renovar otros textos, pero además para reevaluar su propio estilo y sus temas. La ambivalencia del escritor hacia el objeto parodiado —a la vez su modelo y su objeto de ataque— en la autoparodia debe aparecer como ironía, "como un ataque del autor contra sí mismo, y no debe ser totalmente condenadora. Así, la ambivalencia del autor hacia la obra se evidencia con más fuerza. El efecto cómico no resulta tanto de la deformación del modelo sino

---

[4] Poirier añade que la literatura autoparódica continúa la función crítica tradicional de la parodia –imitación burlesca de un texto–, pero con una gran diferencia: "Mientras que el objetivo de la parodia siempre ha sido sugerir que ciertos estilos literarios son anticuados, la literatura autoparódica, indecisa sobre la relevancia de estándares, se burla aún del esfuerzo por verificarlos por medio del acto de la escritura" (339; *While parody has traditionally been anxious to suggest that life or history or reality has made certain literary styles outmoded, the literature of self-parody, quite unsure of the relevance of such standards, makes fun of the effort even to verify them by the act of writing*).

de la pretensión irónica de autoemulación" (*Parody//Metafiction* 97; ... *as an attack by the author on himself, and as being not totally condemnatory. The ambivalence of the parodist to this target —of emulation and condemnation— is made clear in self-parody, where the source of the comic effect is less the condemnation of a model than the ironic pretence at self-emulation*).

Antes de iniciar el análisis textual de la autoparodia en *La tía Julia*, es importante también señalar un aspecto substancial que ha sobresalido en los estudios teóricos recientes de la parodia, y que se relaciona con su naturaleza metaficticia.[5] M. Rose explica que la autorreflexividad inherente a la parodia se debe a la función doble del escritor como lector de la obra parodiada y autor de la parodia. Esta función permite interpretar críticamente no sólo la obra parodiada sino también la del autor que la parodia. Michele Hannoosh explica que al alterar una obra de acuerdo a un código diferente, contemporáneo y trivial, la parodia cuestiona la noción de obras "definitivas" y se presta para una evaluación crítica al proveer una nueva versión de algo antiguo (114). Asimismo, continúa Hannoosh, al criticar otros textos y por tanto a sí misma, la parodia sugiere su propia potencialidad "como modelo o blanco, como obra por ser re-escrita, transformada y al mismo tiempo parodiada" (114; *as a model or target, a work to be rewritten, transformed, even parodied in its turn*).

M. Rose sugiere que la parodia es una forma de metaficción, al referirse a aquélla como un espejo crítico de la escritura y de la recepción (*Parody//Metafiction* 13). Esta investigadora señala las siguientes similitudes entre estos dos discursos: critican las opiniones ingenuas de la representación mimética en el arte; demuestran críticamente los procesos involucrados en la producción y recepción de la ficción desde dentro del texto; y muestran cómo una obra literaria existe

---

[5] Según Michele Hannoosh, el carácter metalingüístico de la parodia, subrayado inicialmente por los formalistas rusos, o sea el comentario de un texto o de la literatura en general en una obra, expone los métodos y procesos del arte, al mismo tiempo que los utiliza: "como la parodia se relaciona específicamente con obras de arte, su tratamiento de la obra parodiada puede ser por analogía generalizado para incluirse a sí misma" (113; *As parody deals specifically with works of art, its treatment of the parodied work may by analogy be generalized to include itself*).

dentro de un determinado contexto social y en la tradición literaria en general (*Parody//Metafiction* 65-66). Dada la estrecha conexión entre parodia y metaficción, considero adecuado proporcionar una breve explicación del término "metaficción", antes de emplearlo para el análisis textual de la autoparodia en *La tía Julia*.

El término metaficción[6] es definido por Patricia Waugh como una ficción que de manera sistemática y autoconsciente llama la atención a su estatus como artefacto para cuestionar la relación entre ficción y realidad: "al proporcionar una crítica de sus propios métodos de construcción, estos escritos no sólo examinan las estructuras fundamentales de la narrativa ficticia, sino que también exploran la posible calidad ficticia del mundo fuera del texto literario" (2; *In providing a critique of their own methods of construction, such writings not only examine the fundamental structures of narrative fiction, they also explore the possible fictionality of the world outside the literary fictional text*).

Además de la problemática realidad/ficción, continúa Waugh, la metaficción busca averiguar, a través de su autoexploración formal, la manera en que los seres humanos reflejan, construyen y median su experiencia del mundo, apoyándose en la metáfora tradicional del mundo como libro. Los discursos metaficticios, según Waugh, reflejan una mayor conciencia de la función del lenguaje en la construcción del sentido de la realidad cotidiana. Por ejemplo, si como individuos extratextuales desempeñamos papeles, en lugar de ser nosotros mismos, el estudio de personajes novelescos podría servir como modelo para comprender la construcción de la subjetividad en el mundo de afuera: "si nuestro conocimiento de este mundo se perci-

---

[6] El término metaficción se origina en un ensayo de William H. Gass (1970), crítico norteamericano y novelista metaficticio (Waugh, 2). Sklodowska nota que otros términos –"novela autorreflexiva", "novela metaliteraria" y "novela narcisista"– destacan también el tono dominante de textos que meditan sobre sí mismos, pero el término más popular ha sido "metaficción" (63-64). En la crítica angloparlante, los conceptos que procuran captar el afán autorreflexivo de la literatura y de la novela contemporánea son: *surfiction* (Federman), *self-conscious novel* (Alter), *the self-begetting novel* (Kellman), *narcissistic narrative* (Hutcheon). En mi estudio considero sinónimos todos los términos mencionados por Sklodowska y los utilizo indistintamente.

be actualmente como si hubiera sido mediado por el lenguaje, entonces la ficción literaria [mundos construidos totalmente por el lenguaje] se convierte en un modelo útil para aprender sobre la construcción de la propia 'realidad'" (3; *If our knowledge of this world is now seen to be mediated through language, then literary fiction (worlds constructed entirely of language) becomes a useful model for learning about the construction of "reality" itself*).

Un aspecto esencial adicional de la metaficción contemporánea corresponde a la importancia de la función del lector en la recepción del texto. Linda Hutcheon explica que en toda ficción la lengua es representativa, pero de un mundo ficticio completo y coherente creado por los referentes ficticios del signo. En la metaficción este hecho se hace explícito y por ello, el lector se ve obligado a reconocer la calidad ficticia del mundo de su lectura. Paradójicamente, el texto también exige su participación intelectual, imaginativa y emotiva, forzándolo a asumir un nuevo papel como "cocreador" del texto. Esta función doble es lo que Hutcheon llama la paradoja del lector, que tiene su contraparte en la paradoja del texto, constituida por el hecho de que es narcisísticamente autorreflexivo, a la vez que orientado hacia afuera, hacia el lector (*Narcissistic* 6-7).[7]

Para Hutcheon, la preocupación metaficticia de la época actual difiere de la de épocas anteriores en ser más categórica, intensa y autoconsciente. Esta intensificación se debe a un cambio en el concepto del lenguaje como medio representativo. También, al deseo de encontrar un modo estético que se ponga a punto con la experiencia vital caótica del hombre moderno y que refleje el nuevo escepticis-

---

[7] Hutcheon distingue dos tipos de metaficción: la diegética, consciente de su proceso narrativo; y la lingüística, consciente de los límites y poderes de la lengua. Estos dos tipos los subdivide en formas explícitas e implícitas, dependiendo de cómo se estructuren en el texto, es decir, abiertamente o internalizando el proceso narcisista (*Narcissistic* 23). El narcisismo diegético explícito involucra la tematización de las preocupaciones de contar historias dentro de la narrativa –parodias, convenciones narrativas, proceso creativo– con miras a proporcionarle al lector un papel más activo (*Narcissistic* 34).

mo que se opone a la noción de que el arte puede proveer un orden consolador sin problemas *(Narcissitic* 18-19).[8] Para Waugh, la narrativa metaliteraria contemporánea es a la vez una respuesta y una contribución a un sentido pronunciado de que la realidad y la historia son provisionales. Según ella,

> ... la visión materialista, positivista y empírica de la ficción realista ya no es válida. Tampoco son válidos los mundos de verdades eternas. Más bien, actualmente el mundo se percibe compuesto de una serie de construcciones, artificios y estructuras temporales. Es por ello que muchos novelistas cuestionan y rechazan las formas que corresponden a la realidad ordenada.
>
> *The materialist, positivist and empiricist world-view on which realistic fiction is premised no longer exists. It is hardly surprising, therefore, that more and more novelists have come to question and reject the forms that correspond to this ordered reality* (7).

En Hispanoamérica, la narrativa narcisista tiene su auge en la novela del *boom,* cuya principal novedad consiste, según Sklodowska, "en un virtuosismo formal llevado hasta la exasperación e, ineludiblemente, a una indagación sobre la escritura misma" (63). Añade esta investigadora que inclusive las novelas que desarrollan una "historia" en un contexto bien definido sobrepasan los parámetros de una narración referencial y optan por explorar su propio artificio compositivo y estilístico (63).[9]

---

[8]   En los años sesenta, observa Hutcheon, la crítica de la metaficción era negativa, se asociaba con la muerte de la novela. Pero más tarde se acepta su vitalidad y no necesita defensa. El término posmodernismo apareció en la crítica de los setenta para referirse a los textos contemporáneos autoconscientes. Hutcheon no usa ese término para referirse a la narrativa autorreflexiva por parecerle que limita el fenómeno de la metaficción (*Narcissistic* 2).

[9]   Otro crítico, John Lipski, traza cuatro etapas en la progresión de la narrativa en Hispanoamérica, valiéndose de una sola obra por etapa. Para él, *Rayuela* (1963) de Julio Cortázar fue la primera "nueva" novela hispanoamericana en la que la invención verbal cumple un papel central. *Cien años de soledad* (1967) de Gabriel García Márquez representó el primer intento de integrar el humor a la estructura novelística. *Abaddón y el exterminador* (1974) de Ernesto Sábato representa para Lipski el tercer nivel en la metaficción hispanoamericana. Se asemeja a *Rayuela* en que comparte el tema de la creación literaria, pero en *Abaddón,* Sábato comete un acto deliberado de autoparodia y de autoconciencia, ya que en esta ficción el lector tiene que habérselas con un autor que entra en escena en el doble papel de personaje y de autor (118-21). La etapa final en la progresión de la metaliteratura la constituye *La tía Julia y el escribidor* (1977). Para él, esta obra es una metáfora, un metacomentario que traza el desarrollo de Vargas Llosa como escritor, y sugiere también la autoparodia inherente en la obra (123).

Terminada mi explicación de metaficción y autoparodia, prosigo con mi análisis textual, estudiando la inscripción autoparódica de los álter egos o "dobles" vargasllosianos representados en *La tía Julia*.

El hábil recurso de hacer a Camacho "autor" de los textos populares, permite a Vargas Llosa utilizar cualquier historia –no importa cuán improbable o ilusa sea– en su novela. Las posibilidades de este recurso son infinitas, si aceptamos la noción de Alter sobre la literatura. Explica este crítico que la literatura no es exhaustiva, por la simple razón que ningún libro lo es. Mientras más libros se escriban, más complicados se hacen los significados de los ya escritos, y las posibilidades de crear nuevas obras de los libros ya existentes aumentan: "un libro no es un número entero sino una relación, un eje de innumerables relaciones que aumentan con el paso del tiempo histórico y de la historia literaria" (220; *a book is not an integer but a relationship, an axis of innumerable relationships which of course grow with the passage of historical time and literary history*). Para escribir una buena novela metaficticia, prosigue Alter, basta que el escritor sea inteligente y que posea un sentido serio de la integridad de su oficio e inevitablemente de la relación problemática entre la vida y la ficción (238). Vargas Llosa, a través de su doble Camacho, escribe los seriales populares y, al darles un tratamiento paródico, hace evidentes sus conocimientos de la literatura anterior y de las convenciones literarias que manejan esos discursos. Pero, además, como el propio autor ha declarado, satisface su poderoso deseo de introducir las técnicas y los temas de las "fascinantes" ficciones populares, es decir las no canónicas, en un texto artístico con el propósito de renovarlas (*Writer's* 106).

En una entrevista con José Miguel Oviedo, Vargas Llosa ha confesado su predilección por el melodrama, elemento que, según él, siempre ha estado presente en su obra, aunque escondido. Pero en *La tía Julia*, explica el autor, el melodrama "constituye la materia profunda del relato" ya que con él "trata de mostrar cómo todo ese mundo no es sino la magnificación o la selección de una suma de experiencias, que son profundamente melodramáticas y sensibleras en los personajes de la vida real" ("Conversación" 205). Para Vargas Llosa el melodrama existe en la vida real, "tan profunda, tan vívidamente como en el mundo de la imaginación y la fantasía" ("Conversación" 205). Advierte que un aspecto serio del melodrama es el impacto que ejerce sobre el público. En *La tía Julia,* los parientes de Marito protestan cuando éste les pregunta por qué prefieren los seriales a los libros, ellos le argumentan: "qué tontería, cómo se iba a comparar, los libros eran la cultura, los radioteatros simples adefesios para pasar el tiempo" (113), pero lo cierto es que, a pesar de sus palabras, el escuchar y comentar estas historias disparatadas ocupan una gran parte de su tiempo libre, y cumplen un papel muy importante tanto en su vida como en las de un sinnúmero de gente.

La figura de Camacho parece haber sido escogida deliberadamente para manifestar un punto de vista literario antipoético y simplista. El boliviano es representado como un autor de obras populares con características fijas, y no como un poeta poseedor de una poderosa visión "artística". Su "filosofía" sobre el "arte" literario se basa en ideas preconcebidas, que encajan perfectamente dentro del esquema folletinesco, que como ya se ha dicho, tiende a ser elemental y maniqueísta.

En los capítulos que narran la acción principal, Marito relata que para escribir los radioteatros, Camacho se servía de tres rudos instrumentos de trabajo: primero, un libro titulado: *Diez mil citas literarias de los cien mejores escritores del mundo;* segundo, el *Boletín de Socios del Club Nacional,* del que extrae el nombre de sus "aristócratas"; y tercero y último, un plano con los barrios y calles de Lima, que le sirve para fundamentar el espacio "real" de los diferentes estratos sociales limeños. Camacho ha marcado en el mapa, con círculos, los barrios de la capital de acuerdo a su importancia social. Se le hizo muy fácil determinar que los elegantes barrios de Miraflores y San Isidro eran totalmente disímiles de los barrios asociados a la clase más baja, La Victoria y El Callao. Según Camacho, a la elegante zona de San Isidro le correspondían las "Aes", que quieren decir, según él, "Alto Abolengo, de Aristocracia Afortunada" (64), mientras que a La Victoria y El Porvenir les asignó las iniciales "VMMH (Vagos Maricones Maleantes Hetairas)" (64); el puerto del Callao salió premiado con "PMZ (Marineros Pescadores Zambos)" (64). Camacho le asegura a Marito que su clasificación no es científica, sino puramente artística: "No me interesa toda la gente que compone cada barrio, sino la más llamativa, la que da a cada sitio su perfume y su color. Si un personaje es ginecólogo debe vivir donde le corresponde y lo mismo si es sargento de la policía" (65; subrayado en el original). Su predilección maniqueístamente folletinesca por los opuestos –millonarios y mendigos, blancos y negros, santos y criminales– es expresada por el propio boliviano en una conversación con Marito: "Soy hombre que odia las medias tintas, el agua turbia, el café flojo. Me gustan el sí o el no, los hombres masculinos y las mujeres femeninas, la noche o el día. En mis obras siempre hay aristócratas o plebe, prostitutas o madonas. La mesocracia no me inspira y tampoco a mi público (65).

El "artista" despliega su conocimiento agudo de las peculiaridades literarias de las convenciones folletinescas escribiendo tal como si lo hiciera de memoria. A Marito siempre lo dejaba asombrado por la rapidez y facilidad con que creaba los seriales:

> Jamás se paraba a buscar alguna palabra o contemplar una idea, nunca aparecía en esos ojitos fanáticos y saltones la sombra de una duda. Daba la impresión de estar pasando a limpio un texto que sabía de memoria, mecanografiando algo que le dictaban... Los libretos salían de esa cabecita tenaz y de esas manos infatigables, uno tras otro, a la medida adecuada, como sartas de salchicha de una máquina. Una vez terminado el capítulo, no lo corregía ni siquiera lo leía; lo

entregaba a la secretaria para que sacara copias y procedía, sin solución de continuidad, a fabricar el siguiente (158).

Esta "máquina radioteatral" empezó escribiendo cuatro radioteatros al día, pero en vista del éxito de sus creaciones, que incrementaron notablemente los ingresos de la Radio Central, pronto se vio en la necesidad de aumentar su producción hasta diez radioteatros diarios en los que como sabemos también actuaba y hasta dirigía. La demanda del público y de los dueños de la estación (como el sistema de los antiguos folletines) lo obligaron a llevar un ritmo de trabajo acelerado, una parodia del típico escritor de dichos productos, que habría de finalizar con su eventual colapso nervioso. No obstante su prolijidad y popularidad, Camacho ganaba poco dinero y vivía pobremente en una pensión miserable. A Julia le preocupó que en el lugar donde vivía Camacho, "no se viera ni una bañera ni una ducha, apenas un excusado y un lavador enmohecidos en el primer rellano de la escalera" (165). Concluye, por ello, que los escritores son "unos muertos de hambre" (165). La precaria situación socioeconómica de Camacho, aunque paródica, es representativa de la condición de un gran número de escritores y artistas latinoamericanos, sobre todo los que recién empiezan a iniciarse en la profesión.[10] Refleja también, por tanto, la del joven Vargas Llosa, quien podía escribir sólo hurtándole tiempo a los estudios y al trabajo. Julia le augura a Marito un futuro incierto cuando éste le confiesa su deseo de hacer profesión de la escritura: "Así que el hijo de Dorita resultó bohemio, vaya, vaya. Lo malo es que te vas a morir de hambre, hijito" (109).

La proyección de Vargas Llosa en su personaje Camacho, un portador válido y autónomo de su propio trabajo literario, plantea

---

[10] Entre los estudios que se ocupan de la situación del escritor frente a la sociedad destacan: "*La tía Julia y el escribidor*: The Working Subject's Fantasy of Empowerment" de Carlos J. Alonso, y "*La tía Julia y el escribidor*: Self-Portrait of an 'en soi'" de Sally Harvey.

un diálogo entre ideologías literarias opuestas: la "artística" y la "popular". Señala, al mismo tiempo, la autoparodia de Vargas Llosa, porque el autor parodia muchas de sus propias técnicas de crear ficciones en el método de escritura no sólo de Camacho sino también de Marito. Así, la aseveración del boliviano de que sus obras se basan en la realidad, es un postulado que responde a la ideología literaria de ambos. De hecho, *La tía Julia* es la obra vargasllosiana más representativa de la base "realista" de su ficción, ya que en ella relata anécdotas autobiográficas verificables. Vargas Llosa mismo ha afirmado que el germen de toda ficción se deriva de experiencias personales que impelen al individuo a escoger la vocación literaria. Estas experiencias que denomina "demonios"[11] constituyen el tema de las ficciones.

Vargas Llosa arguye que a un novelista no se le puede pedir cuentas de sus demonios, ya que él no los elige, sino más bien, ellos lo eligen a él. Sostiene además que el factor irracional juega un papel decisivo en la elección de los temas, que son determinados por las experiencias "reales" que afectan al escritor en su vida diaria y que afloran a la conciencia de manera inconsciente a la hora de la escritura. También ha explicado el proceso de la escritura metafóricamente, equiparándola a un *striptease* a la inversa, en el que el escritor empieza con sus experiencias desnudas, y luego las va vistiendo de manera que en el producto final las ha transformado en ficción (*Historia* 7). Ahora bien, en *La tía Julia,* Vargas Llosa parodia su propia concepción del proceso creativo en la figura del escriba Camacho, cuya escritura funciona como un verdadero *striptease*, ya que al lector se le hace relativamente fácil "desnudar" los "demonios" o móviles del boliviano. Un cotejo entre lo que Marito relata sobre el boliviano y las ficciones que éste escribe, permite observar la manera en que

---

[11] Ver la definición de "demonios" en mi Introducción.

Camacho concreta muchas de sus experiencias y obsesiones –si bien mezquinas– en sus creaciones. Al igual que Vargas Llosa, quien se ve impelido a actuar el impulso narrativo proyectándose de manera explícita en el protagonista-narrador [Marito] de su ficción, Camacho se proyecta en sus héroes cincuentones, cuyas personalidades e ideologías son, como ya he señalado, un reflejo de su extraña idiosincrasia.

Las ideas de Camacho sobre el significado de la "realidad", como todo lo que a él se refiere, son algo excepcionales y cómicas. Además de afirmar: "Yo trabajo sobre la vida, mis obras se aferran a la realidad como la cepa a la vid" (64), el boliviano asegura que la "realidad" de la escritura también consiste en consubstanciarse con sus personajes, vistiéndose como ellos al momento de crearlos. Su parafernalia de trabajo de "escritor" consistía en: "una peluca de magistrado inglés, bigotes postizos de distintos tamaños, un casco de bombero, una insignia de militar, caretas de mujer gorda, de anciano, de niño estúpido, la varita del policía de tránsito..." (163). En cierta oportunidad Marito se asombró al verlo trabajar con un vestido de médico:

> Pero tuve la impresión de haberme equivocado de lugar o de persona, y sólo después de varios segundos reconocí, bajo el disfraz compuesto de guardapolvo blanco, gorrita de médico y grandes barbas negras rabínicas, al escriba boliviano. Seguía escribiendo inmutable, sin mirarme, ligeramente curvado sobre el escritorio (232).

También le llamó la atención sobremanera que el boliviano necesitase sólo cinco minutos para escribir el incidente de un parto de trillizos, que por su complicación requirió una cesárea. Camacho le dice a Marito: "El ginecólogo Alberto de Quinteros está haciendo parir trillizos a una sobrina, y uno de los renacuajos se ha atravesado. ¿Puede esperarme cinco minutos? Hago un cesárea a la muchacha y nos tomamos una yerbaluisa con menta" (232). Su gran sorpresa se debe no sólo a que Marito se había demorado tres semanas para completar un cuento sobre tres muchachos que levitan aprovechándose de la presión de los aviones, sino que tuvo que echarlo a la basura cuando sus amigos íntimos sugirieron que, a pesar de sus esfuerzos, carecía de valor.

Camacho les explica a Marito y a Julia que la estrategia del disfraz también era útil para evitar el aburrimiento: "¿Qué cosa es el realismo, señores, el tan mentado realismo qué cosa es? ¿Qué mejor manera de hacer arte realista que identificándose materialmente con la realidad? ¿Y no resulta así la jornada más llevadera, más amena, más movida?" (164). La fantasía de Pedro crea a estos personajes, y en ellos se transfigura en momentos de trabajo frenético. Pero Camacho se disfrazaba sólo en su casa, evitando que en la Radio Central se corriese la voz de que era travestí.

Los disfraces de Pedro le permiten a Vargas Llosa presentarlo como un personaje excéntrico. El boliviano personifica no sólo los dos sexos – "el protagonista" del Cap. X, la doctora Acémila, es una mujer– sino también un sinnúmero de profesiones disímiles –médico, policía, juez, cura, árbitro de fútbol, vendedor de medicinas, exterminador de ratas, psicoterapeuta y cantante de música popular–. Su metamorfosis continua en seres imaginarios parece originarse en una negación a confrontar su propia experiencia vital, que se revela inadecuada por lo miserable, y le obliga a escapar al mundo de la imaginación. Parece como si Camacho inscribiera en sus personajes su futilidad, disolviéndose en su propio discurso narrativo, con la intención subconsciente de elevar su condición ontológica. Igualmente, dada su progresiva enajenación mental, la escritura le permite posponer la disolución de su personalidad, aferrándose a otras identidades para preservar la propia, e indirectamente sugiriendo así la imposibilidad de fijar la esencia del ser.

La identificación ininterrumpida de Camacho con otros seres sugiere el tema de las carnestolendas. En su mundo, escribir equivale a "vivir el carnaval", ya que su existencia se nutre de la perenne mu-

227

tación de esa proliferación de máscaras que ocultan y a la vez exponen su insignificancia existencial. Del mismo modo, su enunciado ejemplifica el texto polifónico bakhtiniano, por medio del cual la voz del autor Vargas Llosa polemiza la carga significativa de un discurso ajeno –el de Camacho– acentuándolo y aun ironizándolo.

Umberto Eco explica que tanto los textos trágicos como los cómicos deben establecer marcos de referencia específicos. Pero añade que para que el humor[12] sea eficaz, el marco de referencia no debe ser categóricamente mencionado: "Lo que es obligatorio para producir un efecto cómico es la prohibición de hacer explícita la norma. Debe estar presupuesta tanto por el emisor como por el público. Si el hablante la explicita es un tonto o es torpe; si el público no la conoce, no hay efecto cómico" ("Marcos" 16).

Eco menciona también, basándose en las ideas de Luigi Pirandello, que si lo cómico "es la percepción de lo opuesto, el humor es el 'sentimiento' de lo opuesto" ("Marcos" 18). Ilustra esta observación con el ejemplo de una mujer decrépita muy maquillada y vestida con ropa juvenil, que representa lo contrario de lo que es una mujer respetable. Uno entiende, explica Eco, que la vieja se "disfraza" para recuperar su juventud perdida. El personaje es grotesco, pero uno simpatiza con él. Así, el sentimiento humorístico cae entre tragedia y comedia, porque, según explica Eco:

... el humor intenta restablecer y reafirmar el marco roto. No funciona para que aceptemos ese sistema de valores, pero por lo menos nos obliga a reconocer su existencia. La risa, mezclada con la pie-

---

[12] Eco utiliza la siguiente explicación de los resortes de lo cómico: "i) hay la violación de una regla (preferible, pero no necesariamente, una menor, como una regla de etiqueta); ii) la violación es cometida por alguien con quien no simpatizamos porque es un personaje innoble, inferior y repulsivo (animalizado); iii) por lo tanto, nos sentimos superiores a su mala conducta y a su pena por haber transgredido la regla; iv) sin embargo, al reconocer que se ha roto una regla, no nos sentimos preocupados; al contrario, de alguna manera damos la bienvenida a la violación; podría decirse que nos sentimos vengados por el personaje cómico que ha desafiado el poder represivo de la regla (lo cual no implica riesgo para nosotros, ya que sólo cometemos la violación indirectamente); v) nuestro placer es mixto porque disfrutamos no sólo de la violación de la regla, sino de la desgracia de un individuo animalizado; vi) al mismo tiempo, no estamos preocupados por la defensa de la regla ni nos sentimos obligados a compadecer a un ser tan inferior" ("Marcos" 10).

dad, sin miedo, se convierte en una <u>sonrisa</u>. Aún hay un sentido de superioridad, pero con un matiz de ternura. En la comedia nos reímos del personaje. En el humor sonreímos, debido a la contradicción entre el personaje y el marco con el que no puede cumplir el personaje. Pero ya no estamos seguros de que es el personaje quien está equivocado ("Marcos" 18-19; subrayado en el original).

Camacho nos parece extraño porque se disfraza cuando escribe, pero su rareza se debe en mayor grado a la excentricidad de sus ideas sobre la creación literaria, ya que, en efecto, no está quebrantando ninguna regla. Tampoco presuponemos en *La tía Julia* un marco que defina con certeza cómo funciona la praxis literaria. Más bien, redescubrimos y juzgamos el "marco" mientras Camacho actúa de esa manera. En otras palabras, en Camacho criticamos con Vargas Llosa un conjunto de marcos culturales e intertextuales asociados a la "santidad" del arte de escribir. Según Eco, el humor siempre es, "si no metalingüístico, metasemiótico: a través del lenguaje verbal o algún otro sistema de signos, pone en duda otros códigos culturales. Si hay una posibilidad de trasgresión, está más bien en el humor que en lo cómico" ("Marcos" 19).

Las máscaras de Camacho señalan una actitud autoparódica y enmascarada también, por parte de Vargas Llosa, quien busca cuestionar humorísticamente el proceso de la creación de toda ficción, aun el propio. El novelista sugiere que los disfraces y máscaras de Camacho no representan algo tan rebuscado como parecería a simple vista. De hecho, su juego con el lector se relaciona también con su propia búsqueda de una explicación exacta de cómo nacen sus ficciones.

Vargas Llosa también se parodia a sí mismo cuando Camacho se vale de la técnica de los vasos comunicantes para estructurar sus seriales. Vargas Llosa ha explicado que al escribir *La casa verde*, para evitar la monotonía, comenzó escribiendo simultáneamente dos novelas. De acuerdo con un plan rígido, un día escribía sobre Santa

María de Nieva y al día siguiente sobre Piura. Para sorpresa suya, estas historias paralelas, inexplicablemente, se fueron mezclando en su mente. El autor declara que no pudo llevar a cabo su plan de mantener a cada personaje en su lugar:

> Los piuranos invadían Santa María de Nieva, los habitantes de la selva luchaban por entrar subrepticiamente en la casa verde. Era demasiado fastidioso luchar por separarlos. Luego decidí no hacerlo más. Decidí combinar esos dos mundos, escribir una novela que abarcara toda la masa de recuerdos.
> *The Piurans invaded Santa María de Nieva, the inhabitants of the jungle fought to sneak into the green house. It became harder and harder to hold each character in his respective world. It was too tiring to keep on fighting to separate them. Then I decided not to do it any longer; I decided to combine those two worlds, to write a single novel that would embrace that whole mass of reminiscences[13] (Writer's 73-74).*

En *La tía Julia*, Camacho también confiesa que escribía cada historia no por más de sesenta minutos para poder pasar de un tema a otro. De este modo, tenía la sensación de estar siempre principiando a trabajar. También, para no aburrirse, ordenaba las historias por contraste, no por afinidad: "el cambio total de clima, lugar, asunto y personajes reforzaba la sensación renovadora" (163). Pero, así como a Vargas Llosa se le mezclaron las historias en una totalidad lógica y cohesiva al escribir *La casa verde*, a Camacho le ocurrió lo mismo en *La tía Julia*, si bien en su caso el resultado fue el caos. En cierto momento le confesó preocupado a Marito que le estaba pasando algo extraño: "No llevo bien la cuenta de los libretos, tengo dudas y se deslizan confusiones" (290). Añadió luego:

> Esto [su cerebro] es un volcán de ideas, por supuesto... Lo traicionero es la memoria. Eso de los nombres quiero decir. Confidencial-

---
[13] *En La señorita de Tacna* se puede apreciar claramente, en escena, el esfuerzo vano del autor por mantener a sus "demonios" en su lugar.

mente, mi amigo. Yo no los mezclo, se mezclan. Cuando me doy cuenta, es tarde. Hay que hacer malabares para volverlos adonde corresponde, para explicar sus mescolanzas. Una brújula que confunde el Norte con el Sur puede ser grave, grave (290).

Pero hay una diferencia crucial en la manera en que estos dos escritores controlan la mezcolanza. Vargas Llosa se dio cuenta de que las historias se le iban mezclando y logró fundirlas mediante la técnica de los vasos comunicantes, mientras que Camacho –debido a su desintegración mental– no pudo ejercer ningún tipo de control, evidenciando su enajenación en la terrible confusión de nombres e intrigas que ocurren en los seriales. Julia había hecho reír a Marito, y a la vez confirmado sus sospechas de que el escribidor era un "humorista", cuando le contó que Camacho, a veces, hasta resucitaba personajes muertos: "Pasó algo rarísimo: la chica tuvo al peladingo [el bebé], se murió con el parto y lo enterraron con todas las de la ley. ¿Cómo te explicas que en el capítulo de esta tarde aparezcan bautizándolo en la Catedral?" (242). El caos mental eventualmente obligaría a Camacho a culminar sus seriales repetidamente con el aniquilamiento de todos los personajes, en un afán desesperado por volver a comenzar. Justo antes de sufrir la aguda crisis nerviosa, en una conversación con sus jefes, el propio boliviano reconoció que las catástrofes eran estratagemas para recomenzar las historias desde cero, pues su memoria le fallaba: "... no sabía ya qué había ocurrido antes, ni qué personaje era quién, ni a cuál historia pertenecía, y –'llorando a gritos, jalándose los pelos', aseguraba Nelly [otra empleada de Radio Central]– les había confesado que en las últimas semanas, su trabajo, su vida, sus noches, eran un suplicio" (411).

Otra táctica utilizada por Camacho, que es reflejo no sólo de la obra vargasllosiana sino también de la de otros escritores contemporáneos –William Faulkner, Gabriel García Márquez– y que acentúa la autoparodia de Vargas Llosa en *La tía Julia*, es la de utilizar al mismo personaje en obras diferentes. Roy Kerr ha observado un tratamiento paródico de este recurso en la utilización del sargento Lituma: "Vargas Llosa lanza la idea de personajes ficticios recurrentes al mundo de la autoparodia en *La tía Julia*" ("Names" 99; *Vargas Llosa propels the idea of recurring fictional characters into the realm of self-parody in* La tía Julia). Tal como indiqué en el capítulo IV, Lituma aparece desde muy temprano en la obra vargasllosiana. Antes de participar en *La tía Julia*, Lituma fue personaje del cuento "El visitante" y de la novela *La casa verde*. Posteriormente, aparecería brevemente en *La historia de Mayta*, también en *La Chunga* y ¿*Quién mató a Palomino Molero?* y es, además, nada menos que el protagonista de *Lituma en los Andes*. En *La tía Julia* el sargento Lituma también aparece en varios seriales de Camacho, aunque con curiosas alteraciones. En el cuarto capítulo es un sargento de la policía; en el decimocuarto se convierte en un ex curandero y sacristán; en el dieciséis es un capitán (que se suicida); y, por último, en el dieciocho, es la monjita Sor Lituma.[14] Uno de los actores de las radionovelas descubre otra transformación camachiana de Lituma: "Hipólito Lituma siempre fue un Sargento, terror del crimen en El Callao, en el radioteatro de las diez. Pero hace tres días resulta ser el nombre del juez de las cuatro, y el juez se llamaba Pedro Barreda" (283).

Robert Alter señala que un recurso metafictico, útil para demostrar que todas las representaciones de la realidad son nada más que formas estilísticas, es el de exponer los mecanismos de ciertas narrativas reelaborando sus convenciones (31). Añade que la integración de otras narrativas en el texto narcisista causa un movimiento de "zigzag", que representa una expresión auténtica "de la propia resistencia de la mente a la pulcritud de patrones y esquemas y, al

---

[14] Kerr también observa que en *La tía Julia* Vargas Llosa introduce a tres personajes que llevan el mismo nombre, y que este recurso subraya la fragilidad de la división entre realidad y ficción: "El tío Lucho es el tío del narrador. Lucho Gatica es un cantante de boleros chileno. Lucho Abril Marroquín es un vendedor de productos farmacéuticos que figura prominentemente en una de las radionovelas de Camacho. Los aparentes personajes reales, como el tío Lucho del narrador, se llegan a confundir con las creaciones imaginarias de Camacho, reiterando así la noción temática de la frágil separación entre ficción y realidad" ("Names" 94).

mismo tiempo, es una declaración continua (de parte del autor) de la arbitrariedad artística de todas las decisiones del autor" (31; ... *of the mind's own resistance to the neatness of pattern and schematization, and at the same time it is a continuous declaration by the author of the artful arbitrariness of all authorial decisions).* La técnica de parodiar historias interpoladas −los seriales camachianos− logra este objetivo en *La tía Julia.* A su vez, los mundos ficticios de las radionovelas son convertidos de manera paródica en múltiples imitaciones de otros géneros −novela rosa, detectivesca y de caballería− que llaman la atención hacia sus convenciones y hacia su propia naturaleza imitativa.

Alter advierte también sobre el peligro de la tentación que representa para el novelista autoconsciente el contentarse con el experimento técnico, o con dejarse llevar por cualquier impulso de invención, sin distinguir entre lo que puede servir una función artística y lo que es simplemente sibaritismo (222). En *La tía Julia,* a pesar de no haber ambigüedad en cuanto a la parodia de los radioteatros, éstos logran crear una tensión artística por medio de contrarios, al oponerse continuamente a la narración "seria" de Marito. Irónicamente, esta sección autobiográfica también intercala otras parodias, las de los seis cuentos basados en experiencias ajenas escritos por Marito con aspiración de hacer literatura, imitando reconocidos modelos canónicos que menciono más abajo. Estos cuentos son: 1) "El salto cualitativo", sobre unos campesinos que se disfrazan de "pishtacos" o diablos; 2) "La cara averiada", basado en la historia de un senador que ha quedado impotente a causa de una experiencia traumática; 3) "La humillación de la cruz", la historia de Doroteo Martí, un actor, que mientras representaba una obra de teatro, en la que hacía el papel de Jesucristo, cayó encima de los espectadores; 4) "Juegos peligrosos", la aventura de unos jóvenes que levitan; 5) "La tía Eliana", relato de una anécdota familiar en la que la tía Eliana, debido a los prejuicios raciales de la familia de Marito, fue marginada al contraer matrimonio con un chino; y 6) "La Beata y el Padre Nicolás", cuento anticlerical sobre un cura "empresario" que industrializa para su propio provecho la devoción popular hacia una tal Melchorita (una Beata peruana).

Para asegurarse de que sus historias tuviesen "calidad literaria", Marito trató de imitar técnicas de autores prestigiosos –Jorge Luis Borges, Guy de Maupassant, Ernest Hemingway, Mark Twain, Bernard Shaw, Jardiel Poncela, entre otros–. Él mismo expresó en el texto su deseo de que su primer cuento, "El salto cualitativo", fuese "frío, intelectual, condensado e irónico como un cuento de Borges, a quien acababa de descubrir por esos días" (59). Pero a pesar de sus loables deseos, al final de este cuento, el diablo, "vivito y coleando", se deslizaría entre los campesinos "pishtacos", provocando, con este final ingenioso, que su amigo Javier criticase despiadamente la historia por su "beatería":

> –Excelente, hermano –sentenció, aplaudiendo–. ¿Pero todavía es posible escribir sobre el diablo? ¿Por qué no un cuento realista? ¿Por qué no suprimir al diablo y dejar que todo pase entre los "pishtacos" de mentiras? O, si no, un cuento fantástico, con todos los fantasmas que se te antojen. Pero sin diablos, sin diablos, porque eso huele a religión, a beatería, a cosas pasadas de moda (60).

Como resultado, y ante la imposibilidad de escribir como Borges, Marito echaría el cuento a la basura.

Otro ejemplo llamativo y altamente representativo de la crítica satírica sobre la imposibilidad de escribir de manera convincente sobre experiencias ajenas, lo proporcionan los comentarios de Julia sobre "La humillación de la Cruz". La anécdota de este cuento se la había contado Julia a Varguitas. La boliviana había asistido a una representación teatral de la vida, pasión y muerte de Nuestro Señor, protagonizada por el actor Doroteo Martí. Durante el clímax de la acción, la cruz a la que estaba amarrado el Jesucristo-Martí agonizante, comenzó a tambalearse. Paralizados por el horror, ninguno de los actores se decidió a sujetarla, viniéndose "Martí de Galilea" de bruces sobre el escenario, bajo el peso del sagrado madero:

> La tía Julia me juraba que Cristo había alcanzado a rugir salvajemente, antes de hacerse una mazamorra contra las tablas: "Me caí, carajo". Era sobre todo ese final el que yo quería recrear; el cuento iba a terminar así, de manera efectista, con el rugido y la palabrota de Jesús. Quería que fuera un cuento cómico y, para aprender las técnicas del humor, leía en los colectivos, Expresos y en la cama antes de caer dormido a todos los escritores risueños que se ponían a mi alcance, desde Mark Twain y Bernard Shaw hasta Jardiel Poncela y Fernández Flores (119-20).

Una vez escrito el cuento, Marito se lo lee a Julia esperando un veredicto aprobatorio. Para sorpresa suya, a medida que progresaba en su lectura, la tía Julia lo iba interrumpiendo con comentarios y correcciones[15] que hacen resaltar tanto asuntos metaliterarios como la parodia del escritor de cuentos y la autoparodia del novelista. La diferencia de opinión entre Julia y Mario ocurre porque la primera quería que Varguitas contara la anécdota fielmente como ella se la contó, pero Marito insiste en su libertad poética y en la inevitable transformación de la realidad en toda ficción. Además, defiende su privilegio, como escritor, de desarrollar su ficción con ciertos efectos cómicos:

> —Pero si no fue así, pero si lo has puesto todo patas arriba —me decía [Julia], sorprendida y hasta enojada— pero si no fue eso lo que dijo, pero si...
> Yo [Marito], angustiadísimo, hacía un alto para informarle que lo que escuchaba no era la relación fiel de la anécdota que me había contado, sino un cuento, un cuento, y que todas las cosas añadidas o suprimidas eran recursos para conseguir ciertos efectos:

---

[15] La tía Julia de la vida real eventualmente publica *Lo que Varguitas no dijo*, para poner en claro, tal y como fueron, los hechos ocurridos durante los períodos de su enamoramiento y su matrimonio con Mario Vargas Llosa.

—Efectos <u>cómicos</u> —subrayé, a ver si entendía y, aunque fuera por conmiseración, sonreía.

—Pero, al contrario —protestó la tía Julia, impertérrita y feroz—, con las cosas que has cambiado le quitaste toda la gracia. Quién se va a creer que pasa tanto rato desde que la cruz comienza a moverse hasta que se cae. ¿Dónde está el chiste ahora?

Yo, aunque había ya decidido, en mi humillada intimidad, enviar el cuento sobre Doroteo Martí al canasto de la basura, estaba enfrascado en una defensa ardorosa, adolorida, de los derechos de la imaginación literaria a transgredir la realidad... (151-52; subrayado en el original).

Irónicamente, y pese a ser construcciones literarias que en opinión del joven son supuestamente "superiores" a los radioteatros que escribe Camacho, los cuentos de Marito nunca se reproducen en el texto en su totalidad, como ocurre con los radioteatros. Esta ausencia les resta importancia, pero también al no otorgárseles un espacio textual igual o "superior" al de las historias de Camacho, se parodian implícitamente los cuentos y a Marito y, por ende, a Vargas Llosa.

Las críticas de Marito, Javier y Julia al cuestionar la verosimilitud, la motivación de los personajes y lo apropiado del lenguaje de los cuentos del joven Vargas, informan al lector explícitamente sobre las diferentes posibilidades de elección que se ofrecen al escritor de la ficción. Las voces de estos personajes, añadidas a la de Camacho, funcionan en lugar de una voz autorreferencial explícita, que sistemáticamente comentara la centralidad de la relación realidad/ficción, el foco principal de la novela. Dicho de otra manera, Vargas Llosa inscribe sus propios comentarios metaliterarios indirectamente a través de estos personajes y en especial de sus álter egos —Marito y Camacho—. Ambos "escritores" muestran al lector expresa y claramente sus habilidades y preferencias literarias, poniendo en escena en el texto sus métodos de trabajo. Ya se ha visto que Camacho implementa en su escritura sus, llamémoslas "populares", ideas maniqueístas, y que Marito tiene una preparación "culta", que le estimula a imitar los modelos literarios de escritores de renombre. Los comentarios de ambos fuerzan al lector a reflexionar y a generar su propia opinión sobre conceptos literarios diametralmente opuestos. Además, al lector se le ofrecen otras oportunidades de cuestionar el proceso de la construcción de una ficción. La parodia de las historias de Marito y Camacho expresa formalmente las dudas y preocupaciones autorreflexivas del texto. La de los seriales expone explícitamente convenciones literarias formularias, mientras que la de los cuentos revela también paródicamente los resortes de la ficción culta. Desde otro ángulo, la parodia hace reflexionar al lector sobre la posibilidad de que el ser humano sea una simple construcción verbal, ya que tanto Marito como Camacho, los creadores de "realidades" verbales, son, simultáneamente, creaciones ficticias de "otro", el autor Mario Vargas Llosa.

La situación intratextual autoparódica de Vargas Llosa recuerda el carnaval, en el que se ríen todos los participantes, ya que refleja el carácter ambivalente de la parodia así como el de la hilaridad carnavalesca. En palabras de Bakhtin, durante carnestolendas, "el que se ríe, también está incluido" (*Rabelais* 12; *he who is laughing also belongs to it*).

Es necesario aclarar que la razón principal del fracaso de los cuentos de Marito se debe a su ignorancia de que para escribir historias es necesario utilizar sus propias experiencias. Irónicamente, esto lo aprende nada menos que del boliviano. Jonathan Tittler (1984) y Rita Gnutzmann (1979) han examinado el contraste entre los métodos literarios del escribidor Camacho y los del escritor Marito al estudiar la "ironía" entre el autor y su texto. Tittler concluye que la falta de distanciamiento estético en la obra de Camacho, es decir el excesivo narcisismo y el "yoísmo" de su obra, acaba por enajenar al lector; mientras que el Marito "adulto" (Vargas Llosa), al delinear claramente el límite entre su yo presente y el pasado, dentro de la totalidad de la novela, aprende a otorgar fuerza literaria a su relato

(132). Pero en sus cuentos, el joven Varguitas no escribe de su yo sino que construye ficciones valiéndose de anécdotas que otros le cuentan y que a él no lo han afectado de la manera que, según Vargas Llosa, las experiencias deben afectar al escritor. El novelista ha declarado, en una entrevista con Elena Poniatowska, que el elemento racional desempeña un papel preponderante en la escritura pero sólo al nivel de la técnica o estilo. En el dominio de la materia: "hay un elemento intuitivo que es el que debe predominar enteramente para que la obra literaria sea auténtica" (78). Y añade que para que una experiencia sirva de base a una ficción debe haber dejado una huella indeleble en el autor, de tal magnitud, que éste descubra en ella: "... una carencia, un vacío que más tarde, todo el resto de su vida va a tratar de llenar por medio de palabras, reconstituyendo esa infancia suya, de angustia, de neurosis, de tristeza, de soledad, de desamor, de locura. Esa es la materia prima de los buenos libros" (51-52). Por lo tanto, al basarse en experiencias banales y ajenas, Marito se distancia de su obra y de sus personajes. Por eso fracasa artísticamente. Ninguno de sus cuentos, escritos con tanto esfuerzo, se publica, a pesar de su insistencia en escribir algo "artístico", que no debe parecerse en nada a lo que escribe Camacho. Irónicamente, en la novela, es el escritor de literatura popular quien alcanza la fama que busca Marito. Es cierto que las "obras" del boliviano no son reconocidas extratextualmente por su valor literario, pero el hecho es que en el texto Camacho goza de gran popularidad hasta que cesa de escribir debido a la pérdida de sus facultades mentales. Su prolífica obra recibe un éxito sin precedentes, que bien puede compararse con el de las novelas de caballería de antaño, así como con el de los *best sellers*, los seriales televisados y el cine en la actualidad. El joven Mario se pregunta cómo es posible que una "parodia de escritor" como Camacho, pueda hacer una profesión de la literatura, mientras que él, que se esfuerza tanto por escribir de manera "artística", fracase repetidamente:

¿Cómo se podía ser, de un lado, una parodia de escritor y, al mismo tiempo, el único que, por tiempo consagrado a su oficio y obra realizada, merecía ese nombre en el Perú? ¿Acaso eran escritores esos políticos, esos abogados, esos pedagogos, que detentaban el título de poetas, novelistas, dramaturgos, porque, en breves paréntesis de vidas consagradas en sus cuatro quintas partes a actividades ajenas a la literatura, habían producido una *plaquette* de versos o una estreñida colección de cuentos? ¿Por qué esos personajes que se servían de la literatura como adorno o pretexto iban a ser más escritores que Pedro Camacho, quién *sólo* vivía para escribir? ¿Porque ellos habían leído (o, al menos, sabían que deberían haber leído) a Proust, a Faulkner, a Joyce, y Pedro Camacho era poco más que un analfabeto? (235-36; subrayado en el original).

Sus razonamientos lo llevan a concluir que su fascinación por Camacho se debía a que era "lo más cercano a ese escritor a tiempo completo, obsesionado y apasionado con su vocación" que conocía (236). Aún más irónico resulta el hecho de que Camacho se convierte en el verdadero "maestro" de Marito. De él y del éxito de sus radioteatros, aprende el joven autor que hay que basar la literatura en experiencias propias y que cualquier tema puede servir de base para la ficción. Aunque el dueño de la estación lo hizo ruborizarse cuando le recomendó que "siguiera el ejemplo del boliviano, [y] aprendiera de sus recursos para conquistar a las muchedumbres. 'No debes encerrarte en tu torre de marfil'" (202), el hecho es que Marito aprendió la lección. Su maestría de este aprendizaje la demuestra en *La tía Julia,* en cuya trama principal el Marito maduro inscribe experiencias propias, demostrando así que ha aprendido a narrar, transformando sus "demonios" en artefactos literarios.

Clave fundamental de la autoparodia en esta novela, es la imposibilidad de que Camacho llegue a ser un escritor del nivel artístico que quiere ser. Cierto es que Camacho cobra inesperada fama al ver perpetuadas en sus historias sus "desventuras"[16]. Pero nunca podrá lograr que su obra se vea coronada con la aprobación y reconocimiento del público culto. Sin embargo, Camacho cree ser un escritor de alto nivel artístico, y eso le basta para considerarse "escritor" en el verdadero sentido de la palabra. Además, a diferencia de Marito, quien llega a desempeñar simultáneamente hasta siete trabajos para poder subsistir, Camacho se gana la vida, aunque sea malamente, como "escritor profesional".

El tema de la popularidad del escritor ha sido estudiado por Jean Franco en su ensayo "Narrador, autor, superestrella: La narrativa latinoamericana en la época de la cultura de masas".[17] Franco sostiene que a partir de los años setenta, los escritores latinoamericanos se vieron obligados a confrontar dos problemáticas: una creada por una cultura masificada y multinacional que destruye cualquier noción de cultura nacional; y otra, el papel de "estrella", que adquieren algunos escritores gracias a los medios masivos de comunicación (148).[18] Esta situación obligó a ciertos escritores establecidos –Vargas Llosa, García Márquez, Vicente Leñero, Manuel Puig, Cabrera Infante, Carlos Fuentes y otros más jóvenes– a tomar una postura ante la cultura masificada, produciendo un texto que fuera "consumible" y que, a la

---

[16] Alicia Andreu ha estudiado qué aspectos de la escritura de Camacho son responsables de su gran éxito. Se basa en el cuestionamiento de dos aspectos íntimamente ligados a la escritura: el lenguaje y la memoria. Para ella, Camacho es "escribidor" y "escriba" simultáneamente porque produce obras de baja calidad y "copia" la realidad, mas no la peruana, sino una realidad interior concebida a priori en su memoria. La popularidad de Camacho procede de su sorprendente y hábil manipulación de una variada multiplicidad de discursos. Pero este acto prestidigitador es posible sólo mientras el escriba está en control de su objeto, sugiriendo así que la pérdida de sus facultades mentales conlleva la pérdida de su gobierno lingüístico (23). Igualmente, cuando inconsciente de la dinámica de su propio lenguaje, se niega a aceptar tanto los límites de su poder frente a la palabra escrita, como el hecho inevitable de que toda escritura conduce al desborde y a la enajenación, causa su destrucción como escritor (25).

[17] En términos de Franco, las figuras del narrador, autor, superestrella sirven como alegorías de formas de construcción social, y corresponden a tecnologías radicalmente distintas de la narrativa, las cuales se relacionan con las funciones de la memoria, la historia y la repetición como modos de inscribir la vida social e individual. El autor se entiende como creador de un texto social. El cuentista/narrador posee una destreza que se deriva de la cultura oral. La figura del superestrella es generada por la producción de una cultura de masas (129).

[18] Según Franco, estos dos problemas se deben a la imposibilidad de concretar en la literatura el proyecto totalizador de construir una "realidad alternativa" –como había ocurrido antes del *boom*–. Dicha imposibilidad se debe a la desaparición de ciertas estructuras sociales y de ciertas convenciones tradicionales de la novela: "el concepto de personaje, el nuevo énfasis en la creatividad del lector, y la destrucción de formas sociales hasta entonces perdurables en América Latina" (148).

vez, les permitiese enfrentarse a la fascinación irresistible del escritor que ansía convertirse en estrella (148).

Al escribir *La tía Julia*, Vargas Llosa afronta, según Franco, el problema de la creatividad en una época de cultura de masas, tratando de acomodar las formas y estrategias tradicionales de la novela a la destitución del autor por la estrella (141). En su opinión, sin embargo, Vargas Llosa muestra una creatividad concebida "en términos de un autor balzaciano, ahora reproducida en forma paródica para las masas" (142). Ante la experiencia de la cultura de masas, continúa Franco, el intento creativo de Vargas Llosa le parece ineficaz, ya que en la telenovela "no es el autor quien es idolizado por las masas sino la estrella que encarna el papel principal" (142). Nota además que la capacidad inventiva del escribidor es eventualmente derrotada por un sistema que es insaciable en su deseo de producir material más y más violento para renovar las convenciones del género e inducir en el público el deseo de escuchar el próximo episodio (142). Se puede argüir, no obstante la evaluación negativa de Franco, que, puesto que en *La tía Julia* el autor y la estrella coinciden (recordar que Camacho no sólo era el escritor de los guiones, sino que también era actor y director), quien verdaderamente logra afrontar con éxito la cultura de masas es Camacho. De ahí precisamente resulta otra autoparodia de Vargas Llosa. Igualmente, Marito, el más explícito álter ego del autor, no logra, a pesar de su "gran capacidad intelectual", darse cuenta de lo que necesita para triunfar, e, irónicamente, tiene que aprender de su nada intelectual maestro Camacho. Marito representa, entonces, al propio autor en la misma situación de escritor principiante, si bien en otra época. Por lo tanto, el triunfante Vargas Llosa es quien se ríe al final porque, aunque se burla de sí mismo, crea una obra acorde a su tiempo, incorporando productos de la cultura de masas. Para Roland Forgues, el que Vargas Llosa no lleve hasta la catástrofe (como Camacho) la historia "rosa" de su romance con la tía Julia, aun cuando recurra a las normas del melodrama para conmover a los lectores, resulta en una narración que adquiere estatuto literario (225). Es evidente que Vargas Llosa es exigente consigo mismo. En *La tía Julia* no triunfa la literatura seria sobre la frívola, sino que el autor, ateniéndose a una mentalidad ostensiblemente posmodernista, reconcilia ambas.

Al principio de mi estudio me referí a la explícita imbricación entre los dos niveles narrativos –autobiografía y radioteatros– que estructuran *La tía Julia*. En mi análisis de autoparodia, por lo tanto, me es preciso incorporar el análisis del plano autobiográfico o "autobiografía ficcionalizada" –como lo llama Rosemary G. Feal–. La narrativa autobiográfica de Marito, tal como dije en la introducción, implica un cuestionamiento del binomio realidad/ficción, así como la imposibilidad de representar la realidad. José Miguel Oviedo ha explicado que Vargas Llosa, en esta ficción, inscribe los acontecimientos "históricos" para exponer las transformaciones que sufren al convertirlos en una ficción ("*La tía*" 212).[19]

En su encarnación autobiográfico-novelesca (en su doble Marito), el autor no sólo cuestiona la capacidad mimética de la escritura, preocupación característica de los textos metaficticios, sino que asimismo parodia su relación ambigua con su propio oficio de escritor. El Vargas Llosa novelista no está obligado a imitar verazmente su vida, porque ningún artista es esclavo de lo que comúnmente se llama "realidad". Irónicamente, el autor ha declarado que su intención inicial fue contraponer una historia "verdadera" (la suya propia) a las "imaginarias" de Pedro Camacho. Pero el autor confiesa también que no pudo ceñirse a los hechos porque la memoria es pícara, cambia las cosas, transforma en ficción el mundo objetivo (*Writer's* 108). Añade que se le hizo imposible limitarse a los hechos porque la fic-

---

[19] Otros críticos –José C. González Boixó, Saúl Sosnowski y John Hassett– también señalan que la función de la autobiografía es hacer hincapié en la construcción de una ficción, exponiendo al mismo tiempo el proyecto narrativo total de Vargas Llosa, que incluye sus conceptos sobre los "demonios" del escritor y la literatura como *striptease*.

ción es incompatible con cualquier reportaje objetivo de experiencias vividas (*Writer's* 112). Se vio obligado, por lo tanto, a subvertir la historicidad de su autobiografía, haciendo ficción de su vida. En su parodia del realismo, en su revelación de la inadecuación de la escritura realista, Vargas Llosa muestra al lector la manera en que la ficción construye la "realidad", al mismo tiempo que revela su propio descubrimiento como novelista.

El estructurar las partes autobiográficas siguiendo las pautas del género rosa contribuye a reforzar la autoparodia implícita en *La tía Julia* y valida su inclusión en la novela. En el capítulo IV señalé que la novelita rosa se basa en el desarrollo de la relación amorosa entre un hombre y una mujer, quienes después de superar varias dificultades terminan casándose y viviendo *happily ever after* ("felices comiendo perdices"). El relato de los amores de Marito incluye, al estilo rosa, su propio enamoramiento de su tía política Julia, que culmina felizmente con el matrimonio de ambos. Contiene además otro ingrediente esencial de la novela rosa, los impedimentos que retrasan la unión de los amantes. Estos son: la diferencia de edad entre los enamorados; la minoría de edad de Marito que le impide legalizar su amor por medio del matrimonio; el parentesco familiar entre él y Julia; y la oposición de la familia, que considera a Julia "una perdida", seductora de menores. Abundan además otros elementos propios de las historias rosa: escenas sentimentales, pleitos entre los enamorados, reconciliaciones, reuniones secretas, fuga de los amantes, derramamiento generalizado de lágrimas, pensamientos de suicidio de Marito al no poder "unirse" con su amada, amenazas de muerte del encolerizado padre de Marito, escenas de celos, dudas en cuanto al amorío, etc. Julia expresa su indecisión en cuanto a su relación amorosa, basándose en la diferencia de edad: "He estado pensando mucho y la cosa ya no me gusta, Varguitas. ¿No te das cuenta que es absurdo? Tengo treinta y dos años, soy divorciada, ¿quieres decirme qué hago con un mocoso de dieciocho? Ésas son perversiones de las cincuentonas. Yo todavía no estoy para ésas" (195).

Dudas similares son expresadas también por Marito, al intentar definir su relación contrastando las categorías de enamorados y amantes:

> Teníamos de amantes la clandestinidad, el temor a ser descubiertos, la sensación de riesgo, pero lo éramos espiritual, no materialmente pues no hacíamos el amor (y, como se escandalizaría más tarde Javier, ni siquiera "nos tocábamos"). Teníamos de enamorados el respeto de ciertos ritos clásicos de la adolescente pareja miraflorina de ese tiempo (ir al cine, besarse durante la película, caminar por la calle de la mano) y la conducta casta (en esa Edad de Piedra las chicas de Miraflores solían llegar vírgenes al matrimonio y sólo se dejaban tocar los senos y el sexo cuando el enamorado ascendía al estatuto formal de novio), pero ¿cómo hubiéramos podido serlo dada la diferencia de edad y el parentesco? (111-12).

Por último, en esta novelita rosa no falta el inevitable final feliz, representado por el matrimonio de Julia y Marito. Los impases son superados, después de una divertida y paródica procesión de burócratas y oficiales gubernamentales, falsificación de documentos, chantajes, y complots entre amigos y parientes.

Pero la historia rosa de Marito revela asimismo más de una semejanza superficial con las obras cursis de Camacho. Ya dije que Julia se da cuenta de que su historia se presta para argumento radioteatral. Además, la relación entre los amantes es técnicamente incestuosa —si bien basada en un parentesco político— como ocurre en los incidentes de los radioteatros de los capítulos II y XVI, que estudié en el Cap. IV, y en las que hay que recordar que Richard y Elianita, y Sarita y Richard mantuvieron relaciones incestuosas. También como en las historias de Camacho, Marito se expresa a veces con palabras "huachafas", que sugieren tanto el vocabulario afectado de las novelas rosa como el de los seriales. Después de una escena de celos, Marito se sincera con Camacho diciéndole: "–Tengo una pena de amor, amigo Camacho –le confesé a boca de jarro, sorprendiéndome de mí mismo por la fórmula radioteatral; pero sentí, que hablándole así, me distanciaba de mi propia historia y al mismo tiempo conseguía desahogarme–. La mujer que quiero me engaña con otro hombre" (191).

Dada la ambigüedad y extravagancia de su romance, Julia y Mario jugaban a bautizarlo con palabras que causaran un efecto sensacionalista, al estilo camachiano: "noviazgo inglés", "romance sueco", "drama turco" (112). Es debido a estos toques afectados (y cómicos) que la narración autobiográfica de *La tía Julia* se equipara, tanto en la trama como en la estructura, a la novela rosa y a las obrillas populares de Camacho. Vargas Llosa parodia así el género autobiográfico, parodiándose a sí mismo simultáneamente al narrar su propia vida al estilo de Pedro Camacho. Vale decir, *La tía Julia* reescribe la fórmula de la novela rosa usada en ciertos textos camachianos, pero más clara y expresamente se ofrece como otra de las muchas versiones posibles del género rosa y del autobiográfico. Refuerza así la autoparodia de Vargas Llosa. Además, la parodia general del género novela, tomando como punto de partida el género rosa, ofrece una versión metafórica de su situación en la narrativa contemporánea. Causa, asimismo, un enlace entre los textos parodiados y la nueva creación, en la que el reordenamiento del género original –parodiado– revela el potencial reordenador del presente.

Como hemos visto en mis capítulos previos, la postura del lector de *La tía Julia* no es uniforme. Puede escoger interpretar esta obra pasivamente, conformándose con gozar de los textos populares como tales, porque éstos satisfacen perfectamente sus expectativas. Sin embargo, también puede optar por una postura crítica, en la que no sólo se disfruta de los textos parodiados, sino que se reflexiona sobre la construcción del significado del texto y sobre la fuerte parodia social que se evidencia de manera sutil en el texto. Este lector activo se identifica con el autor, jugando el papel de lector crítico y coautor del texto. Rafael Correa asevera que en *La tía Julia* el lector primero opta por distinguir dos niveles diegéticos, alternos, y luego genera su propia interpretación: "El lector es la brújula que guía tanto los esfuerzos novatos de Varguitas, como la acabada tarea de Camacho", es decir, rearma una nueva lectura mediante una activa desconstrucción del texto (207-08). Raymond L. Williams ha señalado que *La tía Julia* satiriza al lector, quien se da cuenta que leyendo la obra llega a ser un lector "sofisticado" de la narración sobre la escritura y otro lector "vulgar" de radionovelas "arraigadas en la tradición del <u>romance</u>" (208). Según Williams, el último descubrimiento del lector consiste "en ver que la diferencia <u>aparentemente</u> clara entre lo que escribe Camacho y lo de Vargas Llosa no es una dicotomía tan claramente definida" (208; subrayado en el original).[20]

Idealmente, el lector de *La tía Julia* no sólo coproducirá la obra, sino que también cuestionará el proceso creativo de la ficción y, además, notará que la contingencia en la novela es siempre una ilusión, aunque los niveles básicos del artificio sean "reales". Un lector así postulado implica que no sólo los personajes de la novela cumplen papeles "ficticios" en términos de la trama, sino que los mismos lectores también son convertidos en ficción, son "creados", por el autor, a través de la construcción formal de su obra.

Las similitudes y coincidencias entre las formas de escritura de Camacho-Marito, Marito-Vargas Llosa y Camacho-Vargas Llosa re-

---

[20] Ilustro a continuación las diferentes posibilidades de participación del lector, valiéndome de la historia detectivesca de Camacho (Cap. IV). Como explica Hutcheon, la participación del lector es esencial en todo relato-problema: "las propiedades estilísticas de la ficción detectivesca, cuando son parodiadas abierta o encubiertamente como principios estructurales, se emplean para poner de relieve el texto como arte ordenado" (*Narcissistic* 73-74; *the stylized properties of detective fiction —when either parodied overtly or covertly used as structural principles— are employed to point to the text in its existence as literature, as patterned, ordered art*). Por lo general, se espera que el lector de la ficción detectivesca intervenga en el texto, extratextualmente, tratando de discernir el enigma, junto con el detective. De dicha participación depende precisamente gran parte del deleite de la lectura de los relatos-problema. En el serial detectivesco de Camacho, el sargento Lituma sería el detective, el colaborador intratextual del lector, por ser el encargado de efectuar las deducciones lógicas que conducirán a solucionar el crimen. Mas como la investigación no procede como idealmente debía hacerlo y no sólo no produce ningún resultado, sino que, aún peor, el detective es quien comete el "crimen", el lector se ve forzado a interpretar por sí mismo el significado de las estructuras internas del texto. Para ello utiliza las convenciones estructurales de la ficción detectivesca que él bien conoce, de manera que el acto de la lectura se convierte en otro de cocreación, es decir, de participación activa en la "producción" del texto, conformándose así, tanto el texto camachiano como el de *La tía Julia* en general, a los dictados de los textos metaficticios contemporáneos.

velan la presencia de la intratextualidad tanto como de la calidad metaficticia de *La tía Julia*. De esta intratextualidad se puede deducir que Vargas Llosa, asumiendo una sobresaliente actitud posmodernista, no establece divisiones tajantes entre realidad y ficción, ni entre literatura popular y literatura culta. Mejor dicho parece sugerir que toda narrativa no es sino un discurso que se basa en la propia vida, no importa la manera en que se represente. Por lo tanto, las contradicciones son sólo aparentes, partes de un todo, el anverso y el reverso de una realidad total. Confrontado con este hecho, el lector se ve forzado, por consiguiente, a reflexionar sobre la construcción literaria e histórica a todo nivel, y a reevaluar las categorías artísticas y las vivencias.

La autoparodia implícita y explícita en *La tía Julia*, expone y renueva la relación entre diferentes formas artísticas, enriqueciendo lo que la literatura puede expresar. Al romper el marco de las convenciones narrativas, esta novela deliberadamente revela el proceso de automatización que ocurre cuando el contenido se apropia de una forma específica, paralizándola con asociaciones fijas que la alejan de la gama de muchas otras posibilidades artísticas. La función crítica de la parodia en esta novela indica la variedad y validez de expresión de los distintos géneros literarios cultos y populares. Su función creativa los exonera, prometiéndoles su validez para expresar las preocupaciones contemporáneas. Legitima, por ejemplo, la incorporación posmodernista de las técnicas de la literatura de masas a la literatura canónica, cuestionando los límites ficción-realidad, mientras el narrador se burla indulgentemente del éxito de la cultura popular, de la literatura canónica y de sí mismo. La autoparodia en *La tía Julia* proporciona, además, una apreciación de la esencia de la narrativa en general —su selectividad al convertir lo no verbal en verbal— mientras parodia su propia crítica.

Conclusión

La literatura contemporánea se define con frecuencia en oposición a la realista del siglo XIX, configurando nuevas formas y géneros, y cediendo con frecuencia a presiones culturales extraliterarias –políticas y económicas– que la fuerzan a conformarse al nuevo ambiente (Martin Kuester, 23). En *La tía Julia y el escribidor*, la presencia de formas artísticas tomadas de la cultura de masas, el humor desmitificador producido por la parodia y la fragmentación subversiva de la narrativa "seria" autobiográfica por medio de la intercalación de los radioteatros, son señales inequívocas de que esta obra es producto de la ideología irreverente de la época contemporánea. La novela confirma así la opinión de Linda Hutcheon, quien asevera que, hoy en día, la parodia es el medio más idóneo para comentar sobre el mundo contemporáneo bien sea en literatura, cine, pintura, música o arquitectura (*Theory* 111).

La tía Julia sintetiza lo culto y lo popular. En vez de ser una oposición entre dos estilos, uno culto y otro popular, para demostrar la superioridad de uno sobre el otro, esta obra consigue una fusión de ambos. Vargas Llosa lleva a cabo una crítica descarnada de la sociedad peruana, que implementa a través de una parodia de la práctica artística de la cultura de masas, conjuntamente con la del canon literario. El novelista ilustra así la capacidad crítica ("política" en términos de Hutcheon) de la parodia, que en *La tía Julia* abarca desde la definición tradicional del término –simple imitación burlesca de otros autores, textos y estilos– hasta los conceptos críticos más modernos, que subrayan la naturaleza autoconsciente y la función autocrítica innatas del género paródico.

Mi estudio ha mostrado que la parodia en *La tía Julia* funciona a varios niveles, estructurados en forma de cajas chinas. La más amplia y evidente es la del género radioteatral, plasmada en los seriales camachianos. Vargas Llosa se vale de diversas técnicas para parodiarlos. Resalta entre ellas la inscripción de los "demonios" extravagantes de Camacho, un hombre aislado de la sociedad y enajenado, que posee una visión negativa de la vida y una concepción simplista y maniqueísta del "arte". El escribidor boliviano se proyecta consistentemente en sus protagonistas, todos cincuentones y físicamente grotescos como él. Dichos "héroes" subvierten la imagen idealizada de los protagonistas de la literatura popular, no sólo por su falta de atractivo físico, sino también por su falta de valores espirituales y su extraña manera de ser y actuar. Todos son enajenados como su creador, y como él también, están empeñados en realizar una "misión", a la que se entregan con devoción maniática y con total indiferencia hacia el mundo que los rodea. Las "cruzadas" de estos héroes se develan como proyectos descabellados, e inmorales en muchos casos, pero que revelan cómicamente los absurdos demonios del narrador de los seriales. También son parodiados los argumentos y los finales radioteatrales, que se distinguen por un uso marcado de la violencia y por la preponderancia de fatalidades inusitadas. Las descripciones minuciosas de las escenas morbosas subrayan la naturaleza sensacionalista de las obras populares. La parodia de los seriales se agudiza aún más al final del texto, cuando el lector se entera que el creador de las mismas es un enfermo mental, que acabó confinado en un manicomio. El lector aprecia así el ingenio con que Vargas Llosa utiliza a un personaje de ese tipo.

Ocultos dentro de la parodia del género radioteatral, también a la manera de cajas chinas, están las de otros géneros literarios populares –la novela rosa y la detectivesca– y cultos –los libros de caballería y la autobiografía–. Estas parodias cumplen varias funciones: así, enriquecen el texto de la acción principal, descubren los mecanismos empleados en su construcción y en la de toda producción literaria, y constituyen por último un comentario cómico autorreflexivo. Asimismo, más allá de la parodia de los radioteatros, y de la narración de Marito se descubre la autoparodia de Vargas Llosa, quien parece apuntar burlonamente en su narrativa: "Camacho *c'est moi*".

En *La tía Julia* se parodia la literatura popular, pero a la vez ésta sirve para parodiar las técnicas y los mecanismos de la literatura en general. Es decir, al parodiar los radioteatros, Vargas Llosa expone las gastadas convenciones de dichos géneros, pero revela asimismo las convenciones artísticas igualmente formularias de su propio "arte" y ocupación de escritor. Muestra así al lector los resortes de la ficción. En la autoparodia, o parodia del autor, se repite la misma técnica de las cajas chinas utilizada para parodiar los géneros. Los "escritores" en quienes el narrador se desdobla, aunque parodiados, no se diferencian tan categóricamente del autor. Camacho puede parecer absurdo por su uso de técnicas literarias simplistas. Pero el autor de los radioteatros no es Camacho sino Vargas Llosa. Es este último quien escribe la novela y es a él a quien le interesan los productos de masas y quien utiliza el vocabulario huachafo que hipnotiza al público. En la novela, Marito se glorifica a sí mismo y se distancia del loco Camacho, pero escribe una "literatura" inferior, que los personajes rebajan en el texto. Vargas Llosa parodia a sus álter egos y sus productos literarios mostrando así, de forma humorística, la amplia gama de la creatividad.

Como obra autoparódica, *La tía Julia* cuestiona no sólo la relación del género novela con otros textos populares, sino también su propia identidad, ya que éstos forman una parte sustancial de ella. La autoparodia viene a ser así una manera artística de cuestionar el acto mismo de la creación literaria. El comentario irónico de su propia actividad, de su obra, sus técnicas y estilos, de la relación del escritor con sus personajes y con el lector, destacan la variedad y función de la parodia y la autoparodia en este texto. Vargas Llosa critica las limitaciones del canon literario, añadiéndole nuevos significados y funciones. Esto es especialmente cierto en cuanto a la estructura del género de la novela. En *La tía Julia* el material es tratado paródicamente, patentizando de esta manera una visión inestable de los géneros literarios. Vargas Llosa impide que ningún elemento de este texto, cualesquiera sean sus fuentes, sea estable o autoritario. Así, la autoparodia sobrepasa el simple cuestionamiento de la validez de la ficción, proponiéndose a sí misma como base de futuras parodias.

Por último, vale mencionar la parodia del lector, implícita en el texto. Por un lado se inscribe la burla del lector ingenuo, carente de toda sofisticación literaria y que disfruta de los radioteatros por su truculencia. Intertextualmente, su contrapartida es el radioescucha que excusa las extravagancias del boliviano, porque verdaderamente se interesa por las tramas sensacionalistas. Por otro lado, Vargas Llosa parodia también al lector sofisticado que, aunque coproduce el texto, para descifrar las tramas de los radioteatros y la significación del texto, debe reconocer, como explicó Raymond Williams, que en un momento también él fue un lector ingenuo.

Bibliografía

I. FUENTES PRIMARIAS

A) Ficción (en orden de fecha de publicación)

Los jefes. Barcelona: Editorial Rocas, 1959.

La ciudad y los perros. Barcelona: Seix Barral, 1963.

La casa verde. Barcelona: Seix Barral, 1966.

Los cachorros. Barcelona: Editorial Lumen, 1967.

Conversación en La Catedral. Barcelona: Seix Barral, 1969.

Obras escogidas. Madrid: Aguilar, 1973.

Pantaleón y las visitadoras. Barcelona: Seix Barral, 1973.

La tía Julia y el escribidor. Barcelona: Seix Barral, 1977.

La guerra del fin del mundo. Barcelona: Seix Barral, 1981.

La señorita de Tacna. Barcelona: Seix Barral, 1981.

Kathie y el hipopótamo. Barcelona: Seix Barral, 1983.

Historia de Mayta. Barcelona: Seix Barral, 1984.

La Chunga. Barcelona: Seix Barral, 1985.

¿Quién mató a Palomino Molero? Barcelona: Seix Barral, 1986.

El hablador. Barcelona: Seix Barral, 1987.

Elogio de la madrastra. Madrid: Tusquets, 1988.

Lituma en los Andes. Barcelona: Planeta, 1993.

El loco de los balcones. Barcelona: Seix Barral, 1993.

Ojos bonitos, cuadros feos. Lima: Peisa, 1996.

Los cuadernos de don Rigoberto. Madrid: Alfaguara/Peisa, 1997.

La fiesta del chivo. México: Alfaguara, 2000.

Obra reunida: Teatro. Madrid: Alfaguara, 2001.

El paraíso en la otra esquina. Colombia: Alfaguara, 2003.

B) Crítica literaria y artículos periodísticos

"A *Passion for Perú*". *New York Times Magazine,* 20 Nov. 1983: 75.

A Writer's Reality. New York: Syracuse UP, 1991.

Botero: La suntuosa abundancia. Traducido por Albert Bensoussan. París: Editions de la Difference, 1984.

Carta de batalla por Tirant lo Blanc. Barcelona: Seix Barral, 1991.

"Carta de batalla por *Tirant lo Blanc*". Prefacio a Joanot Martorell, *Tirant lo Blanc.* Madrid: Alianza, 1969.

"*Cien años de soledad*: el Amadís en América". *Amaru,* 3 (Jul.-Sept. 1967): 71-74.

Contra viento y marea. Barcelona: Seix Barral, 1983.

Desafíos a la libertad. Lima: Peisa, 1994.

Diálogo sobre la novela latinoamericana. Lima: Perú Andino, 1988.

Diario de Irak. Madrid: Aguilar, 2003.

El lenguaje de la pasión. Madrid: Santillana, 2001.

El pez en el agua. Barcelona: Seix Barral, 1993.

"El último de los caballeros". *Quimera,* 56 (1985): 12-15.

"En el país de las mil caras". *El País Semanal,* 26 feb. 1984: 14-23.

Entre Sartre y Camus. Río Piedras, Puerto Rico: Huracán, 1981.

García Márquez: Historia de un deicidio. Barcelona: Seix Barral, 1971.

García Márquez y la problemática de la novela. Con Ángel Rama. Buenos Aires: Corregidor/Marcha, 1973.

George Grosz. Un hombre triste y feroz. Traducido por Albert Bensoussan. Charenton: Flohic, 1992.

Historia secreta de una novela. Barcelona: Tusquets, 1971.

José María Arguedas, entre sapos y halcones. Madrid: Ediciones Cultura Hispánica del Centro Iberoamericano de Cooperación, 1978.

"La experiencia de los novelistas". Entrevista con José Miguel Oviedo. *Revista Iberoamericana,* 47 (July-December 1981): 425-32.

"La literatura es fuego". *Mundo Nuevo,* 11 (1967): 93-95.

La novela. Conferencia pronunciada en el Paraninfo de la Universidad de Montevideo: 11 de agosto de 1966. Buenos Aires: América Nueva, 1974.

La novela en América Latina: Diálogo. Discusiones literarias con Gabriel García Márquez. Lima: Carlos Milla Batres, 1968.

La orgía perpetua: Flaubert y Madame Bovary. Madrid: Seix Barral, 1975.

La tentación de lo imposible. Madrid: Alfaguara, 2004.

La utopía arcaica. Cambridge: Centre of Latin American Studies, 1978.

"La verdad de las mentiras". *El autor y su obra: Mario Vargas Llosa.* Madrid: Universidad Complutense de Madrid, 1989.

Making Waves. Edited and translated by John King. New York: Penguin Books, 1998.

Mario Vargas Llosa. La verdad de las mentiras: Ensayos sobre literatura. Barcelona: Seix Barral, 1990.

"Martorell y el 'elemento añadido' en *Tirant lo Blanc*". Prefacio a Martín de Riquer y Mario Vargas Llosa, *El combate imaginario: Las cartas de batalla de Joanot Martorell.* Barcelona: Seix Barral, 1972. 9-28.

"Sebastián Salazar Bondy y la vocación del escritor en el Perú". Prefacio a *Salazar Bondy, Obras completas.* Lima: Moncloa, 1967.

Sobre la vida y la política. Buenos Aires: Edición InterMundo, 1989.

"Social Commitment and the Latin American Writer". *World Literature Today,* 52.1 (1978):   6-14.

II. FUENTES SECUNDARIAS

A) Estudios sobre Mario Vargas Llosa

Alonso, Carlos J. *"La tía Julia y el escribidor.* The Working Subject's Fantasy of Empowerment". *PMLA,*106.1 (1990): 46-59.

Andreu, Alicia B. "Pedro Camacho: Prestidigitador del lenguaje". *Modern Language Studies,* 16.2 (1986): 19-25.

Armas Marcelo, J. J. *Vargas Llosa: El vicio de escribir.* Madrid: Ediciones Temas de Hoy, 1991.

Arrigoitia, Luis de. "Machismo: Folklore y creación en Mario Vargas Llosa". *Sin Nombre,* 13.4 (1983): 7-24.

Beltrán Peña, José. *Mario Vargas Llosa en la historia del Perú.* Lima: Estilo y Contenido Ediciones, 1990.

Bensoussan, Albert. "Mario Vargas Llosa, el hombre-pluma". *El autor y su obra: Mario Vargas Llosa.* Madrid: Universidad Complutense de Madrid, 1989. 87-103.

Berg, Walter Bruno. "Entre zorros y radioteatros: Mito y realidad en la novelística de Arguedas y Vargas Llosa". *Inti,* 29-30 (1989): 119-32.

Bernard, Maïté. "Verdad y mentira del escribidor en *La tía Julia y el escribidor". Tropos,* 17.1 (Spring 1991): 33-46.

Booker, Keith M. *Vargas Llosa Among the Postmodernists*. Gainesville: UP of Florida, 1994.

Castañeda, Belén Sadot. "Mario Vargas Llosa: Crítico, novelista y dramaturgo". Diss. U of Wisconsin, 1987. *DAI,* 48 (1987): 1215 A.

Castro-Klarén, Sara. *Mario Vargas Llosa: Análisis introductorio*. Lima, Perú: Latinoamericana Editores, 1988.

——————————. *Understanding Mario Vargas Llosa*. Columbia, SC: U of South Carolina P, 1990.

Chrzanowski, Joseph. "Consideraciones estructurales y temáticas en torno a la Tía Julia". *La Palabra y el Hombre,* 45 (1983): 22-26.

——————————. "Mario Vargas Llosa y la interpolaridad vida-ficción". *La historia en la literatura iberoamericana: Textos del XXVI Congreso del Instituto International de Literatura Iberoamericana*. Eds. Raquel Chang-Rodríguez y Gabriela de Beer. New York: Ediciones del Norte, 1989. 317-25.

Coleman, Alexander. "The transfiguration of the Chivalric Novel". *World Literature Today,* 52.1 (Winter 1978): 24-30.

Cornejo Polar, Antonio. "Reseña de Vargas Llosa, *La tía Julia y el escribidor*". *Revista de Crítica Literaria Latinoamericana,* 6 (1977): 159-62.

Correa, Rafael E. "*La tía Julia y el escribidor*: la autoconciencia de la escritura". *Mario Vargas Llosa: Opera Omnia*. Ed. Ana María Hernández de López. Madrid: Editorial Pliegos, 1994. 203-209.

Enkvist, Inger. *Las técnicas narrativas de Vargas Llosa*. Göteborg, Suecia: Acta Universitatis Gothoburgensis, 1987.

Feal, Rosemary Geisdorfer. *Novel Lives: The Fictional Autobiographies of Guillermo Cabrera Infante and Mario Vargas Llosa*. Chapel Hill, NC: UNC Studies in the Romance Languages and Literatures, 1986.

Ferré, Rosario. "Mario Vargas Llosa o el escribidor". *Sin Nombre*, 9.2 (1978): 86-90.

Forgues, Roland. "Escritura e ideología en *La tía Julia y el escribidor* de Mario Vargas Llosa". *Mario Vargas Llosa: El fuego de la literatura*. Ed. Néstor Tenorio Requejo. Lima: Arteidea Editores, 2001. 211-26.

—————. Ed. *Mario Vargas Llosa. Escritor, ensayista, ciudadano y político*. Lima: Editorial Minerva, 2001.

García Pinto, Magdalena. "Estrategias narrativas y el orden temporal en tres novelas de Mario Vargas Llosa". *Explicación de Textos Literarios*, 11.2 (1982-83): 41-56.

Gerdes, Dick. *Mario Vargas Llosa*. Boston: Twayne, 1985.

Giussani, Laura. "Vargas Llosa: Estructuras y espejismos". *Romance Language Annual*, 1 (1989): 450-54.

Gnutzmann, Rita. "Análisis estructural de la novela *La tía Julia y el escribidor* de Vargas Llosa". *Anales de Literatura Hispanoamericana*, 8 (1979): 93-118.

—————————. *Cómo leer a Mario Vargas Llosa*. Madrid: Ediciones Júcar, 1992.

González Boixó, José Carlos. "De la subliteratura a la literatura: El 'elemento añadido' en *La tía Julia y el escribidor* de Mario Vargas Llosa". *Anales de Literatura Hispanoamericana*, 6-7 (1978): 141-56.

—————————. "Realidad frente a ficción, o el proceso de la creación literaria". *Estudios Humanísticos*, 1 (1979): 99-108.

Harvey, Sally. "*La tía Julia y el escribidor*: Self-Portrait of an 'en soi'" *Antípodas: Journal of Hispanic Studies of the University of Auckland*, 1 (1988): 74-87.

Hassett, John J. "El escritor ante el espejo". *Mario Vargas Llosa*. Ed. José Miguel Oviedo. Madrid: Taurus, 1981. 276-83.

Hermida-Ruiz, Aurora. "*La tía Julia y el escribidor* o el divorcio de la cultura de masas". *Revista de Estudios Hispánicos*, 28.2 (mayo 1994): 267-80.

Jansen, André. "*La tía Julia y el escribidor*, nuevo rumbo de la novelística de Mario Vargas Llosa". *Narradores Latinoamericanos 1929-1979*. Tomo II. Caracas: Ediciones del Centro de Estudios Latinoamericanos Rómulo Gallegos, 1980. 145-54.

Jones, Julie. "*La tía Julia y el escribidor*: Mario Vargas Llosa's Versions of Self". *Critique*, 21.2 (1979): 73-82.

Kennedy, William. "Rev. of *Aunt Julia and the Scriptwriter*". *New York Times Book Review*, 1 Aug. 1982: 1, 14.

Kerr, Roy A. "Names, nicknames and the naming process in Mario Vargas Llosa's Fiction". *South Atlantic Review*, 52.1 (1987): 82-101.

—————————. "Rhetorical Digressions". *Mario Vargas Llosa: Critical Essays on Characterization*. Potomac, MD: Scripta Humanistica, 1990. 110-23.

Kristal, Efraín. *Temptation of the Word. The Novels of Mario Vargas Llosa*. Nashville, TN: Vanderbilt UP, 1998.

Lee, María Luisa Rodríguez Tinoco. "Juegos psicológicos en la narrativa de Mario Vargas Llosa". Diss. U of Colorado at Boulder, 1980. *DAI*, 41 (1980): 1625.

Lewis, Marvin A. "From Chincha to Chimbote: Blacks in the Contemporary Peruvian Novel". *Afro-Hispanic Review*, 3 (1984): 5-10.

—————————. *From Lima to Leticia: The Peruvian Novels of Mario Vargas Llosa*. New York: UP of America, 1983.

López Morales, Berta. "La función del cliché en *La tía Julia y el escribidor*". *Boletín del Instituto de Filología de la Universidad de Chile*, 31 (1980-81): 1003-18.

Luchting, Wolfgang A. "Mario Vargas Llosa and the Dragon: *La tía Julia y el escribidor*". *Research Studies*, 47.2 (1979): 122-29.

Machen, Stephen M. "'Pornoviolence' and Point of View in Mario Vargas Llosa's *La tía Julia y el escribidor*". *Latin American Literary Review*, 9 (1980): 9-16.

Magnarelli, Sharon. "The Diseases of Love and Discourse: *La tía Julia y el escribidor* and *María*". *Hispanic Review*, 54.2 (1986): 195-205.

Martínez Sanz, María Ester. "Lo real maravilloso en el *Quijote* y en *La tía Julia y el escribidor*". *Taller de Letras: Revista del Instituto de Letras de la Pontificia Universidad Católica de Chile*, 16 (1987): 31-41.

Mazzei, Norma. *Postmodernidad y narrativa latinoamericana*. Buenos Aires: Ediciones Filofalsía, 1990.

McCracken, Ellen. "Vargas Llosa's *La tía Julia y el escribidor*: The New Novel and the Mass Media". *Ideologies and Literature*, 3 (1980): 54-69.

Mendoza, Ramón. "A Sling Shot at the Soap Giant". *Caribbean Review*, 8.2 (1979): 45-49.

Miller, Yvette E. "Mario Vargas Llosa: Contexto y estructura de *La tía Julia y el escribidor*". *Texto/Contexto en la Literatura Iberoamericana*. Memoria del XIX Congreso del Instituto International de Literatura Iberoamericana, Pittsburgh, 1979. Madrid: Artes Gráficas Benzal, 1980. 235-40.

Montenegro, Nivia. "Las novelas de Mario Vargas Llosa: La retórica de la duplicidad". Diss. U of Southern California, 1982. *DAI*, 44 (1983): 496.

Morales Saravia, José. "Coludiendo estéticas. *La tía Julia y el escribidor*". *Mario Vargas Llosa. Escritor, ensayista, ciudadano y político*. Lima: Minerva, 2001. 421-39.

Mudrovic, María Eugenia. "*La tía Julia y el escribidor:* Algunas lecciones prácticas en torno a la estética de lo huachafo". *Inti*, 43-44 (primavera-otoño 1996): 121-34.

Muñós, Braulio. *A Storyteller. Mario Vargas Llosa between Civilization and Barbarism.* NE: Rowman & Littlefield, 2000.

O'Bryan, Jean Marie. "The Story of the Storyteller: *La tía Julia y el escribidor, Historia de Mayta* and *El hablador* by Mario Vargas Llosa". Diss. U of Michigan, 1993. *DAI,* 54 (1993): 2598. Atlanta, GA: Rodopi BV, 1995.

Omaña, Balmiro. "Ideología y texto en Vargas Llosa: sus diferentes etapas". *Revista de Crítica Literaria Latinoamericana,* 26 (1987): 137-54.

—————————. "Producción literaria y crítica social en las novelas de Mario Vargas Llosa (1962-1981)". Diss. U of Maryland, 1986. *DAI,* 49 (1986): 1816.

Oviedo, José Miguel. "Conversación con Mario Vargas Llosa sobre *La tía Julia y el escribidor" Mario Vargas Llosa: Estudios críticos.* Eds. C. Rossman y A. W. Friedman. Madrid: Alhambra, 1983. 200-08.

—————————. "*La tía Julia y el escribidor,* o el autorretrato cifrado". *Mario Vargas Llosa: Estudios críticos.* Eds. C. Rossman y A. W. Friedman. Madrid: Alhambra, 1983. 209-28.

—————————. *Mario Vargas Llosa: La invención de una realidad.* Barcelona: Seix Barral, 1982.

—————————. "Vargas Llosa: De *La tía Julia* a *La señorita de Tacna*". *Quimera: Revista de Literatura,* 4 (febrero 1981): 23-26.

Perricone, Catherine. "Artistic Craftmanship in Vargas Llosa's *¿Quién mató a Palomino Molero?" La Chispa '87: Selected Proceedings.* Ed. Gilbert Paoline. New Orleans: Tulane UP, 1987. 231-37.

—————————. "Entrevista con Julia Urquidi Illanes". *Hispania*, 70.4 (1987): 850-52.

Poniatowska, Elena. "Al fin un escritor que le apasiona escribir, no lo que se diga de sus libros". *Antología mínima de Mario Vargas Llosa*. Buenos Aires: Tiempo Contemporáneo, 1969.

Prieto, René. "The Two Narrative Voices in Mario Vargas Llosa's *Aunt Julia and the Scriptwriter*". *Latin American Literary Review*, 11 (1983): 15-25.

Pulliam, Jo Ann. "Pedro Camacho: A Caricatural Portrait of a Writer and His Demons". Chapel Hill, NC: Thesis Romance, 1987.

Pupo-Walker, Enrique. "La problematización del discurso en textos de Mario Vargas Llosa y Ricardo Doménech". *Revista Iberoamericana*, 47.116-17 (1981): 283-88.

Raillard, Alice. "Mario Vargas Llosa: *'Ecrire, c'est inserer dans la realite'*". *La Quinzaine Litteraire*, 319 (1988): 11-12.

Reedy, Daniel R. "Del beso de la mujer araña al de la tía Julia: Estructura y dinámica interior". *Revista Iberoamericana*, 47.116-117 (1981): 109-16.

Ruas, Charles. "Talk with Mario Vargas Llosa". *The New York Times Book Review*, 1 (Aug. 1982): 15, 18.

Sabas, Martín. "Mario 'Varguitas' Llosa, el escribidor y la tía Julia". *Cuadernos Hispanoamericanos*, 334 (1978): 151-56.

Salem, Diana Beatriz. "*La tía Julia y el escribidor* de Mario Vargas Llosa: Sólo una actitud postmoderna". *Alba de América*, 14.26-27 (1996): 227-34.

Setti, Ricardo. ... *sobre la vida y la política: Diálogo con Vargas Llosa*. Buenos Aires: InterMundo, 1988.

Solotorevsky, Myrna. *Literatura-paraliteratura: Puig, Borges, Donoso, Cortázar, Vargas Llosa*. Gaithersburgh, MD: Hispamérica, 1988.

Sosnowski, Saúl. "Mario Vargas Llosa: Entre radioteatros y escribidores". *Latin American Fiction Today: A Symposium*. Ed. Rose S. Minc. Gaithersburg, MD: Hispamérica, 1980. 75-82.

Soubeyroux, Jacques. "El narrador y sus dobles". *Hommage à Jean-Louis Flecniakoska par ses collegues, amis et éleves des Universités de Monpellier, Avignon et Perpignan*. Vol. 2. Montpellier: Université Paul Valéry, 1980. 383-402.

—————. "Forma y sentido de la autobiografía en la narrativa de Mario Vargas Llosa". *Iris* (1990): 99-120.

—————. "Ideología y 'puesta en texto' en *La tía Julia y el escribidor* de Mario Vargas Llosa". *Estudios Lingüísticos*, 3 (1985-86): 113-28.

Tenorio Requejo, Néstor. *El fuego de la literatura*. Lima: Arteidea Editores, 2001.

Tittler, Jonathan. *Narrative Irony in the Contemporary Spanish-American Novel*. Ithaca, New York: Cornell UP, 1984.

Urquidi Illanes, Julia. *Lo que Varguitas no dijo*. Biblioteca Popular Boliviana de Última Hora. La Paz: Khana Cruz, 1983.

Williams, Raymond L. *"La tía Julia y el escribidor:* escritores y lectores". *Texto Crítico*, 5.13 (1979): 179-209.

—————————. *Mario Vargas Llosa. Otra historia de un deicidio*. México: Taurus, 2000.

Ynduráin, Domingo. "Vargas Llosa y el escribidor". *Cuadernos Hispanoamericanos*, 370 (1981): 150-57.

B) Estudios generales

Alborg J. L. *Historia de la literatura española*. Vol. I. Madrid: Gredos, 1986.

Allen, Robert C. *Speaking of Soap-Operas*. Chapel Hill: U of North Carolina P, 1985.

Alter, Robert. *Partial Magic: The Novel as Self-Conscious Genre*. Berkeley/ Los Angeles: U of California P, 1975.

Amezcua, José. *Libros de caballería hispánicos*. Madrid: Alcalá, 1973.

Amorós, Andrés. *Sociología de una novela rosa*. Madrid: Taurus, 1968.

Bakhtin, Mikhail M. *Rabelais and His World*. Trad. Hélene Iswolsky. Cambridge: MIT P, 1968.

—————————. *The Dialogic Imagination*. Trad. Michael Holquist y Caryl Emerson. Austin: U of Texas P, 1981.

Barthes, Roland. *El placer del texto*. Trad. Nicolás Rosa. Buenos Aires-México: Siglo XXI, 1974.

Benítez, Rubén. *Ideología del folletín español: Wenceslao Ayguals de Izco*. Madrid: José Porrúa Turanzas, 1979.

Berrong, Richard M. *Rabelais and Bakhtin: Popular Culture in "Gargantua and Pantagruel"*. Lincoln, NE: U of Nebraska P, 1986.

Bidard, Josseline. "Reynard the Fox as Anti-hero". *Heroes and Heroines in Medieval English Literature*. Ed. Leo Carruthers. Cambridge: D.S. Brewer, 1994. 119-23.

Boileau-Narcejac. *La novela policial*. Buenos Aires: Paidós, 1968.

Bosch, Velia. "El folletín en Venezuela". *Narradores latinoamericanos: 1929-1979*. Tomo II. Caracas: Ediciones del Centro de Estudios Latinoamericanos Rómulo Gallegos, 1980. 39-47.

Burgin, Victor. *The End of Art Theory: Criticism and Postmodernity*. Atlantic Highlands, NJ: Humanities Press International, 1986.

Cantor, Muriel G. and Suzanne Pingree. *The Soap-Opera*. Beverly Hills, CA: Sage Publications, 1983.

Cawelti, John G. *Adventure, Mystery and Romance: Formula Stories as Art and Popular Culture*. Chicago: U of Chicago P, 1976.

Cigman, Gloria. "The Medieval Self As Anti-Hero". *Heroes and Heroines in Medieval English Literature*. Ed. Leo Carruthers. Cambridge: D. S. Brewer, 1994. 161-70.

Coleman, James C., James N. Butcher and Robert C. Carson. *Abnormal Psychology and Modern Life*. Dallas, TX: Scott, Foresman, 1980.

Coma, Javier. *La novela negra: Un enfoque sociológico y crítico de un fenómeno literario de un enorme alcance popular*. Barcelona: Ediciones 2001, 1980.

Dane, Joseph A. *Parody: Critical Concepts Versus Literary Practices: Aristophanes to Sterne*. Norman: U of Oklahoma P, 1988.

Dauster, Frank. "Pantaleón & Tirant: Points of Contact." *Hispanic Review*, 48 (1980): 269-85.

Eco, Umberto. "Los marcos de la 'libertad' cómica" *¡Carnaval!* Umberto Eco, V. V. Ivanov y Mónica Rector. Trad. Mónica Mansour. México: Fondo de Cultura Económica, 1989. 9-20.

——————————. *Postscript to The Name of the Rose*. New York: Harcourt Brace Jovanovich, 1984.

Edmondson, Madeleine and David Rounds. *The Soaps: Daytime Serials of radio and TV*. New York: Stein and Day, 1973.

Ferreras, Juan Ignacio. *La novela por entregas 1840-1900*. Madrid: Taurus, 1972.

Fishburn, Katherine. "Women in Popular Culture". *Handbook of American Popular Culture*. Vol. 2. Ed. M. Thomas Inge. Westport, CT: Greenwood Press, 1978. 365-93.

Franco, Jean. "Narrador, autor, superestrella: La narrativa latinoamericana en la época de cultura de masas". *Revista Iberoamericana*, 47.114-15 (1981): 129-48.

Giraud, Raymond. *The Unheroic Hero in the Novels of Stendhal, Balzac and Flaubert.* New Brunswick, NJ: Rutgers UP, 1957.

González Escribano, José Luis. "Sobre los conceptos del héroe y antihéroe en la teoría de la literatura". *Archivum,* 31-32 (1981-82): 367-99.

Hannoosh, Michele. "The Reflexive Function of Parody". *Comparative Literature,* 41.2 (1989): 113-27.

Hergenhahn, B. R. *An Introduction to Theories of Personality.* Englewood Cliffs, NJ: Prentice-Hall, 1980.

Hubbard, Rita C. "Magic and Transformation: Relationships in Popular Romance Novels, 1950 to the 1980s". *Popular Culture: An Introductory Text.* Eds. Jack Nachbar and Kevin Lause. Bowling Green, OH: Bowling Green State U Popular P, 1992. 476-88.

Hutcheon, Linda. *A Theory of Parody: The Teachings of Twentieth Century Art Forms.* New York-London: Methuen, 1985.

—————————. *Narcissistic Narrative. The Metafictional Paradox.* London and New York: Routledge, 1984.

—————————. "The Politics of Postmodernism: Parody and History". *Cultural Critique,* 5 (1986/87): 197-208.

—————————. *The Politics of Postmodernism.* New York: Routledge, 1989.

Jencks, Charles. *The Language of Post-Modern Architecture.* New York: Rizzoli, 1977.

Kiremidjian, G. D. *A Study of Modern Parody. James Joyce's* Ulysses - *Thomas Mann's* Doctor Faustus. New York and London: Garland, 1985.

Kuester, Martin. *Framing Truths. Parodic Structures in Contemporary English-Canadian Historical Novels.* Toronto: U of Toronto P, 1992.

La Capra, Dominick. *Rethinking Intellectual History: Texts Contexts Language.* Ithaca, NY: Cornell UP, 1983.

LeGallo, Yolanda. "Un análisis modal de las relaciones entre hombres y mujeres en la telenovela mexicana". *Semiótica: Actas / Coloquio Luso-Español e II Coloquio Luso-Brasileiro de Semiótica.* Lisbon: Vega. 75-85.

Levine, Sherrie. "Five Comments". *Blasted Allegories: An Anthology of Writings by Contemporary Artists.* Ed. Brian Wallis. Cambridge, MA: MIT P, 1987.

Lipski, John. "Reading the Writers: Hidden Meta-structures in the Modern Spanish American Novel". *Perspectives in Contemporary Literature,* 6 (1980): 117-24.

Marcos, Juan Manuel. "El género popular como metaestructura textual del *postboom* latinoamericano". *Monographic Review / Revista Monográfica,* 3.1-2 (1987): 268-78.

Mérida, Rafael. "Carta de batalla de Mario Vargas Llosa". *Quimera,* 110 (1991): 56-59.

Modleski, Tania. *Loving With a Vengeance. Mass-Produced Fantasies for Women.* Hamden, CT: Archon Books, 1982.

Mussell, Kay. *Fantasy and Reconciliation: Contemporary Formulas of Women's Romance Fiction*. London: Greenwood P, 1984.

——————. "Romantic Fiction". *Handbook of American Popular Culture*. Vol. 2. Ed. M. Thomas Inge. Westport, CT: Greenwood Press, 1978. 317-43.

Navajas, Gonzalo. "La novela rosa en el paradigma literario: *Inmaculada* de Rafael Pérez y Pérez". *Monographic Review/Revista Monográfica*, 7 (1991): 364-81.

——————. "Modernismo, posmodernismo y novela policíaca: *El aire de un crimen* de Juan Benet". *Review*, 3 (1987): 221-30.

Nyquist, Mary. "Romance in the Forbidden Zone". *ReImagining Women: Representations of Women in Culture*. Eds. Shirley Newman and Glennis Stephenson. Toronto: U of Toronto P, 1993. 160-81.

Osterc, Lúdovik. "*El Quijote* y los libros de caballerías". *Plural*, 195 (1987): 26-31.

Paravisini, Lizabeth. "The Novel as Parody of Popular Narrative Forms in the United States and Latin America: 1963-1980". Diss. New York U, 1982. *DAI*, 43 (1983): 2342.

Pequeño Larousse Ilustrado. México, D.F.: Ediciones Larousse, 1992.

Pérez, Genaro J. "Desconstrucción paródica en *Paisajes después de la batalla* de Juan Goytisolo". *Hispania*, 71.2 (1988): 242-48.

Planells, Antonio. "El género policíaco en Hispanoamérica". *Monographic Review/Revista Monográfica*, 3 (1987): 148-60.

Poirier, Richard. "The Politics of Self-Parody". *Partisan Review*, 35 (1968): 339-53.

Portuondo, José A. "La novela policial revolucionaria". *La justicia por su mano*. Ed. José Lamadrid Vega. La Habana: Editorial de Arte y Literatura, 1973. 7-15.

Puga, Josefina. *Las telenovelas: valores y antivalores*. Santiago, Chile: Centro Bellarmino, 1982.

Radway, Janice A. *Reading the Romance: Women, Patriarchy and Popular Literature*. Chapel Hill, NC: U of North Carolina P, 1984.

——————————. "The Utopian Impulse in Popular Literature: Gothic Romances and 'Feminist' Protest'". *American Quarterly*, 33 (1981): 140-62.

Rector, Mónica. "As origens e a história de telenovela". Ensayo inédito.

Rivera, Jorge B. *El folletín y la novela popular*. Buenos Aires: Centro Editor de América Latina, 1968.

——————————, Compilador. *El relato policial en la Argentina*. Buenos Aires: Editorial Universitaria de Buenos Aires, 1986.

Rodríguez Monegal, Emir. "Carnaval, antropofagia, parodia". *Revista Iberoamericana*, 45 (1979): 401-12.

——————————. "Madurez de Vargas Llosa". *Asedios a Vargas Llosa*. Ed. Luis Alfonso Díez. Santiago de Chile: Editorial Universitaria, 1972. 37-66.

Rose, Margaret A. *Parody: Ancient, Modern and Postmodern*. Cambridge: Cambridge UP, 1993.

——————————. *Parody//Metafiction: An Analysis of Parody as a Critical Mirror to the Writing and Reception of Fiction*. London: Crown Helm, 1979.

Rose, Suzanna. "Is Romance Disfunctional?" *International Journal of Women's Studies*, 8 (1985): 250-65.

Russ, Joanna. "What Can a Heroine Do? Or Why Women Can't Write". *Images of Women in Fiction. Feminist Perspectives*. Ed. Susan Koppelman Cornillon. Bowling Green, OH: Bowling Green U Popular P, 1973.

Serrano Poncela, Segundo. *Literatura y subliteratura*. Venezuela: Universidad Central de Venezuela, 1966.

Simpson, Amelia S. *Detective Fiction From Latin America*. Rutherford, NJ: Fairleigh Dickinson UP, 1990.

Sklodowska, Elzbieta. *La parodia en la nueva novela hispanoamericana: 1960-1985*. Amsterdam/Philadelphia: John Benjamins, 1991.

Sodré, Muniz. *Best seller: A literatura de mercado*. Sao Paulo: Editora Atica, 1985.

Souto, Arturo. "Introducción". *Amadís de Gaula*. México, D.F.: Editorial Porrúa, 1978. ix-xxiv.

Taylor, Helen. *"Gone With the Wind:* The Mammy of Them All". *The Progress of Romance: The Politics of Popular Fiction.* Ed. Jean Radford. London, New York: Routledge & Kegan Paul, 1986. 113-36.

Thomson, Clive. "Parody/Genre/Ideology". *Le Signe à la porte: vers une théorie de la parodia.* New York: Peter Lang, 1984. 95-103.

Van Beysterveldt, Antony. "El amor caballeresco del Amadís y el Tirante". *Hispanic Review* 49, (1981): 407-25.

Wander, Philip. "The Angst of the Upper Class". *Journal of Communication,* 29.4 (Autumn 1979): 85-88.

Waugh, Patricia. *Metafiction: The Theory and Practice of Self-Conscious Fiction.* New York: Methuen, 1984.

Weibel, Kathryn. *Mirror Mirror: Images of Women Reflected in Popular Culture.* New York: Anchor Books, 1977.

Williams, Raymond. *The Postmodern Novel in Latin America.* New York: St. Martin's P, 1995.

Yates, Donald A., ed. "Introduction". *Latin Blood: The Best Crime and Detective Stories of South America.* New York: Herder and Herder, 1972. xi-xv.

Yousef Campedelli, Samira. *A telenovela.* Sao Paulo: Atica, 1985.

Este libro se terminó de imprimir
en los talleres gráficos de Editorial San Marcos, situados en
Av. Las Lomas 1600, Urb. Mangomarca, S.J.L., Lima, Perú
RUC 10090984344